U0711034

高等职业教育公共基础课通用教材

大学生职业生涯规划

主　编　刘秀敏　王家伟　高　亮
副主编　何军政　周　洁
主　审　甘永诚

北京理工大学出版社
BEIJING INSTITUTE OF TECHNOLOGY PRESS

内 容 提 要

本书按照高职高专院校人才培养目标及专业教学改革的需要进行编写。全书共分为五个项目，主要包括认识职业生涯规划、认识自我、探索职场与职业、提升职业素质、制定职业生涯决策。本书通过介绍职业生涯规划的重要性，以帮助大学生确定职业目标和努力方向，调动大学生的积极性和主动性，具有较强的实用价值。

本书可作为高职高专院校各类专业的教学用书，也可供职业规划人员参考使用。

图书在版编目（CIP）数据

大学生职业生涯规划 / 刘秀敏，王家伟，高亮主编.
北京：北京理工大学出版社，2024.9.
ISBN 978-7-5763-4485-1

Ⅰ . G647.38

中国国家版本馆CIP数据核字第2024BP3815号

责任编辑：江 立		文案编辑：江 立	
责任校对：周瑞红		责任印制：施胜娟	

出版发行 / 北京理工大学出版社有限责任公司

社 址 / 北京市丰台区四合庄路 6 号

邮 编 / 100070

电 话 / （010）68914026（教材售后服务热线）

（010）63726648（课件资源服务热线）

网 址 / http：//www.bitpress.com.cn

版 印 次 / 2024 年 9 月第 1 版第 1 次印刷

印 刷 / 河北鑫彩博图印刷有限公司

开 本 / 787 mm×1092 mm 1/16

印 张 / 17

字 数 / 392 千字

定 价 / 45.00 元

前言 PREFACE

在这个快速变化、激烈竞争的时代，每位大学生都面临着对未来的无限憧憬与些许迷茫。让大学生在这一片星辰大海中找到自己的航向，在纷繁复杂的职业世界中找到最适合自己的位置，正是我们编写本书的初衷。

职业生涯规划，简而言之，就是一个人对其一生职业发展道路的设想和规划。它不仅是对未来职业的简单设想，更是对个人兴趣、能力、价值观及社会需求的全面考量。通过职业生涯规划，我们可以更加清晰地认识自己，了解职场环境，制订切实可行的职业发展路径。

本书首先从"认识职业生涯规划"入手，为读者揭示了职业生涯规划的基本概念、重要性和作用。希望通过这一项目，使读者能够明白职业生涯规划对个人成长、发展的重要性，并激发其进行职业生涯规划的意愿。

紧接着，将进入"认识自我"项目。在这一部分，本书将引导读者深入剖析自己的性格、兴趣、能力、价值观等内在特质，以及这些特质对个人职业发展的影响。只有深入了解自己，才能找到真正适合自己的职业方向。

在"探索职场与职业"项目中，将带领读者走进职场，了解不同行业的职业发展前景、职业特点、职位要求等。通过分析职场中的竞争态势，帮助读者明确自己的职业定位，并为其未来的职业发展做好充分准备。

在"提升职业素质"项目中，本书主要探讨如何提升自己的专业技能、人际交往能力、团队协作能力等职业素质。这些素质是在职场中取得成功不可或缺的因素。书中提供了实用的方法和技巧，帮助读者不断提升自己的职业素质。

最后，在"制定职业生涯决策"项目中，通过引导读者根据前面所学知识进行分析，结合自己的实际情况，制定切实可行的职业生涯决策。书中介绍了如何设定职业目标、制订行动计划、应对职业挑战等方面的知识和技巧。

本书旨在帮助读者明确自己的职业发展方向，制订科学的职业规划，并在职业生涯的道路上不断前进。希望本书能成为读者职业生涯道路上的指南针，引领他们走向更加美好的未来。

本书由刘秀敏、王家伟、高亮担任主编，何军政、周洁担任副主编，甘永诚担任主审。本书在编写过程中参阅了大量文献，在此向原作者致以衷心的感谢！

由于编写时间仓促，编者的经验和水平有限，书中难免存在不妥之处，恳请广大读者和专家批评指正。

编　者

目录 CONTENTS

项目一
认识职业生涯规划

知识目标

1. 深入理解生涯规划：通过系统学习生涯规划的理论框架和实践方法，全面理解生涯规划的重要性和实践价值。掌握生涯规划的基本概念和原则，了解生涯规划在个人成长和职业发展中的作用。

2. 掌握职业锚理论：深入研究职业锚理论，理解职业锚的定义、类型和形成过程。通过案例分析和讨论，掌握如何识别和确定自己的职业锚，以及如何根据职业锚制订职业发展规划。

3. 明确职业发展路径：通过学习行业发展趋势和就业前景，了解不同职业的发展路径和晋升空间。结合自己的兴趣和能力，初步确定适合自己的职业发展方向和目标。

4. 提升自我认知能力：通过自我评估和反思，深入了解自己的性格、兴趣、价值观和能力等方面的特点。学习运用各种自我认知工具，如 SWOT 分析、MBTI 性格测试等，不断提升自我认知的准确性和全面性。

能力目标

1. 增强职业决策能力：在面对职业选择和发展机会时，能够运用所学知识进行合理分析和判断。掌握职业决策的方法和技巧，提高决策的科学性和有效性。

2. 加强职业准备：根据职业目标和发展路径，制订详细的职业准备计划，包括提升专业技能、参加实习实训、积累工作经验等方面的具体措施，为未来的职业发展奠定坚实的基础。

3. 提升职业素养：注重培养职业素养，包括职业道德、职业态度和职业行为等方面的提升。通过学习和实践，树立正确的职业观和价值观，形成良好的职业习惯和行为规范。

4. 培养综合能力：在学习和实践中，注重培养综合能力和素质，包括沟通能力、团队协作能力、解决问题的能力等方面的提升，以适应不断变化的职业生涯需求。

　　黄某出生在一个贫困的山区，经过努力，他以全县文科第一名的成绩考上了一所大学的外语系，成为 20 世纪 80 年代第一批大学生。

　　进入大学后，他制定的第一个职业生涯目标就是毕业留校。因为按照当时的政策，如果不留校，就意味着毕业后回到家乡工作。为了这个目标，他刻苦学习，苦练英语口语。刚开始他找班上英语最好的同学互相对话练习口语，一个月以后，那位同学已经跟不上他了，他就自己对着墙练习。经过四年的刻苦学习，黄某终于以全年级第一名的成绩留校任教，从事大学公共英语课程的教学工作，实现了他的第一个职业目标。工作了一段时间以后，他又为自己制定了第二个目标：自学一门新专业，考取硕士研究生。他认真分析了国家宏观环境和发展趋势，并进行了自我分析，决定自学法律专业。两年以后，他考取了中国政法大学民商法专业的硕士研究生。毕业后，他又回到原单位工作。同年，他参加了全省组织的专业组英语竞赛，获得了第一名，并被当地一劳务输出公司聘请为随队翻译，派往非洲。第一次签订合同时，只签了一年，到非洲后，公司发现他不仅懂英语，还懂法律，特别是由于他懂得劳务合同的有关条款，为公司挽回了重大损失，公司又和他续签三年。

　　在非洲工作期间，他结识了很多酋长的子女，这些人大多都在英美国家接受过法律方面的良好教育，熟悉英美国家的法律理论和制度，黄某与他们讨论有关的法律问题，渐渐地，他发现自己很有处理涉外经济方面法律问题的分析能力和解决问题的能力，负责办理的几个案子都胜诉了。于是，他又制定了第三个职业目标：从事涉外法律工作，成为一名职业律师。三年后，他作出了大胆决定，从高校辞职，到沿海城市做了一名专职律师。又过了五年，他被一家猎头公司看中，去了一家外资企业做法律顾问，收入颇丰。随后不久，他又开办了一家属于自己的企业，在接近 40 岁时，达到了个人职业的巅峰，并把父母接来同住，实现了个人和家庭的和谐发展。

　　案例分析：黄某的案例是一个典型的个人职业发展成功案例。他通过自己的努力，一步步实现了从贫困山区到职业巅峰的跨越。他的经历告诉我们，只要有坚定的目标、持续的努力和敏锐的市场洞察，每个人都有可能实现自己的职业梦想。同时，不断学习和提升自我，培养跨领域的能力和视野，也是应对职场变化和实现职业发展的关键。

任务一 生涯、职业生涯与职业生涯规划

课前引入

在人生的大舞台上，每个人都是主角，每份选择都塑造着独一无二的轨迹。那么，什么是生涯？简单来说，生涯就是一个人一生的生活经历和职业发展过程。而职业生涯，则是生涯中与工作相关的那一部分，它涉及我们如何在职场中定位自己，如何发展自己的专业技能，以及如何实现个人与职业的双重成长。

现今，职业生涯规划可以帮助我们明确目标，找准方向，避免盲目和迷茫。通过职业生涯规划，我们可以更好地了解自己的兴趣、优势和不足，从而找到最适合自己的职业道路。

在本任务中，将探讨如何制订职业生涯规划，包括如何分析自我、如何了解职业世界、如何设定职业目标，以及如何实现这些目标。希望通过本任务的学习，学生能够为自己的未来找到一个清晰的方向，并为之努力奋斗。

一 生涯概念的界定

1. 生涯的基本含义

"生涯"一词在我国最早见于庄子所说的"吾生也有涯，而知也无涯"。这里，"生"为生命的意思，"涯"为边际的意思。庄子所说的意思是"我的生命是有限的，但需要我学习、探索的事物却是无边无岸的"。生涯就是每个人有限的全部人生旅程。

生涯就是人的生命意义实践的历程，意味着人生的两个端点——生和死之间所有的生活内涵。换而言之，生涯是指一个人一生中所从事的工作，所担任的职务、角色的总和。

生涯与职业相关，比职业的内涵更加丰富，它涵盖了更长的时间，也包括了更丰富的内涵，它既包括就业前的活动，也包括离开工作后的生活。但是对于大多数人来说，职业在人的一生中所占的比重非常大，职前和职后的生活也多围绕职业而展开，或与职业有着千丝万缕的联系，因而，通常所说的生涯多指职业生涯。

2. 生涯的特性

一般来说，"生涯"有两种用法：一种是当作名词用，有"向上的职业流动"之意，

表示某种行业可由基层循级而上，如"军人生涯"，是指由军校学生、尉官、校官而晋升至将官的一种职业生涯；另一种是当作形容词用，有"职业稳定"之意，表示某种特定的就业状态，如"职业军人"。这两种用法意指"持续性"或"持久性"，对个人的前程发展而言，均有跨越"时间"与"空间"的意涵。

目前，大多数西方学者所接受的生涯定义是舒伯（Super）的论点：它是生活里各种事态的连续演进方向；它统合了人一生中依序发展的各种职业和生活的角色，由个人对工作的投入而流露出独特的自我发展形式；它也是人生自青春期以迄退休之后，一连串有酬或无酬职位的综合，除职业外，还包括任何和工作有关的角色，如学生、受雇者、领退休金者，甚至也包含了副业、家庭、公民的角色。生涯是以人为中心的，只有在个人寻求它的时候，它才存在。

由此来看，"生涯"的界限并未大到与"生命"或"生活"画上等号，也未小到与"工作""职业"等义，其本身具有丰富的内涵与范围。以下再申述其义。

（1）方向性。方向性是生活里各种事态的连续演进方向。一个人一生中的生涯发展，宛如茫茫大海中破浪前行的航道，虽然视而不见，但是仿佛有其方向可循。如同黑塞在《流浪者之歌》一书中所言：大多数的人就像是落叶一样，在空中随风飘游、翻飞、荡漾，最后落到地上。一小部分的人像是天上的星星，在一定的途径上走，任何风都吹不到他们，在他们的内心中有自己的引导者和方向。

至于这个方向是沿着哪个路径前进，"内心中自己的引导者"为何，不同的理论有不同的解释，不同文化脉络影响下的个体也会有不同的引导者：可能是自我概念，可能是生命意义或价值；可能是在追求某种需求的满足，也可能是某些特质如兴趣或能力，甚至是某些紧紧贴近社会的趋势。研究蚂蚁世界的知名生物学巨匠魏尔森在其自述中提及，决定他生涯方向的是性格内在的那个男孩："我只想成为第一个发现某些事物的人。"这种性格内在的声音即魏尔森内在的引导者。

（2）时间性。生涯的发展是一生中连续不断的过程。"生涯"比较具体的定义是"一生中依序发展的各种位置的综合体"。这个定义虽然粗糙，但是掌握了"生涯"的基本元素——时间性，它是纵贯一生的发展。从过去、现在到未来，个体的生涯发展历程是踏在接二连三的"位置"上前进：每个现在的"位置"，都受到过去"位置"的影响，也是为未来的"位置"预先准备，这些"位置"是"依序"发展的。如同前述"军人生涯"，是由军校学生、尉官、校官而晋升至将官的一种"位置"的依次发展。

（3）空间性。生涯是以事业的角色为主轴，也包括其他与工作有关的角色。从"生涯"在不同年龄发展阶段的横切面看，它会同时呈现不同的角色。这些角色不全然是职业，但又都与职业活动有直接或间接的关系。以"大学生涯"为例，主要的生涯角色经验是学生；以中年女性"教师生涯"为例，相关的生涯角色经验可能包括人妻、人母、人师等。有人认为生涯是生活的同义词，其实不然。生涯的范围并非大到无所不包。舒伯为了区分生涯与生活，将生涯中的"生活"限定为"一个人在其就业前、就业时、离业后的生活"。按舒伯的原意，生涯是一种生活，但不等于生活的全部。因此，就其空间性而言，生涯锚会在不同的角色间浮动。所谓"生涯"专指以事业角色为主轴的生活经验，而事业生涯的发展必定伴随着许多与其有关的角色发展，这些角色发展经验自然不能割离于生涯经验之外。

（4）独特性。每个人的生涯发展是独一无二的。如果以类似的顺序经历看类似的职位或角色，不同的人可能有相似的生涯发展；但每个人的生涯发展又是独一无二的，因为人们在每个职位或角色上的表现方式都不尽相同。

（5）现象性。生涯不等于生命，生命可以是客观的存在，生涯的存在却是个人主观意识所认定的存在。当一个人开始思考自己的未来时，生涯才开始"如影随形"。

换个角度看，生涯是一种对客观"位置"的主观知觉。生涯中的每个位置都是客观的现实，但是每个人对每个位置的知觉是完全主观的。前者是"人如何做自己的工作"；后者是"人如何看自己的工作"，以至于"人如何从工作中看自己"。"生涯"定义了人如何在工作环境框架内"看"自己——可以从过去的成功或失败看，可以从现在的能力或才干看，也可以从未来进一步的计划看。因此，人生的意义可以在生涯发展过程中得以彰显，得以完成；不仅是由于这个人做了什么大官（客观的职位），还是由于这个人做了什么大事（主观的自我实现）。

（6）主动性。人是生涯的主动塑造者，"只有在个人寻求它的时候，它才存在"，这隐含着人是生涯的主动塑造者这层意义。虽然在个人生涯发展过程中，遗传条件、社会阶级、政策拟定，甚至机会因素，都会影响到个人的生涯发展。然而，随着心理学的发展，人的行为机制已经由被动的地位提升至主动的地位。换而言之，心理学发现人不是被动地受环境的制约，而是能主动地思考、计划，进而改变环境、创造环境。生涯可以主动塑造，主要通过生涯转换过程中的生涯决定来完成。

3. 生涯发展任务

歌德曾说："每个人都想成功，但没想到成长。"尽管生涯的概念不能等同于生命，但生命的成长事件却构成了生涯的不同色彩。

（1）哈维格斯特的综合适应发展理论。发展任务这一概念是由发展心理学家哈维格斯特提出的。发展任务是指个体达到某一年龄段时社会期待其在某些行为发展上应该达到的程度。在《发展任务与教育》一书中他划分了从出生到死亡的六个阶段，并勾勒出了人们在每个阶段所需完成的任务。

哈维格斯特是美国芝加哥大学研究儿童毕生发展的心理学家。他指出，在人生发展历程中，"个人必须学习完成的各种各样的任务，即人生的发展任务，促进了人在社会里的健全成长。发展任务在人的一生中的各个时期产生，如果此一任务能得以圆满实现，不仅给个人带来幸福，也为下一任务的成功奠定基础。倘若失败，不仅造成个人的不幸，社会的不认可，也为以后任务的实现带来困难"。

哈维格斯特在总结前人有关发展研究的基础上，提出了一种具有综合色彩的发展理论，即综合适应发展理论。哈维格斯特认为，人类不是天生就有一种能指引我们生活的本能，要在人类社会中顺利生活，个体就必须学会自我学习、摸索。这个学习过程是应该伴随人的一生的：随着生命的开始而开始，也随着生命的结束而结束。他认为个体在学习过程中所要完成的任务之间不是等距离的，也就是说，个体是不能以一个固定的速度去完成一个个任务的，而必须使一些学习任务在某个时期内完成，而另一些学习任务又在另一个时期内完成。这样，就会产生许多加速学习时期（period of accelerated learning）。而正是这些加速学习时期的存在使许多个体在发展过程中感到不适应，由此产生各种各样的心理危机和冲突，在这种情况下，哈维格斯特提出了发展任务（developmental task）这个概念。

哈维格斯特认为，发展任务即一个人在发展的某一阶段必须学习的活动，若将此项活动成功学会，不仅可以使其感到快乐，还会促使其完成以后的发展任务；若此项活动失败了，不但使其感到沮丧、不安，以及容易被社会不承认，而且可能阻碍以后发展活动的进行。

是什么力量促使个体完成这每项的发展任务呢？哈维格斯特认为，这既有内部的原因，也有外部的原因。具体地说包括三个方面的力量。

第一种力量是来自身体成熟和体力发展规律，如要在儿童早期学会走路，以及在老年期要适应逐渐衰退的体力和健康状况。

第二种是来自社会文化的压力和社会期望，如每个个体都要学会阅读，学会处理人际关系，以及能承担作为一个公民所应承担的政治和社会责任，这些都是个体在当今社会的客观需要。

第三种力量是基于或直接来自个体自身价值观和抱负，如要求在事业上取得成功就是与个体自身的成就动机相关。

然而，就大多数发展任务来说，乃是上述三个方面因素共同作用的结果。

哈维格斯特认为，个体所属的社会团体要求其成员在某一特定的年龄必须完成属于当时的特定发展任务，这一特定的年龄就是所谓的关键期（teachable moment）。在关键期中，个体凭借已有的发展经验和水平来对对象加以认识，这种认识的水平将深刻影响日后个体对外界的参与程度。他认为，发展任务是个体发展的重要基础，人的发展即完成人生发展任务的过程，同样人的成熟也由一个个发展任务的完成而实现。在这个发展的过程中，哈维格斯特提出人的发展首先是情绪和社会的发展，其次才是智力的发展。

关于个体在成人期每个发展阶段的主要任务，哈维格斯特做了如下概括（1953）。

1）成年早期（18～35岁）。

①选择配偶。

②学习与配偶共同生活。

③组建自己的小家庭。

④养育小孩。

⑤经营家庭。

⑥开始从事一种职业。

⑦承担和履行成年人应有的公民责任。

⑧寻找和参与与自己志趣相合的社团活动。

2）成年中期（35～60岁）。

①完成成年人的公民和社会职责。

②帮助青少年子女成长为有责任感、幸福的成年人。

③建立并维持某种经济水准的生活。

④开展自己的闲暇活动。

⑤与配偶维持密切关系。

⑥接受并适应中年期生理技能的变化。

⑦与年迈父母相互适应。

3）成年晚期（60岁以上）。

①适应逐渐衰退的体力和健康状况。

②适应退休生活和收入的减少。

③履行对社会和公众的义务。

④适应配偶的死亡。

⑤与其他老年人建立密切联系。

⑥建立美满的人生。

20世纪50年代以后，伴随着老年社会匆匆来临的脚步，对老年人的关心促使人们开始重新审视老年个体的心理变化特点，有关老年心理的研究也日渐蓬勃起来。但令人遗憾的是，有关长达几十年的成年期心理发展特点的研究依旧相当薄弱。

尽管如此，近年来从毕生角度（life-span）出发研究个体发展业已成为当前发展心理学的一种主要的研究取向。

（2）生物社会生命周期。生物社会生命周期是从生理变化的角度来看人的发展，其特征为单向性和不可逆性，这使我们在生涯阶段中随时会感受到时间的紧迫感，从而进一步体现了积极主动开发、管理生涯的意义。

一个人的生物社会生命周期，包含两个方面的生命内容，或者取决于以下两大因素。

1）人体所发生的生物性变化。如一个人随着时间的推移，身体发生预期的生理变化，逐渐成长、长大，形成诸如青春期、成人期、中年期、更年期等多个阶段。

2）与年龄相关的预期的社会文化准则。社会和文化具有一种复杂的"年龄层系统"——对个人应当做什么和在不同的年龄阶段应如何行事的一系列预期。例如，儿童被预期是贪玩、好动、耍性子的；青少年被预期是不定型、精力旺盛、好冲动的，正奋力向成年靠拢；成年人被预期有承担工作和家庭方面的责任与义务；老年人则被预期精力和体力逐渐衰退，更多地沉浸在自我闲暇之中，接受自己责任水平的减退。正如孔子所说的"吾十有五而志于学，三十而立，四十而不惑，五十而知天命"，就是典型的与年龄相关的预期的社会文化准则。

正是上述生物力和随之而来的与年龄相关的预期社会文化准则，构成了一个人的生物社会生命周期。可以根据所处的年龄与人生阶段，了解我们所面临的问题和应解决的任务，从而更好地进行生涯规划。

美国学者埃德加·施恩（Edgar Schein）对生物社会生命周期的主要任务和导致这些任务的发展问题给出了一个广义的描述，见表1-1。

表 1-1　生物社会周期的阶段和任务

年龄范围	面临的问题	特定任务
青少年时期	1. 进入成人世界。 2. 对各种成人角色作出暂时承诺。 3. 发展个人自我意识，获得与自己的朋友亲密相处的能力。 4. 变得更能辨别个人的各种关系。 5. 建立个人自身的生活结构和方式	1. 脱离原点家庭倾向（18～24 岁）。 2. 凭借同辈群体力量，获得支持而不是一味依赖。 3. 作出有效的教育与职业选择。 4. 不靠父母支持或个人原有的住房条件，建立自己的住房和家庭。 5. 学会与配偶相处。 6. 确立新的个人和群体成员资格和社团承诺。 7. 发展未来的一种自我图像，一个个人的"梦"。 8. 寻找良师，汲取他们身上有益的东西。 9. 克服"全知全能""自信早期选择不可改变和唯一有效"的感情
20～30 岁：过渡	1. 应付 30 岁的过渡，不论对个人有什么特定的意义。 2. 第一次进行重估的时期，面临"我是自己所要成为的那种人吗？"和"我对生活有什么要求？"的问题。 3. 第一次认识到人终有一死	1. 复查个人在职业、婚姻、子女和社会参与方面的全部暂时性承诺。 2. 开始作出更多属于最终选择的过程，这些选择将导致长期持久的成人承诺。 3. 如果必要，选择方向上会有重要变化
30 岁	1. "而立之人"——扩展、深化和稳定个人承诺。 2. 承认"时间有限"的事实。 3. 从个人的幻想中成熟起来。 4. 从观念和感情上为 40 岁做准备	1. 安常处顺，立足于成人世界；承认自己的职业和一生——或者加倍努力工作"上得去"，或者放弃部分梦想，满足于安稳。 2. 承认个人婚姻，以一种现实评估取代 20 岁时的理想图像；管理家庭和职业要求之间的潜在冲突；让配偶接受自己的实际情况。 3. 管理一味沉湎于家庭与工作之间的潜在冲突，继续参与社团和朋友活动。 4. 学会承认父母的实际情况——开始感到为个人的灾难、命运和个性负责；学会承认子女实际是怎么回事。 5. 结束与良师的关系——渐渐清醒起来，中止非现实的交往，代之以自身的价值观，开始为自己成为一名良师做准备
30～40 岁伊始：中年过渡和危机	1. 面临个人梦想和实际成就的不一致——青春期冲突复活。 2. 认识到体力下降的征兆，接受"衰老"；更强烈地认识到个人终归一死	1. 复查和承认个人梦想的要素、实际现状，以及两者之间的不一致——更能意识到自我和他人是更好的未来选择的依据。 2. 作出新的选择——或接受和寻找工作、家庭和自我的新意义，或朝新的方向前进
40～50 岁	1. 一个重估和潜在烦恼的时期，但是，如果对策适当，也是发现幸福和内心平静的时期。 2. 查找个人自身的社会目标和价值观，取得一种更稳定的整合和生活结构，摆脱以往的角色模式或一致压力。 3. 一个时期的封闭之后，向世界重新开放自我。 4. 开始懂得子女已经成人，承认他们的成人角色。 5. 父母角色完成以后，确立与配偶的亲密模式；或解散家庭，开始新的生活模式。 6. 与下属和其他人有更多的交往	1. 增强自主意识和自愿承诺，这是一种自己作出选择的意识。 2. 应付明显的抑郁，承认抑郁感是生命的组成部分——"木已成舟"。 3. 承认生命只有一次。 4. 作出职业的最终决策——继续往上爬、讲求安稳，或重新选择职业。 5. 成为一名良师——给人以监护、教诲和支持。 6. 应付空巢综合征——帮助配偶适应父母角色的消失，向其他角色过渡。 7. 应付能力丧失的恐惧和"崭露头角"的年轻人的竞争。 8. 应付年纪大、有所依赖和父母的去世。 9. 开发自我发展的具体计划，使这种发展与职业、家庭需要相均衡

续表

年龄范围	面临的问题	特定任务
50岁到退休	1. 一个相对稳定的时期，但对"时光飞逝"惴惴不安，身体衰退。 2. 一个成熟、宽厚，珍视配偶、子女和朋友的时期。 3. 最终承认自我的本来面貌，不会为自己的问题而责怪父母。 4. 复查个人的工作生活和对世界的贡献。 5. 日益关心广泛的社会和社区问题，专业化丧失，智慧增长	1. 由于没有兴趣建立新的交往和友谊，保证个人处在与现有朋友的交往中。 2. 适应社交能力的总衰退，沉浸在自我和新建立的生活模式中。 3. 使生活更简单、更舒适——避免感情负担。 4. 与子女建立成人关系，礼尚往来。 5. 学会做长辈
退休到逝世	1. 应付退休。 2. 体力、脑力和社会角色发生变化，一个过渡和不确定的时期。 3. 应付健康和精力的下降及出现内在的偏见。 4. 适应配偶的逝世。 5. 适应对子女、朋友和机构的依赖。 6. 为自己的逝世做准备	1. 适应简化的地位和工作角色。 2. 接受退休和简化的角色终究反映了个人简化的精力和动机的事实。 3. 根据身体和健康条件，学会改变个人的生活方式。 4. 适应日益内向和与外界沟通简化的情况。 5. 适应一种简化的生活标准，应付新的财务问题。 6. 通过多运用判断、谋略和积累的经验，学会弥补速度和体力的丧失。 7. 为去世做好准备——拟订和审核遗嘱，决定丧葬安排。 8. 息事宁人——取得某种天人合一意识，避免失望。 9. 优雅、静穆地离开人世

4. 生涯成熟

（1）生涯成熟度的基本含义。生涯成熟度是指在面对生涯问题时的心理发展水平，生涯成熟反映了每个人在不同生命阶段所完成发展任务的历程和状态。在进入职业前，一般用职业选择来衡量心理活动发展水平；在进入职业后，虽然也存在职业发展水平问题，但还有一部分更为重要的任务，如如何适应工作岗位所在的组织、如何保住自己的职业、如何晋升、在面临退休时如何计划等。对于在校学生来说，其职业成熟度的衡量标准以职业选择为主。如果一个学生能根据自己的心理特点、专业能力和就业形势等进行科学的决策、作出职业选择，并采取客观可行的措施，最终获得职业，那么其职业成熟度就高，反之则低。

综合以上定义，有关生涯成熟度的研究正向着多元化的方向发展，不仅集中于职业决策能力，还强调个体正确的自我认知、自我评价乃至对多方面的职业信息的搜查筛选能力，且随着生涯教育的不断开展，研究者的关注对象也逐渐从入职人员扩展到各个年龄阶段。

（2）大学生的生涯发展能力指标。

1）自我认知。

能力一：维持积极自我形象的技巧。

①表现出积极的自我形象；对个人的评价是积极的。

②理解个人的兴趣、能力、价值、人格特质及其对未来生涯选择的影响。

③理解工作、学习、休闲相关的成就状态，以及这种成就状态对自我觉察的影响（从成就事件、高峰体验入手更容易探究自我）。

④对自我的了解经得起现实检验，并且能够自我接纳。

能力二：维持有效行为的技巧。

①在表达感觉和想法时，具备适宜的人际沟通技巧。

②识别自己的压力的来源和症状。

③具有克服自我妨碍的行为（例如，很多时候拖延就是一种自我妨碍的行动）。

④具有个人的人际支持网络，并能为他人提供人际支持。

⑤具有财务、资源管理的技巧。

能力三：理解变化。

①理解个人的动机和抱负会随着时间改变。

②可说出随着年龄增长而发生的生理变化，以及如何调整自我以配合生理变化。

③清楚可使生活发生变化的外在事件（如失去工作、变换工作等）。

2）教育与职业探索。

能力四：具备参与及投入教育和训练的能力。

①理解可以透过教育这一路径，实现个人短期和长期的生涯目标。

②指导猎取教育机会信息的管道或来源。

③知道可利用的、能为自己提供教育和训练机会的社区／社会资源。

④能克服阻碍，争取教育和进修机会。

能力五：投入工作、终身学习的技巧。

①表现出对完成学业活动（如报告、测验等）的信心。

②理解教育成就、生活经历与职业机会之间的关系。

③知道可支持自己教育和训练的机构资源（如补习学校、咨询辅导机构等）。

能力六：定位、评估与运用生涯信息的技巧。

①运用现有的生涯信息资源（如计算机化生涯信息系统、多媒体信息等）。

②理解与自我评估、生涯规划、工作世界、雇主期望有关的职业信息。

③掌握职业前景信息，能说出职业前景带来的挑战。

④理解社会为具有特定职业技能者提供不同的工作机会。

⑤理解工作内容、与之相关的可能机会。

⑥理解有可能误判职业信息，并且知道为什么会误判。

⑦理解用人标准、雇主／组织信息。

能力七：习得找寻、获得、维持及改变工作所需的技能。

①明晰个人期望达成的生涯目标及其相关的职业信息。

②挖掘工作机会的技能。

③透过同事、朋友或家人，建立一个工作搜寻网络。

④能够有针对性地准备简历，完成工作申请程序。

⑤理解申请工作机会面试所必要的态度和技能。

⑥能够表现出职场中提倡的工作态度和行为。

⑦说明内在、外在的变化（如个人成长、科技发展、市场需求变化等），对知识、技巧和态度的影响。

⑧当寻求职业上发展空间时，有策略（如在职训练、继续教育、生涯发展路径、工作／人际网络、绩效等）。

⑨知道并利用机构中提供的生涯发展计划和安置服务。

⑩知道并有意识地锻炼有利于工作转换的能力。

能力八：了解外界对工作、婚姻（生活）等的影响。

①理解工作对个人价值和生活模式的影响。

②理解社会需求和发展影响劳动力市场的职业供需。

③理解行业、职业和科技的发展趋势。

④了解全球经济发展趋势，及其对每个人的影响。

3）生涯规划。

能力九：习得做决定的技巧。

①明确自己在作出教育及生涯决策时的标准（你是基于什么标准作出决策的）。

②会利用升迁机会、管理方式、工作环境、待遇福利及其他职业状况的信息来评估职业机会的优劣和与自我的适配性。

③理解教育经历、工作经历和家庭生活对个人生涯决定有影响。

④能列举出影响个人生涯决定的个人内在和外在环境因素。

⑤习得有效的生涯决策技能。

⑥能说出生涯决定对个人的隐形影响。

能力十：了解工作对个人和家庭生活的影响。

①理解家庭和休闲的功能影响个人的职业角色和决策。

②理解个人发展阶段、家庭发展阶段对个人生涯的影响。

③理解工作、家庭、休闲活动三者相互影响。

④习得与家庭成员协商工作、家庭和休闲需求的策略（如自我肯定、赞美、沟通及时间管理技巧）。

能力十一：了解男女性别角色的持续变化。

①了解近年来社会对于不同性别态度的变化。

②理解劳动市场的性别组合趋势，并评估对自身生涯计划的影响。

③理解职业性别角色刻板化的缺点和对个人发展的限制。

④有意识规避自己在工作、家庭和职业环境中表现出来的具有性别角色刻板化的行为、态度。

能力十二：学习生涯转换（过渡）的技能。

①知道生涯的变化、转换、过渡是生活的常态（如升学、变化工作、结婚等）。

②学习应对生涯转换的策略。

③了解成为创业者所需要具备的技能（如发展商业计划、市场策略决策、筹措资本等）。

④能说出自己退休前的计划，明白完成该计划所需的技能和知识。

⑤能制订个人的生涯发展规划，更新早期计划，能制订中、长期计划。

（3）生涯成熟的标志。在进入职业前，一般用职业选择来衡量心理活动发展水平；在进入职业后，虽然也存在职业发展水平问题，但还有一部分更为重要的任务，如如何适应工作岗位所在的组织、如何保住自己的职业、如何晋升、在面临退休时如何计划等。对于在校学生来说，其职业成熟度的衡量标准以职业选择为主。如果一个学生能根据自己的心理特点、专业能力和就业形势等进行科学的决策、作出职业选择，并采取客观可行的措施，最终获得职业，那么其职业成熟度就高，反之则低。

下面有一组句子，请根据自己目前的情况（不是未来的愿望）选择"非常不同意"1分；"不同意"2分；"尚可"3分；"同意"4分；"非常同意"5分。

1）我曾想到要做些事情，让自己今天或明天发展得更好。

2）我认真关心过我将来要做什么样的人。

3）我为了将来的工作和生活做准备（如选课，收集资料）。

4）一般在生活中，我能作出相当合情理的决定。

5）对于自己的未来发展，我能独立自主地做决定。

6）目前我就读的专业是经过慎重选择的。

7）我就读的专业与我将来的预定工作、进修、家庭发展方向是很有关的。

8）我了解自己的能力、专长和限制。

9）我了解自己的个性、兴趣和重视的事物。

10）我关心社会和时局的变迁，并考虑它对我目前及将来发展的影响。

11）我会收集正确的信息，以便做决定时参考。

12）我能恰当地呈现自己，让他人认识我（如让新朋友、雇主、师长、准岳父……认识）。

13）我已经计划好将来要发展的方向。

14）在我待过的学校和环境，我通常适应得很不错。

以上分数越高，生涯成熟度越高。

一般来说，在人生各个阶段，越具有生涯成熟度的人，越关心自己目前和将来的发展；越有自知之明；越能运用信息；越能在环境中适应并且求进步。舒伯提出了衡量个体生涯发展和成熟的标志性原则。

1）发展是随机、未分化的行为，朝向目标导向、特定的行为。

2）发展是朝向现实感增加的方向。

3）发展是从依赖朝向独立性增加的方向。

4）成熟个体会选择一个目标。

5）成熟个体的行为是目标导向的。

二　职业生涯的基本内容

1. 职业生涯的含义

简单地说，职业生涯是以满足需求为目标的工作经历，包括工作内容的确定和变化，工作业绩的评价，工作待遇、职称、职务的变动等。

职业生涯是人一生中最重要的历程。一个人从 20 岁左右参加工作，到 60 岁左右退出职业，职业生涯时间约占人生的二分之一，而这段时间也是人生经历最旺盛、创造力最强的一段。因此，应该科学有效地规划、利用好如此宝贵的时间。

职业生涯是人追求自我实现的重要阶段。人们通过职业生涯满足人生的大部分需求。

我国生涯规划专家程社明对 500 名学员调查认为：职业生涯对"生活来源"需求满足的平均期望值为 99%；对"归属和爱"需求的满足平均期望值为 55%；对"自我需要"需求满足的平均期望值为 80%；对"来自他人的尊重"需求满足平均期望值为 86%；对"自我实现"需求满足的平均期望值为 95%。由此可见，职业生涯不仅是我们的谋生手段，更是我们满足高层次需求的重要途径。唯有在完整的职业生涯中，才有可能充分发挥潜能，实现人生最大价值，并从中获得高度满足感，职业生涯对人生价值起着决定性作用。

2. 职业生涯的内涵

职业生涯从内涵上分，可分为外职业生涯与内职业生涯。

（1）外职业生涯。外职业生涯是指从事一种职业时的工作时间、工作地点、工作单位、工作内容、工作职务与职称、工资待遇、荣誉称号等因素的组合及其变化过程。

外职业生涯通常由他人给予和认可，也容易为他人所剥夺。例如，一个业务代表在应聘一家企业时，这个企业所提供的薪水不是应聘者能决定的，即使在进入企业之初的薪水很高，如果不能给企业带来业绩，企业可以随时降低其薪水或辞退。

（2）内职业生涯。内职业生涯是指在职业生涯发展中通过提升自身素质与职业技能而获取的个人综合能力、社会地位及荣誉的总和，它是其他人无法替代和窃取的人生财富。

内职业生涯在外职业生涯过程中靠自己的不断探索而获得，不随外职业生涯的获得而自动具备，也不会由于外职业生涯的失去而自动丧失。

例如，小王被任命为销售经理，他获得的只是外职业生涯的一个职务，至于他是不是有能力做好这个经理，是不是已经具备该职业应该具备的知识观念、经验能力、心理素质等，这些条件并不是他在被任命的那一天就自动获得了，这需要在工作实践中探索、思考，才能逐渐获得。而获得以后，即使由于某种原因，小王不再担任该职务了，他的知识观念、经验能力和心理素质依然为他自己所拥有。

总而言之，内职业生涯开发无止境，内职业生涯在人的职业生涯成功乃至人生成功中具有关键性的作用。

因此，在开展职业生涯管理的过程中，应将着眼点和出发点放在内职业生涯的开发上，将职业生涯目标锁定在内职业生涯的发展上，这正好符合职业生涯管理的宗旨，即为了人的全面发展。

（3）内、外职业生涯的关系。内职业生涯的发展，以外职业生涯的发展或成果为展示；内职业生涯的匮乏，以外职业生涯的停滞或失败来呈现。内职业生涯的发展，是外职业生涯发展的前提；外职业生涯依赖于内职业生涯的发展而增长。外职业生涯的发展，又能拉动和促进内职业生涯的发展，如果内职业生涯的发展跟不上外职业生涯的发展，外职业生涯就会停滞不前，甚至会倒退。

如果职业人员的眼光只盯着外职业生涯的各种因素：底薪是多少、职务有多高、提成比例如何、交通费是多少等，往往会使职业生涯发展方向发生偏差，不能达成预期目标。

在职业生涯早期和中前期，一定要把对内职业生涯各因素的追求看得比外职业生涯更重要。

只有内、外职业生涯同时发展，职业生涯之旅才能一帆风顺。

3. 职业生涯的形态

工作对我们而言，像是识别证，虽然职业不分贵贱，但是识别证确有等级之分：有些识别证看到了要重视，有些识别证却可以视而不见。

工作识别证会更换，每更换一次，就是一次职业的转折。个人职业转折和工作投入的状态，被称为职业形态。

（1）步步高升型：即在一个组织内，认真经营，即使工作地点或工作内容因公司需要而有所改变，但是工作表现仍然颇受主管的肯定，因而步步高升。这类职业人可能一生都在一个企业中，从基层做起，个人职业发展服从组织的发展需要，因此也成为组织中的骨干。

（2）阅历丰富型：即更换过不少工作，待过很多的公司，工作的内容差异性很大，勇于改革和创新，而且学习能力强，能面对各种突发的状况。这类职业人往往"不清楚自己想要什么，但很清楚自己不要什么"，往往凭直觉做决定。

（3）稳扎稳打型：即在工作初期，处于探索阶段，工作的转换较为频繁。经过一连串的尝试与努力之后，终于进入自己所向往的工作机构。此机构的升迁与发展有限，但是非常稳定，例如学校、行政机关、邮局、银行等。

（4）越战越勇型：即工作职业发展已有明确的方向，但是因为某些原因受到打击和重挫。受挫之后，凭自己的毅力与能力，积极往上爬，以更成熟的个性面对挑战，最后工作的成就远超过从前。

（5）得天独厚型：即对于自己的工作职业，并没有花太多的时间探索和尝试，反而因为家庭的关系，很早就确定了方向。经过刻意的栽培与巧妙的安排，进入公司的决策核心，并将组织发展与个人职业密切结合。比如说，企业家的第二代就是最明显的例子。

（6）因故中断型：即连续的职业发展因为某些因素而停顿，处于静止或衰退的状态。例如身体有病的人，花很多时间用于治疗、恢复，经济上与情绪上处于脆弱与依赖状态，很难开展职业的规划。其他职业因故中断的例子是女性因为结婚生子而中断工作。职业因故中断的原因很多，比例上女性高于男性。

（7）一心多用型：即有一份稳定的工作，同时，在工作之余安排自己有兴趣的事情，在稳定与创新之间，寻找平衡点，可以使生活更为丰富。工作做久了，厌烦、倦怠、缺乏新鲜感总是难免的。因此，许多职业人会尝试在工作之外探索自己感兴趣的新职业。如大学的教师，可以兼职做一些企业的事务。现代社会里，随着工作环境的变化、工作途径的多样化，知识工作者兼职的渠道和方式越来越多，拥有第二职业、第三职业已经不是少见的事情。

以上职业形态的每种类型，没有好坏之分，重要的是依据个人的情况规划自己的职业形态。

三 职业生涯规划的基本含义

职业生涯规划是指个人结合自身情况及眼前的机遇和制约因素，为自己确立职业目标，选择职业道路，确定教育、培训和发展计划等，并为自己实现职业生涯目标而确定行动方向、行动时间和行动方案。职业生涯规划的目的不仅是帮助个人按照自己的资历条件找到一份合适的工作，实现个人目标，更重要的是帮助个人真正了解自己，为自己定下事业大计，筹划未来，拟定一生的发展方向，根据主客观条件设计出合理且可行的职业生涯发展方向。职业生涯规划主要取决于两个方面：一是社会发展的客观需要，特别是社会职业的现实要求；二是当事人自身的实际情况，其中起主要作用的是当事人自己。因为职业生涯规划不是社会强加在个人身上的实施方案，而是当事人在内心动力的驱使下，结合社会职业的要求和社会发展利益，依据现实条件和机会所制订的个性化的实施方案，所以，在此着重从个人的角度讨论职业生涯规划。

随着我国社会主义市场经济的推进，个人有了越来越多的选择职业的机会和越来越大的发展空间，但同时也面对着更大、更复杂的社会风险。因此，在今天这个瞬息万变的时代里，要想获得事业的成功，就要及早做一份个人职业生涯规划。

1. 职业生涯规划的分类

根据规划时间的长短，职业生涯规划可分为人生规划、长期规划、中期规划与短期规划四种类型。

（1）人生规划。人生规划是对自己整个职业生涯的规划，时间可长至 40 年，主要是设定整个人生的发展目标。例如，规划成为一个有数亿资产的公司董事长。

（2）长期规划。长期规划是指 5 ～ 10 年的规划，主要是设定较长远的目标。例如，规划 30 岁时成为一家中型公司的部门经理，规划 40 岁时成为一家大型公司的副总经理等。

（3）中期规划。中期规划一般是指 2 ～ 5 年的目标与任务规划。例如，规划到不同业务部门做经理，规划从大型公司部门经理到小公司做总经理等。

（4）短期规划。短期规划是指两年以内的规划，主要是确定近期目标，规划近期完成的任务，如对专业知识的学习及两年内掌握哪些业务知识等。

2. 职业生涯规划的特点

掌握职业生涯规划的特点，对做好规划是有帮助的。职业生涯规划的共同特点是独特性、终身性、发展性、综合性。

（1）独特性。每个人都有自己的特点，有与众不同的成长背景及机遇，因此必须从自己的特点和特长出发进行职业生涯规划。职业生涯规划因人而异。例如，从哈佛大学退学的比尔·盖茨投身于软件事业并成为世界首富，这是职业生涯规划成功的一个典型事例。人们将比尔·盖茨的成功作为理想与追求的目标是可以的，但创业的过程和结果绝不可能和他完全相同，因为背景、文化、机遇已经不同，而且会受各种潜在因素的影响。人们可以学习他、超越他，但不能盲目地模仿他。

（2）终身性。不仅是大学生，每个人人生发展的全过程——从幼年到老年，都涉及职业生涯规划这一课题。只是有的人是自觉完成的，有的人是无意识完成的。孩子们小时候玩"过家家"时，有人爱扮演医生，有人爱扮演教师，有人爱扮演解放军，这可以看作职业生涯规划的萌芽。退休的人一样可以有自己的职业生涯规划。退休后发挥余热或办学或兼职或上老年大学学习新专业、新技能的人比比皆是，甚至有人退休后学习画画，举办画展，并成为画家。

（3）发展性。在职业生涯的长河中，随着个人认知的日益成熟与能力的稳步提升，面对日新月异的世界，规划不再是一劳永逸的。小李初入职场时，设定了成为技术专家的目标；几年后，随着市场趋势的洞察与自我潜能的发掘，他转而规划成为项目经理，引领团队创新。这一转变正是职业生涯多次规划的实践，展现了灵活应变与持续成长的重要性。

（4）综合性。如果将生命看作一个横截面，每个人在某一时间段内同时有多重身份。例如，一位 50 岁左右的某高校主任，在单位主持工作时是领导，在与同事共同研究问题时是伙伴，在学生面前是教师，在"充电"时是学生，在孩子面前是长者，在父母面前是晚辈。

因此，进行职业生涯规划时要涉及工作、学习和生活的多个方面，具有很强的综合性。

3. 职业生涯规划的内容

一般来说，职业生涯规划从个人角度和组织角度可分为个人职业生涯规划和组织职业生涯规划。

（1）个人职业生涯规划是个人对自己一生职业发展道路的设想和规划，它包括选择什么职业，以及在什么地区和什么单位从事这种职业，还包括在这个职业队伍中担负什么职务等内容。一般来说，个人希望从职业生涯的经历中不断得到成长和发展。个人通过职业生涯规划，可以使自己的一生职业有个方向，从而努力地围绕这个方向，充分地发挥自己的潜能，使自己走向成功。

（2）组织职业生涯规划是指在广大职员希望得到不断成长、发展的要求推动下，企业人力资源管理与开发部门为了了解职员个人的特点、成长和发展的方向及兴趣，不断地增强他们的满意感，并使他们能与企业组织的发展和需要统一协调起来，制订将职员个人发展与组织需求和发展相结合的计划，也可以将它称为职员职业生涯管理。

总之，职业生涯规划既要体现职员发展的需要，又要体现企业发展的需要。

4. 职业生涯规划的原则

人生历程与时光一样，不能重新来过。例如，大学毕业之前是职业准备期，如果在此期间不努力学习，学业完成得不好，再想返回重新学习，不仅浪费了时间，还增加了困难。职业生涯规划作为对人生职业的预期和计划，更不能马虎对待。重新进行规划的损失较大，因此要熟悉制订职业生涯规划的原则，把握住规划的大局，这样才可能避免"走弯路、乘错车"。

（1）根据社会需要进行规划。必须顺应社会的需要规划职业生涯。选择职业作为一种社会活动，必然受到一定的社会制约。在市场经济条件下，任何人都有选择职业的自由，但这种自由是相对的、有条件的。如果人们的择业脱离了社会的需要，就必将被社会淘汰。大学生进行职业生涯规划时要做到社会利益与个人利益的统一，以及社会需要与个人愿望的有机结合；应积极把握社会人才需求动向，将社会需要作为出发点和归宿点；以社会对个人的要求为准绳，既要看到眼前利益又要考虑长远发展，既要考虑个人因素，又要自觉服从社会需要。

（2）根据能力和特长进行规划。能力和特长是人们成功地完成某种活动所必须具备的个性心理特征，是人们在社会实践中表现出来的心智力量。按照自己的能力和特长进行职业生涯规划是一个重要原则。任何一种职业都需要一定的能力，不同的职业有不同的能力要求。任何一种职业技能都是经过学习和培训才能为劳动者所掌握的。人的一生很短暂，任何人都不可能在一生中掌握所有的社会技能。因此，能力和特长对职业选择起着筛选作用，是求职择业和事业成功的重要保证。如运动员刘翔，因为具有体育特长，加上跑步时特别富有节奏感，所以其训练项目从短跑、跳高改为跨栏，最终在 2006 年的瑞士洛桑田径超级大奖赛上夺得男子 110 米栏的冠军，并打破了世界纪录，成为中国田径史上一座辉煌的里程碑。因此，在对自己的能力和特长有正确认识和评价的基础上，根据自己的能力和特长规划职业生涯是十分重要的。

（3）根据个人兴趣和爱好进行规划。能力和特长不等于兴趣和爱好。根据使自己愉悦的"快乐"原则进行职业生涯规划也是一种明智的选择。兴趣是个体积极探索事物，带有积极色彩的心理倾向，这种倾向常有稳定、主动、持久等特征。兴趣是最好的教师，是最初的动力和成功的希望。如果对学习、对工作产生了浓厚的兴趣，就能在学习或工作中具有并保持高度的自觉性和积极性，就会在学习或工作中取得成就；反之，如果对学习或工作没有兴趣，就不可能将自己的全部精力投入学习或工作中，因此也就很难取得成功。兴趣和爱好也并不总是起正向的驱动作用，有时它也会是一种耗散力。例如，有的人在同一时间段内的兴趣过于广泛，而由于时间和精力有限，最终他们所关注的只是表面，无一深入。因此，在一定时间内，假如有较多的兴趣面，则一定要以主要兴趣点为主进行规划。根据个人兴趣和爱好进行规划时，应牢记："考虑兴趣须适度，众多兴趣定主辅。"

5. 职业生涯规划的意义

（1）有利于明确人生奋斗目标。亚伯拉罕·马斯洛（Abraham Maslow，1908—1970），是美国著名的社会心理学家、人格理论家和比较心理学家，将需求划分为五级，即生理的需要、安全的需要、感情的需要、尊重的需要、自我实现的需要。精心规划职业生涯有利于大学生更好地知己知彼，明确人生奋斗目标。

要想成功地设计职业生涯，必须知己之长短、知环境之利弊。因此，规划职业生涯的过程就是一个不断认识自我、认识环境、扬长避短的过程。这个过程有利于设计者对自己的优势和劣势进行深入的调查、细致的分析研究，从而客观、准确地了解自己的实力，同时，也有利于自己对职业领域的现状与发展趋势有清醒的认知。职业生涯规划的目的绝不只是协助个人达到和实现个人目标，更重要的是帮助个人真正了解自己并且进一步详细评估内外环境的优势。在"衡外情、量己力"的情形下，设计出合理且可行的职业生涯发展规划，选择合适的职业和职务。

职业决定了一个人的未来，大学生精心规划自己的职业生涯对于明确自己人生近期、中期和长期的奋斗目标具有十分重要的意义。然而，相当多的大学新生处于目标的缺失期，在高中期间他们的目标十分明确，就是考大学，而上了大学之后的目标是什么？许多大学新生十分迷惘，不知道该确立什么目标，为此十分苦恼。由于中学缺失职业指导，许多学生在报考专业时带有很大的盲目性，他们不懂得运用人职匹配理论进行选择专业，往往是在家长的意愿下根据职场的需求状况和职业的冷热度填报志愿。因此，指导大学生进行职业生涯规划，有利于他们扬起理想的风帆，确立起自己的学业目标、职业目标和创业目标。大学生如果不选择最适合自己成长与发展的职业生涯，没有明确的奋斗目标，必然会影响学业和事业的成功。

（2）有利于实现人生目标。精心规划职业生涯有利于大学生有的放矢地开发职业生涯，尽快实现人生目标。科学的、切实可行的职业生涯规划是职业生涯成功开发的前提条件。在职业生涯规划下进行职业生涯的开发，方向性强，有效性高，对职业目标的顺利实现具有积极的意义。美国的巴达维在《开发科技人员的管理才能》一书中根据调查指出，在65岁以下的从业工程师中，从事管理工作的人数占68%。在对工程技术人员进行职业目标的咨询中，大约有80%的人规划在五年内成为一名主管人员或经理。他们为实现个人职业生涯的规划目标，就会根据职业目标的要求进行职业生涯的开发。如果一个人的职业目标是成为教授级工程师，立志在专业技术领域内功成名就，他们就会努力构建"T"形知识结构。在"T"形结构中，"—"表示知识面的宽度，"｜"表示对专业掌握的深度，两者结合，博专相济，相辅相成。该模式注重基础知识的扎实和专业知识的精深，具有巨大的科研潜力。构建"T"形知识结构既注意知识面的拓展，又注重专业知识的深度挖掘。如果一个人立志成为杰出的管理者和经营者，就必须构建网络型知识结构，即侧重于专业知识的核心地位和相关知识的联系，在学好本专业的同时，选修管理或经营方面的课程，或者辅修管理或经营方面的专业，同时，还要参加一定的社会工作和营销工作，积累管理或经营方面的课程或经营经验。如果一个人立志从事教学科研工作，在学业上应该立志取得硕士或博士学位，只有这样才能跨入教学科研的行业。总之，精心规划职业生涯，能增强学习和工作的目的性，减少盲目性，避免走弯路，加快实现人生目标的速度。

（3）有利于增强个人实力。职业生涯规划可以发掘自我潜能，增强个人实力。一份行之有效的职业生涯规划将会引导大学生正确认识自身的个性特质、现有与潜在的资源优势，帮助大学生重新对自己的价值进行定位并使其持续增值；引导大学生对自己的综合优势与劣势进行对比分析，使大学生树立明确的职业发展目标与职业理想；引导大学生评估个人目标与现实之间的差距；引导大学生前瞻与实际相结合的职业定位，搜索或发现新的或有潜力的职业机会；使大学生学会运用科学的方法，采取可行的步骤与措施，不断增强大学生的职业竞争力，实现自己的职业目标与理想。

（4）有利于提升成功机会。职业生涯规划可以增强发展的目的性与计划性，提升成功的机会。职业生涯发展要有计划、有目的，不可盲目地"撞大运"，很多时候职业生涯受挫的原因就是生涯规划没有做好。好的计划是成功的开始，古语讲"凡事预则立，不预则废"就是这个道理。

（5）有利于提升应对竞争的能力。当今社会处在变革的时代，到处充满着激烈的竞争。物竞天择，适者生存。职业活动的竞争非常突出，要想在职场激烈的竞争中脱颖而出并立于不败之地，必须设计好自己的职业生涯规划。这样才能做到心中有数，不打无准备之仗。而不少应届大学毕业生在毕业后，不是首先做好自己的职业生涯规划，而是拿着简历与求职书到处乱跑，总想凭借好运气找到好工作。结果浪费了大量的时间、精力与资金，到头来感叹招聘单位不能"慧眼识珠"，叹息自己"英雄无用武之地"。这部分大学毕业生没有充分认识到职业生涯规划的意义与重要性，认为找到理想的工作靠的是学识、业绩、耐心、关系、口才等条件，而职业生涯规划则纯属纸上谈兵，只会耽误时间。这是一种错误的理念。实际上，先进行职业生涯规划，待有了清晰的认识与明确的目标之后再把求职活动付诸实践，这样的效果要好得多，也更经济、更科学。

职业生涯规划活动伴随了我们的大半生，甚至更长远，拥有成功的职业生涯才能实现完美的人生。因此，职业生涯规划，只要开始，永远不晚，职业生涯规划对于大学生实现自己的人生价值，对于一生的幸福和满足都具有特别重要的意义。

6. 职业生涯规划模式

（1）大学生生涯路径选择。了解了职业生涯规划的基本内容，还需要明确生涯路径的选择。大学毕业将是人生一个转折点。毕业后的生涯路径有着多种可能性。图 1-1 所示为职业生涯规划路径的一个概略图。

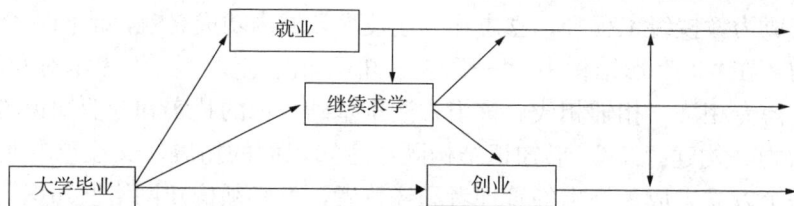

图 1-1　职业生涯规划的路径

从大的方面来说，大多数学生可能会先就业；部分同学可能会进入研究生阶段学习或进行其他的进修学习，不急于参加工作，或者等待时机再就业；而有的同学可能会选择直接创业。这三种去向并不是不能兼容。先就业的同学将来仍然可以重新回到学校继续学业或接受各种不同形式的培训，或者在条件成熟的时候走上创业。继续求学的同学在学习告一段落之后，也仍然会面临就业或创业的选择。创业的同学也有可能重新就业或接受教育培训。同样，就业也有多种选择。

（2）大学生生涯规划模式。就发展历程的观点而言，大学生正处于生涯探索期和生涯建立期的关键阶段，面临着许多关乎未来发展的重大抉择，如学业、职业、人生价值、婚姻等。因此，大学生的职业生涯规划主要是要通过职业生涯探索的历程，增长生涯认知，并逐渐认清其生涯发展方向，以完成具体的职业生涯计划和准备。

美国的斯温（Swain）教授为帮助大学生对自己的职业生涯进行良好的规划，提出了一个职业生涯规划的三维模式，如图 1-2 所示。

斯温认为，一个规范的职业生涯规划，应该包括三个重点：个人特质的澄清与了解、教育与职业资料的提供和个人与环境关系的协调。这三个方面在生涯规划中同等重要。

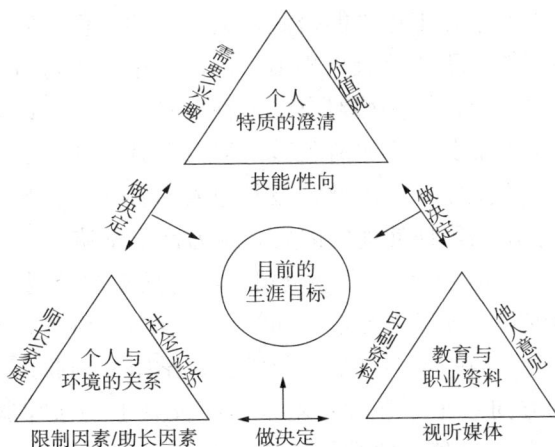

图1-2　斯温（Swain，1989）生涯规划模式

1）个人特质的澄清与了解，涉及个人的需要、兴趣、能力倾向、价值观念等。了解自己，是职业选择或生涯规划的最基本要求。这些特质，可以通过对生涯的探索活动、自我评定或心理测验等进行了解。

2）教育与职业资料的提供，是整个生涯目标决定过程中不可或缺的部分。缺乏对职业世界的了解而想做好职业选择，是不切实际的。个体的职业认定常受到原有印象的影响，如性别、学历等，也有的职业或专业的名称也许只是一字之差，但其内容、性质或发展却相差很多，因而正确资料的提供，是职业目标决定的重要依据。

3）影响职业规划的环境因素，大多是社会文化与机会因素。这些因素通常是个人无法掌握或控制的，如家庭或他人的重要意见、社会重大事件的影响，或经济是否景气等，因此，既然不可能做到改变环境来适应人的需求，那么就要求人具备良好的环境适应能力，主动协调与环境的关系，使其保持和谐一致。

（3）斯温模型的使用案例。如图1-2中大三角形里的圆形是此模式的核心部分，表示一个人想要达成的生涯目标。此目标的设定，深受环绕着核心的三个小三角形所影响，每个小三角形都是生涯探索与规划的重点。其内涵与实例如下。

1）第一个小三角形是指"个人特质的澄清"，包括个体的能力、性向、兴趣、需求、价值观等个人特质。

实例：小军对大自然的一草一木有浓厚的感情，从小在乡下长大，在田里、河川嬉戏、玩耍。近年来，环境污染日趋严重，让他深感痛心。从法律系毕业后，小军全力冲刺考上检察官。后来他在法院工作，符合小军想为社会伸张正义的价值观，而且上班地点在滨海城区，使他更接近山水、海洋，满足他的兴趣与需求，所以，只要有空，他总是喜欢登山、钓鱼、露营、赏鸟。在能力与性向的部分，法院工作符合小军在学校的训练，同时，他偶尔也为环保团体担任义务的法律顾问，提供他的专业建议。所以，小军的工作颇能满足自己的兴趣、性向、能力、需求和价值观。

2）第二个小三角形是指"个人与环境的关系"，包括助力或阻力因素、家庭因素和社会因素。

实例：小军的父亲是军人，从小向他灌输事情的是非对错，使他对社会有份使命感。

受父亲影响，小军一直希望在工作中能扮演正义使者的角色，对社会有所贡献。母亲则希望小军能有份安稳的工作，不要整天想爬山、钓鱼。小军的哥哥是教师，在当初选填志愿时就告诉小军，在法治社会，懂法律对自己是种保障，如果可以通过国家考试，就业方面的困难就比较小。在阻力部分，小军有色盲，但对于其他从事法律工作没有影响。小军的个性比较犹豫不决，拿不定主意，因此常被其他人的看法所影响。在助力部分，小军记忆力强、文笔好，经常登山的习惯使他的体力和耐力都很不错。

3）第三个小三角形是指"教育与职业资料"，包括参观访问、文书数据和演讲座谈等。

实例：小军在学校时参加读书会，与同学一起读书、讨论、分享，增加了很多信息来源。系上举办的座谈会，他一定会参加，与学长、学姐密切联系，他们也乐意向小军传授考试的技巧和准备的方向。小军在大三就报名应征系上的法律服务队，正式成为队员之后，小军开始与校外人士接触，他觉得这样的经验，对他日后与环保团体接触有很大的影响。

这三个三角形是职业生涯发展与规划的重点。斯温职业生涯规划模型以简单、明了的图形呈现出来，使生涯规划有架构可循。即使如此，每个人的主观判断还是会有不同比重的考虑，产生不同的生涯决定，从而使所达成的生涯目标呈现出每个人的独特性与原创性。职业生涯规划的目的不一定是每个人都"成大功，立大业"，"选你所爱，爱你所选"才是生涯规划的最终目的。

课堂活动　　绘制我的职业生涯蓝图

一、活动目的
（1）帮助学生理解生涯、职业生涯和职业生涯规划的基本概念。

（2）引导学生认识自我，了解自己的兴趣、能力和价值观。

（3）学会制订初步的职业生涯规划，明确未来的职业方向和发展目标。

（4）培养学生的团队合作能力和沟通能力，增强职业生涯规划的实际操作能力。

二、活动步骤
1.导入与概念讲解（10分钟）

（1）教师通过PPT或短视频介绍生涯、职业生涯和职业生涯规划的定义与重要性。

（2）学生分享自己对职业生涯的初步认识和理解。

2.自我认知探索（15分钟）

（1）学生填写自我探索问卷，包括兴趣、能力、价值观等方面的内容。

（2）小组讨论：分享各自的自我探索结果，互相倾听并提出建议。

3.职业世界探索（20分钟）

（1）教师提供一系列职业领域的信息，包括行业发展趋势、职业特点、工作要求等。

（2）学生分组选择感兴趣的职业领域进行深入研究，收集相关资料并制作职业报告。

4.绘制职业生涯蓝图（25分钟）

（1）学生根据个人兴趣和职业世界探索结果，制订初步的职业生涯规划。

（2）使用图表或时间线的形式，绘制个人的职业生涯蓝图，包括短期目标、中期目标和长期目标。

5.分享与反馈（10分钟）

（1）学生轮流上台展示自己的职业生涯蓝图，并介绍规划思路和目标。

（2）其他学生和教师给予反馈与建议，帮助完善规划。

三、活动评价

1.过程评价

（1）观察学生在活动中的参与程度，包括小组讨论的积极性、资料收集的认真程度等。

（2）评估学生在绘制职业生涯蓝图过程中的逻辑思维能力、创新能力和规划能力。

2.成果评价

（1）检查学生绘制的职业生涯蓝图是否完整、清晰，并包含明确的短期目标、中期目标和长期目标。

（2）评价学生在展示和分享环节中的表达能力和自信心。

3.反馈评价

（1）收集学生和教师对其他同学职业生涯蓝图的反馈，分析建议的合理性和建设性。

（2）总结活动中普遍存在的问题和不足，为今后的教学活动提供改进方向。

（3）通过这次课堂活动，学生不仅能够理解生涯规划的基本概念，还能通过实际操作制订自己的职业生涯规划，从而为实现未来的职业目标奠定坚实的基础。

案例分析

张华是一名计算机科学专业的大学毕业生。在大学期间，他积极参与各类编程竞赛和社团活动，展现出了出色的技术能力和领导才能。毕业后，他顺利进入了一家知名互联网公司，开始了自己的职业生涯。

张华在进入职场前，对自己的兴趣、能力和价值观进行了深入的分析。他发现自己热爱计算机科学，尤其擅长算法设计和数据分析。同时，他也认为自己具备较强的沟通能力和团队合作精神。基于这些自我评估，张华将自己的职业定位确定为软件开发领域的技术专家和管理者。

在明确职业定位后，张华为自己设定了短期和长期的职业目标。短期目标是成为公司技术部门的核心成员，参与重要项目的开发；长期目标则是晋升为技术部门负责人，带领团队实现技术创新和业绩提升。为了实现这些目标，他制订了详细的学习计划和职业发展路径，包括参加技术培训、参与项目实践、积极争取晋升机会等。

在实际工作中，张华严格按照自己的规划行动。他积极参与公司的技术交流和分享活动，不断提升自己的专业技能；同时，他也主动承担项目中的关键任务，展现自己的能力和价值。在遇到困难和挑战时，他能够及时调整自己的策略和方法，保持积极向上的心态。

案例分析：张华的案例充分展示了生涯、职业生涯与职业生涯规划的紧密关系。他通过自我评估明确了自己的职业定位和目标，制订了切实可行的规划并付诸实践。在职业的发展过程中，他不断调整和优化自己的规划，以适应职场的变化和挑战。最终，他成功实现了自己的职业目标，成为公司技术部门的核心成员和领导者。

张华的案例告诉我们，职业生涯规划并不是一蹴而就的，而是一个持续的过程。需要根据自己的兴趣、能力和价值观不断调整并优化自己的规划，以适应职场的变化和发展；同时，也需要保持积极的心态和行动，不断学习和提升自己的能力，以应对职场中的各种挑战和机遇。

任务二　职业锚

课前引入

"职业锚"，听起来可能有些抽象，但它实际上是职业生涯中一个非常核心的元素。那么，究竟什么是职业锚呢？简单来说，职业锚就是在职业发展过程中，坚持的核心价值观和能力，它决定了选择工作的标准，以及如何在这个职业中持续成长和进步。

通过了解职业锚的类型和特点，可以逐渐认识到自己的价值观和能力倾向，从而更好地确定自己的职业发展方向。

职业锚能帮助我们更清晰地认识自己，避免在职业生涯中迷失方向。同时，它也能指导我们作出更明智的职业选择，让我们的职业生涯更加充实和有意义。

本任务将探讨职业锚的类型、特点，以及如何识别和确定自己的职业锚。

一　职业锚的含义、特点和类型

1. 职业锚的含义

1978年，美国埃德加·施恩教授在《职业动力论》中首次使用"职业锚"的概念。在他的描述中，职业锚由早期工作实践而来，是自我意向的一个习得部分。他认为职业规划实际上是一个持续不断的探索过程，在这一过程中，每个人都在根据自己的天资、能力、动机、需要、态度和价值观等慢慢地形成较为明晰的与职业有关的自我概念。施恩还认为，随着一个人对自己越来越了解，这个人就会越来越明显地形成一个占主要地位的职业锚。

通俗地讲，所谓职业锚，就是指当一个人不得不作出选择的时候，无论如何都不会放弃的职业中的那种至关重要的东西或价值观。正如"职业锚"这一名词中"锚"的含义一样，职业锚实际上就是人们选择和发展自己的职业时所围绕的中心。一个人对自己的天资和能力、动机和需要，以及态度和价值观有了清楚的了解之后，就会意识到自己的职业锚到底是什么。

概括地讲，职业锚指的是"自省的才干、动机和价值观的模式"，也就是职场新人在早期工作中逐渐对自我加以认识和反省，发展出更加清晰全面的职业自我观。它是个人进入早期工作情景后，由习得的实际工作经验所决定，与在经验中自省的动机、需要、价值观、才干相符合，达到自我满足和补偿的一种稳定的职业定位。

施恩根据自己在马萨诸塞理工大学的研究指出，要想对职业锚提前进行预测是很困难的，这是因为一个人的职业锚是不断变化的，它实际上是一个不断探索的过程所产生的动态结果。有些人也许一直都不知道自己的职业锚是什么，直到他们不得不作出某种重大选择的时候，比如到底是接受公司将自己晋升到总部的决定，还是辞去现职，转而开办和经营自己的公司。正是在这一关口，一个人过去的所有工作经历、兴趣、资质、性向等才会集合成一个富有意义的模式（或职业锚），这个模式或职业锚会告诉此人，对其个人来说，到底什么东西是最重要的。

职业锚的概念包含了以下三个方面的内容。

（1）自省的才干和能力。它是以各种工作环境中的实际成功为基础。几乎每个人在其一生中都会有许多次的职业选择，每个人会根据自己在各种工作环境中的表现来对自己的才干和能力作出基本的评估与认识。

（2）自省的动机和需要。它是以实际情景中的自我测试和自我诊断及他人的反馈为基础。这点主要是确立自己的工作动机和职业发展需要。

（3）自省的态度和价值观。它是以自我与工作单位和工作环境的准则与价值观之间的实际情况为基础，主要是明确自己的价值取向。

职业锚的确立是根据上述三个方面的自我基本判断，确定自己的稳定的职业定位。

2. 职业锚的特点

（1）"职业锚"的定义比工作价值观、工作动机的概念更具体、更明确。"职业锚"产生于最初的工作价值观和工作动机之上，但是它又受到实践工作经验和自我认识的不断强化。

（2）由于实践工作成果的偶然性，"职业锚"不可能凭各种测试进行预测。个体一系列职业选择的偶然性，体现出从不适应、无法满足需要的工作环境向更和谐环境移动的必然性。在实践中选择、认知和强化自己的职业定位，这就是"职业锚"的比喻。

（3）"职业锚"强调了能力、动机和价值观的互动作用。职业取向中能力、动机和价值观是一个相互影响的过程，单独的动机、能力和价值观的意义是不大的，重要的是突出三者互相作用的整合。这正是职业锚中包含的三个基本方面的内容。

（4）"职业锚"要在正式工作若干年后才可能被发现。"职业锚"的确定需要各种环境中实际工作的反复验证才可能确认。每个人的职业定位都是在经历了若干次的工作环境变动和工作单位的调整之后才最终确立的。

（5）"职业锚"概念倾向于寻求个人稳定的成长区域，但是它并不意味着个人停止变化或成长。"职业锚"是个人职业的长期贡献区域，它在个人职业发展过程中占着绝对的比例，但是它本身也是会发生变化的，每个人可能会根据环境的变化寻找自己新的职业定位，即找到新的职业锚。

3. 职业锚的类型

施恩根据自己多年的研究，提出了以下五种职业锚。

（1）技术／职能能力型"职业锚"。具有这种职业定位的一类人在作出职业选择和决策时的主要精力放在自己正在干的实际技术内容或职业内容上。他们认为自己的职业成长只有在特定的技术或职能领域才意味着持续的进步。他们往往不愿意选择那些带有一般管理性质的职业，因为这将意味着他们放弃在技术／职能领域的成就。相反，他们总是倾向于选择那些能够保证自己在既定的技术或职能领域中不断发展的职业。这些领域包括工程技术、财务分析、营销、系统分析等各种领域。

（2）管理能力型"职业锚"。具有这种职业定位的一类人在职业实践中培养出了管理所必不可少的技能和价值观，也相信自己能够胜任。他们具有三种能力的强强组合：分析能力——在信息不全或不确定的情况下识别、分析和解决问题；人际能力——能影响、监督、领导和操纵组织各级人员更有效地完成组织目标；情感能力——能够为感情危机和人际危机所激励，而不是被打倒，能承担高水平的责任，而不是变得软弱无力，能使用权力而不感觉内疚或羞怯。管理能力型的人拥有最完善的三项能力的组合。

（3）安全／稳定型"职业锚"。具有安全／稳定型职业定位的一类人最关心的是职业的长期稳定性和安全性。他们为了安定的工作、可观的收入、优越的福利和养老制度等付出努力。对他们而言，一份安全稳定的工作、一笔体面的收入、优越的福利与良好的退休保障是至关重要的。尽管有时他们能够达到一个较高的职位，但是他们并不关心具体的职位和具体的工作内容。

（4）创造型"职业锚"。具有创造型职业定位的一类人需要建立完全属于自己的东西，或是以自己名字命名的产品或工艺，或是自己的公司，或是能反映个人成就的私人财产。他们认为只有这些实实在在的事物才能体现自己的成就。他们具有强烈的创造欲望和需求，意志坚定，勇于冒险。

（5）自主／独立型"职业锚"。自主／独立型的个体追求的主要目标是随心所欲地制订自己的步调、时间表、生活方式和工作习惯，尽可能少地受组织的限制和制约。比较典型的职业人群是艺术工作者、自由职业者等。

值得注意的是，"职业锚"的五种类型没有涵盖所有的职业类型，也不可能在所测试的人员中显示出完全的区分性。上面所列的五种职业锚只是比较典型的五种职业取向和职业定位，实际上，每个人的职业定位都有所交叉和重合。以上类型只是给出一个参考分析的框架。另外，"职业锚"是个人与工作环境之间相互作用的产物，个人的职业锚必须经过若干年的实际工作的内化沉淀才能被发现，在此之前，需要不断地寻找和探索。发现自己的职业锚意味着已经离自己的职业生涯高峰不远了。

二 职业锚的作用

"职业锚"在个人的职业生涯设计过程中扮演着至关重要的角色，它犹如一盏明灯，不仅照亮了员工职业发展的道路，更为他们提供了坚实的精神支撑和行动指南。具体来说，"职业锚"在个人的职业生涯规划中发挥着以下重要作用。

（1）"职业锚"是个人职业生涯规划的核心要素，它帮助个人深入理解并明确自己在职业发展过程中的核心需求与内在动力。它让个人有机会认真思考自己的兴趣所在、价值观取向，以及长期的职业愿景，让个人能够更好地认识自己，明确自己的优势和劣势，从而更好地规划自己的职业发展道路。通过识别个人的兴趣所在、价值观取向，以及长期职业愿景，"职业锚"能够指导个人在职业生涯的不同阶段作出明智而坚定的选择，从而确保个人能够持续地在某一专业或领域内深耕细作，积累深厚的专业知识和实践经验。这种对特定领域的长期承诺，不仅有助于提升个人的专业技能和职业素养，更有助于增强其在行业内的专业影响力与竞争力，使其成为组织中不可或缺的核心力量。

（2）"职业锚"促使个人不断提升自我，积极参与各类职业技能培训和实践活动，通过持续的学习与历练，提高自身的工作技能和工作经验，进而提高在组织中的执行力和领导力。当个人专业能力不断增长时，其在组织内的地位和声誉也会随之提升，这不仅有利于个人职业生涯的稳步发展，也有助于推动组织整体效能的优化提升。组织内的地位和声誉的提升意味着获得了更多的机会去影响及驱动组织的发展，从而更好地实现个人价值。

（3）"职业锚"概念强调了个人对职业发展的主动参与和自我管理，它要求组织尊重并有效运用员工的职业锚，为其提供适宜的职业发展通道和机会，从而实现个人与组织之间的深度互动与协同发展。这种相互接纳、相互融合的过程，不仅能够增强员工对组织的归属感和忠诚度，还能够进一步推动组织战略目标的实现，达到个人价值最大化与组织发展最优化的双重效果。

总之，"职业锚"是个人职业生涯规划中最重要的概念之一，它帮助人们更好地认识自己、规划自己的职业发展道路、提升自己的职业竞争力。同时，"职业锚"也要求组织尊重员工的个人发展需求，为其提供适宜的职业发展机会和通道，从而实现个人与组织的协同发展。

三 寻找职业锚的途径

1. 了解自己的兴趣爱好

了解自己的兴趣爱好，是寻找"职业锚"的第一步，需要深入挖掘并全面了解自己的兴趣爱好。每个人的兴趣爱好都是其个性与热情的独特体现，它们如同灯塔一般照亮我们的人生航程，为我们提供了持续的动力和乐趣。这些兴趣爱好犹如内心的指南针，引领我们在某个领域中不断深入探索、学习和成长，从而揭示出我们的内在动力和潜在的职业方向。通过花时间思考和探索自己的兴趣爱好，可以发现自己的内在动力和潜在职业方向。

2. 分析自己的优势

除了兴趣爱好这一层面，对个人优势进行深度和全面的剖析同样至关重要。这不仅局限于个人兴趣爱好，更应该深入挖掘并全面认识个人的技能优势、能力特长及独特的个性特点。每个人都有自己与生俱来或后天培养形成的一些特长和优势，而这些优势在很大程度上就构成了职场竞争中的核心力量。通过系统性地分析自己的优势，可以更清晰地看到自己在特定领域或情境下所能产生的积极影响，包括但不限于专业技能、人际交往、解决问题、创新思维、团队协作等多个维度。这种自我认知有助于识别出自己在哪些方面具有较高的天赋和潜力，从而为确立职业方向提供有力的依据。优势分析还有助于在求职市场中找准定位，明白自身价值所在，有针对性地寻求符合自己优势特质的工作机会，提高职业匹配度，实现个人价值的最大化。因此，深入剖析并充分利用个人优势是打造个人品牌、提升职场竞争力并最终实现职业成功的重要策略之一。

3. 探索不同的职业领域

在充分认知和深入剖析自身兴趣爱好及优势特点之后，职业生涯规划的关键步骤之一就是开始广阔的职业领域探索之旅。这一阶段的目标在于寻找那些与自身内在兴趣爱好及外在优势相契合的职业领域，从而实现个人特质与职业特点的有效匹配。可以通过阅读行业报告，参加职业讲座或研讨会，利用网络平台资源如领英（LinkedIn）、微博、抖音等社交媒体进行职业探索，同时结合自身优势进行精准定位，寻找那些既符合个人兴趣又能最大化发挥优势的行业及岗位。在这一过程中，可能需要结合自身的教育背景、工作经验、人格特质、技能特长等多维度因素进行综合考量，力求找到一个或多个与自身相契合的职业方向，从而为未来的职业路径选择和生涯发展奠定坚实的基础。

4. 寻求职业咨询师的帮助

在探索职业锚时，很多人可能会发现自己面临诸多选择，难以作出决策。在这种情况下，寻求专业的职业咨询师援助显得尤为重要。职业咨询师是经过专业培训和认证，具备深厚的心理学、职业规划及行业知识背景的专业人士，他们专门致力于为个人提供关于职业发展方面的指导和建议。

职业咨询师会根据你的兴趣爱好、个人优势及明确的职业目标，进行全面而深入的分析评估。他们能够帮助你剖析自身特点，明晰自身定位，进而在广泛的职业领域中为你找准定位，确定适合你发展的行业方向和具体职位。不仅如此，职业咨询师还会结合就业市场现状及未来趋势，为你制订个性化的职业规划方案，指导你在实现职业目标的过程中克服潜在障碍，挖掘潜在机遇。

课堂活动　　探索职业锚之旅

一、活动目的

（1）自我认知：帮助学生深入了解自己的兴趣、价值观、能力和个性特点。

（2）职业锚识别：引导学生通过自我反思和案例分析，识别并理解个人职业锚（个人职业发展中"不可放弃的核心技能或价值观"）。

（3）职业规划：基于职业锚的发现，制订初步的职业发展规划，明确短期与长期职业目标。

（4）决策能力：提升学生在职业选择中的决策能力，学会权衡各种因素作出最适合自己的职业决策。

二、活动步骤

1.导入与职业锚介绍（10分钟）

（1）教师简单介绍职业锚的概念和重要性，引导学生思考自己的职业追求和价值观。

（2）通过PPT或短视频展示不同职业领域的职业锚案例，激发学生兴趣。

2.小组讨论与自我探索（20分钟）

（1）学生分组讨论，分享自己对职业锚的理解和看法。

（2）每个学生用5分钟写下自己认为最重要的职业价值观、技能和能力，并尝试找出自己的职业锚类型。

（3）每组选取一名代表，分享组内讨论成果和个人职业锚的探索结果。

3.职业锚匹配游戏（15分钟）

（1）准备若干份职业卡片，每张卡片描述一种职业的主要特点和要求。

（2）学生根据自己的职业锚类型，从职业卡片中选择最符合自己价值观的职业。

（3）学生分享选择该职业的理由，并与同学交流讨论。

4.总结与反馈（5分钟）

（1）教师总结本次活动的主要内容，强调职业锚在职业规划中的重要性。

（2）学生填写活动反馈表，对活动效果进行自我评价和提出改进建议。

三、活动评价

1.过程评价

（1）观察学生在小组讨论中的参与度和积极性，评价其是否能够主动思考和分享。

（2）评估学生在自我探索阶段是否能够准确识别自己的职业价值观和能力，形成初步的职业锚概念。

（3）检查学生在职业锚匹配游戏中的选择是否符合其职业锚类型，并能否合理阐述选择理由。

2.结果评价

（1）通过学生提交的个人职业锚探索成果和小组分享内容，评价其对职业锚概念的理解和掌握程度。

（2）分析学生在活动反馈表中的意见和建议，了解活动的效果和不足，为今后的课堂活动改进提供依据。

3. 综合评价

（1）综合考虑过程评价和结果评价的结果，对学生在活动中的整体表现进行综合评价。

（2）对表现优秀的学生给予表扬和奖励，同时针对活动中出现的问题和不足进行反思与改进，以提高课堂活动质量和效果。

（3）通过本次"探索职业锚之旅"的课堂活动，学生应能够更深入地了解职业锚的概念和作用，并通过自我探索和职业匹配游戏等方式，初步确定自己的职业锚类型和发展方向，为未来的职业规划和发展奠定坚实的基础。

案例分析

小帅，一位计算机科学与技术专业的学生。在校期间，他积极参与各类技术竞赛和项目实践，不断提升自己的编程能力和技术水平。毕业后，他顺利进入一家知名互联网公司担任软件工程师。

在公司工作的几年里，小帅表现出色，不仅技术能力过硬，还具备较强的团队协作能力。他参与了多个重要项目的开发，并成功解决了一些技术难题。然而，随着工作的深入，小帅发现自己对于技术的热情逐渐减弱，而对于团队管理、项目协调等方面的工作则越来越感兴趣。

于是，小帅开始主动申请参与一些团队管理方面的培训和项目。他积极参与团队建设的各项活动，帮助团队成员提升技术水平，协调团队成员之间的关系。同时，他也开始关注公司的战略规划和管理层决策，希望能够为公司的发展贡献更多的力量。

经过一段时间的努力，小帅成功转型为一名项目经理。他不仅熟练掌握技术细节，还能够有效地管理团队、协调资源、推动项目进展。他的职业发展进入了一个新的阶段。

案例分析：从小帅的案例中，可以看到他的职业锚更倾向于管理型。他在技术方面表现出色，但随着时间的推移，他发现自己对于技术的热情逐渐减弱，而对于团队管理和项目管理方面的工作则越来越感兴趣。这说明在他的职业价值观中，管理、协调和领导等方面的重要性逐渐超越了技术本身。

小帅通过积极参与团队管理和项目管理方面的培训与项目，不断提升自己的管理能力和领导能力。他成功地将自己的技术优势转化为团队管理和项目管理方面的优势，为公司的发展作出了更大的贡献。

这个案例告诉我们，职业锚并不是一成不变的。随着个体经验的积累和价值观的变化，职业锚也会发生相应的调整。因此，在进行职业规划和选择时，需要时刻关注自己的内心需求和价值观变化，以便及时作出调整并找到最适合自己的职业发展方向。

同时，对于企业和组织来说，了解和识别员工的职业锚也具有重要的意义。通过了解员工的职业价值观和发展需求，企业可以更好地为员工提供有针对性的培训和发展机会，激发员工的工作热情和创造力，从而实现员工和企业的共同发展。

任务三　大学阶段的生涯发展与职业发展

课前引入

　　大学，是人生的一个关键阶段，它不仅是知识的殿堂，更是大学生塑造自我、探索未来、规划生涯的重要平台。在这个阶段，大学生不仅要学习专业知识，更要了解自己的兴趣、特长、价值观，并基于此进行生涯与职业的规划。

　　生涯发展，是关于我们一生的规划；职业发展，则是这一规划在职业道路上的具体实现。它们犹如一对双胞胎，相互依存，相互促进。大学阶段，正是寻找自我、明确目标、积累经验的黄金时期。

　　本任务将探讨如何在这个重要的阶段，有效地进行生涯与职业的规划：学习如何认识自我、了解职业世界、设定目标，以及如何付诸实践、积累经验、不断提升。

一　大学阶段的生涯发展

1. 生涯发展的基本概念

　　生涯发展是指个体在其一生中，通过不断的学习、实践和探索，逐渐形成和发展自我概念、职业观念、职业能力及职业态度，进而实现职业目标和人生价值的过程。它是一个持续不断的、动态变化的过程，涵盖了职业选择、职业发展、职业转型等多个方面。

　　在生涯发展的过程中，个体需要不断地认识自我、了解社会职业环境和市场需求，积极寻求适合自己的职业机会和发展路径。同时，也需要不断地提升自己的职业技能和素养，以适应职业发展的需要。

　　生涯发展对于个体的成长和成功至关重要。它能够帮助个体更好地了解自己，明确自己的职业目标和方向，提高职业竞争力和适应能力，实现自我价值和人生意义。同时，生涯发展也能够促进社会的和谐稳定和繁荣发展，为个人和社会的共同进步作出贡献。

　　需要注意的是，生涯发展是一个复杂而多元的过程，受到多种因素的影响，包括家庭背景、教育经历、社会环境、个人兴趣和能力等。因此，在生涯规划和发展过程中，个体需要综合考虑各种因素，制订符合自己实际情况的生涯发展计划，并积极采取行动实现自己的职业目标和人生价值。

2. 大学阶段生涯发展的特点

大学时期是人生中极为重要的一个阶段，是每个人生涯发展的关键时期。这一阶段，大学生不仅在知识、技能上有所提升，同时，在生涯发展上也呈现出许多独特的特点。

（1）独特性。每个人的生涯发展都是独一无二的，大学阶段也不例外。每个大学生都有自己的兴趣、特长和价值观，这些因素共同构成了他们独特的生涯发展轨迹。在大学阶段，学生们开始独立思考、自主决策，逐渐形成具有个人特色的生涯规划。

（2）发展性。大学阶段的生涯发展是一个动态变化的过程。随着知识的积累、技能的提升和经验的丰富，学生们的生涯发展目标和路径也会不断调整与优化。他们逐渐明确自己的职业兴趣和发展方向，为未来的职业生涯做好充分准备。

（3）综合性。大学阶段的生涯发展涉及多个方面，包括学术、职业、情感、社交等。这些方面相互关联、相互影响，共同构成了一个综合性的生涯发展体系。学生们需要综合考虑各方面因素，制订全面的生涯发展规划，以实现个人成长和全面发展。

（4）试探与定向。在大学阶段，学生们往往需要通过试探和尝试来确定自己的职业方向及目标。他们参加各种实践活动、实习、志愿服务等，以了解不同职业的特点和要求，逐渐明确自己的职业兴趣和发展方向。

（5）自我认知提升。大学是一个自我认知的重要时期。通过课程学习、实践活动、人际交往等方式，学生们对自己的兴趣、特长、价值观等有了更深入的了解。他们开始反思自己的优点和不足，寻找适合自己的发展方向和路径。

（6）生涯探索积极。大学阶段的学生们通常表现出强烈的生涯探索意愿。他们积极参加各类职业讲座、招聘会、实习项目等，主动了解不同行业和岗位的信息，为自己的职业生涯做好充分准备。同时，他们也会通过自我学习和实践，不断提升自己的职业素养和能力。

（7）成熟与信念。在大学阶段的生涯发展过程中，学生们逐渐变得更加成熟和坚定。他们开始明确自己的职业信仰和人生目标，形成稳定的价值观和人生观。面对困难和挑战，他们能够以更加成熟和坚定的态度去面对与解决。

（8）方向与专业。大学阶段也是学生们明确职业方向和专业选择的关键时期。通过专业学习和实践探索，学生们对自己未来从事的职业有了更清晰的认识。他们根据自己的兴趣和能力，选择合适的专业方向和课程学习，为未来的职业生涯奠定坚实的基础。

综上所述，这些特点共同构成了大学阶段生涯发展的丰富内涵和独特魅力。通过深入了解这些特点，可以更好地指导大学生进行生涯规划和发展，促进他们的全面成长和成功。

3. 生涯发展的影响因素

生涯发展受到多种因素的影响，这些因素相互作用，共同塑造了个体的职业发展轨迹。以下是一些主要的影响因素。

（1）个人的兴趣、能力和价值观对生涯发展起着决定性的作用。每个人的兴趣和能力都有所不同，这决定了他们在不同领域和岗位上的表现与适应能力。同时，个人的价值观也会影响他们的职业选择和决策，如有些人更注重工作稳定，而有些人则更追求创新和挑战。

（2）教育背景和专业也是影响生涯发展的重要因素。不同的学历和专业背景会为个体提供不同的知识与技能，这些知识和技能是他们在职场中竞争与发展的基础。

（3）工作经验和实践机会也对生涯发展具有重要的影响。通过实际工作，个体可以深入了解行业和岗位的要求，积累经验和技能，提升自己的职业竞争力。

（4）社会环境、经济发展水平、社会文化环境等也是影响生涯发展的重要外部因素。例如，经济发展水平和行业发展趋势会影响职业需求和就业机会，从而影响个体的职业选择和发展。

（5）人际关系网络也是影响生涯发展的关键因素。一个良好的人际关系网络可以为个体提供更多的职业机会和资源，有助于他们在职场中取得成功。

综上所述，生涯发展是一个复杂而多元的过程，受到个体内在因素和外部环境的共同影响。个体需要充分了解自己的兴趣、能力和价值观，选择合适的教育背景和专业，积极积累工作经验和实践机会，同时，关注社会环境和人际关系网络等因素，以制订出符合自己实际情况的生涯发展计划。

4. 规划大学阶段生涯发展的方法

（1）设定学业目标。在大学阶段，设定明确的学业目标是生涯发展的基础。学生应该根据自己的兴趣和专业方向，制订切实可行的学习计划。同时，要关注课程安排和考试要求，确保自己能够顺利完成学业。

（2）拓展兴趣爱好。除专业课程学习外，大学阶段还是拓展兴趣爱好的黄金时期。学生可以通过参加社团、组织活动等方式，发掘自己的潜力和兴趣所在。这不仅可以丰富课余生活，还有助于培养自己的综合素质和团队协作能力。

（3）参与社会实践。社会实践是大学阶段生涯发展的重要环节。通过参加实习、志愿服务等活动，学生可以了解社会需求和职业特点，积累实践经验和技能；同时，也可以锻炼自己的沟通能力和解决问题的能力。

（4）建立人际网络。在大学阶段，建立良好的人际网络对于未来的职业发展和人生规划具有重要的意义。学生应该积极参与各种社交活动，与同学、教师、校友等建立联系。通过互相学习、交流经验，可以扩大自己的人脉资源，为未来的职业发展打下基础。

（5）提升个人技能。在大学阶段，不断提升个人技能是生涯发展的关键。学生可以通过自学、参加培训等方式，提高自己的专业技能和综合素质。同时，也可以关注行业动态和新技术发展，不断更新自己的知识体系。

（6）制订职业规划。制订职业规划是大学阶段生涯发展的重要步骤。学生应该根据自己的兴趣、能力和专业方向，明确自己的职业目标和发展方向。同时，要关注职业市场的需求和趋势，制订可行的职业发展计划。

（7）反思调整策略。在生涯发展的过程中，不断反思和调整策略是非常重要的。学生应该定期回顾自己的学习和实践经历，总结经验和教训。同时，也要根据实际情况调整自己的目标和计划，确保自己能够不断进步和发展。

（8）保持积极心态。保持积极心态是大学阶段生涯发展的关键。面对困难和挑战时，学生应该保持乐观向上的态度，勇敢面对并积极解决问题。同时，也要学会调整自己的情绪和心态，保持自信和热情。

二　大学阶段的职业发展

1. 职业发展的基本概念

职业发展是指个人在职业生涯中，通过不断提升自己的职业能力，拓展职业领域、实现职业目标的过程。这个过程涵盖了职业选择、职业规划、职业学习、职业成长等各个方面。具体来说，职业发展涉及以下几个方面。

（1）职业定位与选择。这是职业发展的起点，根据个人兴趣、能力和市场需求，确定适合自己的职业方向。这通常包括对行业和职位的深入了解，以及对自身优势和劣势的准确评估。

（2）职业规划。制定长期和短期的职业目标，并规划如何实现这些目标。职业规划需要考虑到个人成长的阶段性特点，以及行业和市场的发展趋势。

（3）职业技能与知识提升。不断学习新知识、新技能，以适应职业发展的需要。这可以通过正规教育、职业培训、工作经验积累等方式实现。

（4）职业拓展与转型。在职业生涯中，可能需要从一个领域或职位转向另一个领域或职位。这要求个人具备跨领域的能力和适应性，能够抓住职业发展的新机遇。

（5）职业满意度与幸福感。职业发展不仅是追求更高的职位和薪水，还包括在工作中找到满足感和幸福感，实现个人价值。

（6）职业网络与人际关系。建立和维护职业网络，与同行和业界专家保持联系，获取职业发展的信息和机会。

职业发展是一个持续不断的过程，需要个人付出努力和时间，同时，也需要灵活应对职业生涯中的变化和挑战。通过有效的职业发展，个人可以不断提升自己的职业竞争力和市场价值，实现个人和组织的共同发展。

2. 大学阶段职业发展的特点

大学阶段是人生中的一个关键时期，也是职业发展的重要阶段。在这一阶段，学生们开始逐渐明确自己的职业方向和目标，通过专业知识学习、实践能力提升、人际关系拓展等多种方式，为未来的职业生涯打下坚实的基础。以下是大学阶段职业发展的主要特点。

（1）职业规划意识萌芽。进入大学后，学生们开始接触更加广阔的知识领域和复杂的社会环境，逐渐认识到职业规划的重要性。他们开始思考自己的兴趣、能力和价值观，并尝试将这些因素与未来的职业发展方向相结合，形成初步的职业规划意识。

（2）专业知识与技能积累。大学阶段是学生们获取专业知识和技能的关键时期。通过系统的课程学习、实践操作和学术研究，学生们逐渐掌握本专业的核心知识和技能，为未来的职业发展提供有力的支撑。

（3）实践能力逐步提升。在大学阶段，学生们通过参加实习、社会实践、志愿服务等活动，将所学知识应用于实际工作中，逐渐提升自己的实践能力。这些实践经历不仅有助于学生更好地理解和运用专业知识，还能够锻炼他们的团队协作、沟通表达和解决问题的能力。

（4）人际关系网络扩展。大学是一个汇聚众多优秀人才的平台，学生们在这里可以结识来自不同领域与背景的同学、教师和校友。通过积极参与各类社交活动、学术交流和合作项目，学生们可以扩展自己的人脉资源，为未来的职业发展提供更多的机会和可能性。

（5）自我认知与定位明确。通过大学阶段的学习和实践，学生们对自己的兴趣、能力和价值观有了更加深入的了解。他们开始明确自己在职业市场中的优势和劣势，以及适合自己的职业领域和发展方向。这种自我认知和定位明确的过程有助于学生们更加有针对性地制订职业规划和发展策略。

（6）职业规划动态调整。大学阶段的职业发展是一个动态的过程，学生们需要根据自己的实际情况和市场需求，不断调整和优化自己的职业规划。可以通过尝试不同的实习岗位、参与不同的项目和活动，来寻找更加适合自己的职业发展方向和机会。

（7）就业准备与能力提升。在临近毕业时，学生们通过参加招聘会、投递简历、面试等方式，积极寻找合适的工作机会，同时，也会通过参加职业培训、考取相关证书等方式，提升自己的职业竞争力和综合素质。

（8）职业发展持续探索。毕业离校后，学生们在职业生涯中也会不断面临新的挑战和机遇，需要持续探索适合自己的职业发展方向和路径。可以通过继续深造、转行换岗、创业创新等方式，实现自己的职业梦想和人生价值。

综上所述，大学阶段职业发展的特点共同构成了大学阶段职业发展的丰富内涵和独特魅力，为学生们未来的职业生涯奠定了坚实的基础。

3. 影响职业发展的因素

影响职业发展的因素多种多样，涉及个体内部特质、教育背景、工作经验、技能水平及外部环境等多个方面。以下是一些主要的因素。

（1）教育背景与学历。拥有更高的教育程度和学历背景往往能为个人提供更多的职业机会与更广阔的发展空间。不同的学科领域也会对职业发展产生影响，某些领域可能比其他领域更容易获得就业机会和职业发展机会。

（2）工作经验。在职场中积累的丰富工作经验能够为个人提供宝贵的参考和分析资料，有助于更好地应对工作中的挑战和问题。此外，不同行业的工作经验也会影响个人的职业发展路径。

（3）技能水平。拥有特定的技能和能力是获得更好工作机会与职业发展的重要因素。这些技能可以通过工作经验、培训和教育等方式获得。技能水平越高，个人在工作市场中的竞争力就越强。

（4）人际关系网络。良好的人际关系网络可以为个人提供职业发展的支持和帮助。与上司、同事、客户和合作伙伴等建立良好的关系，有助于提升个人的职业地位和影响力。

（5）行业选择与公司文化。不同的行业和公司具有不同的文化、潜在机会及发展空间。选择一个有发展潜力且与自身技能和兴趣相匹配的行业与公司，对于个人的职业发展至关重要。

（6）个人品质。个人的价值观、态度、责任心和适应能力等品质也会影响到职业发展。拥有积极向上的品质和心态，能够更好地应对职业挑战和变化。

（7）社会经济结构。职业社会因素中的社会经济结构包括生产力水平、经济体制和产业结构等，会直接影响职业的性质和就业市场。例如，随着科技的发展，高新技术产业和服务业的崛起为个人提供了更多的就业机会。

（8）社会文化价值观。在不同的文化背景下，人们对于职业的看法和态度有所不同。这会影响到个人的职业选择和职业发展路径。

（9）经济因素。薪酬、福利和工作机会等经济因素也是影响职业发展的重要因素。个人在选择职业时，通常会考虑到这些因素，以确保自己的经济稳定和职业发展。

综上所述，职业发展是一个复杂而多元的过程，受到多种因素的共同影响。为了实现更好的职业发展，个人需要充分了解自己的优势和劣势，积极提升自己的技能和能力，同时关注外部环境和市场需求的变化，作出明智的职业选择和决策。

4. 规划大学阶段职业发展的方法

（1）自我认知与定位。在大学阶段，首先需要进行自我认知，明确自己的兴趣、优势、价值观和职业倾向。通过反思和参加相关测评工具，了解自己的性格特点和职业适应性，为未来的职业规划提供有力支撑。同时，也要根据社会和行业的发展趋势，明确自己的职业定位和发展方向。

（2）专业学习规划。专业学习是大学阶段的核心任务，大学生需要制订合理的学习计划，确保掌握扎实的专业知识。同时，还要关注行业动态和新技术发展，及时调整学习内容和方向。还可以通过参加学术讲座、研讨会等活动，拓宽视野，提升专业素养。

（3）实习与项目经验。实习与项目经验是大学阶段获取实践经验的重要途径。通过参加实习，大学生可以将所学知识应用于实际工作中，了解职业领域的运作方式和市场需求。同时，参与各类项目，尤其是与专业相关的项目，可以锻炼大学生的团队协作、问题解决和创新能力。

（4）拓展人际关系网。人际关系网是职业发展中的重要资源。在大学阶段，要积极参加各类社交活动，与同学、教师、校友等建立联系。通过交流和合作，了解不同领域的职业发展情况，获取职业机会和资源。同时，也要注重维护已有的人际关系，建立良好的人脉资源。

（5）参加行业活动。参加行业活动可以更深入地了解行业动态和发展趋势，与业内人士进行交流和互动。这些活动包括行业会议、展览、研讨会等。通过参加这些活动，可以了解行业的最新动态和市场需求，为未来的职业规划提供更多的参考和依据。

（6）技能提升与证书。在大学阶段，还要注重技能提升和证书的获取。根据职业规划的需求，可以选择参加各类培训课程或自学，提升自己在特定领域的技能水平。同时，考取与职业相关的证书也是增强竞争力的有效方式，如英语四六级证书、计算机等级证书等。这些证书不仅是对个人能力的认可，也能为未来的就业或创业提供有力支持。

（7）职业规划调整。职业规划是一个动态的过程，需要根据个人发展和外部环境的变化进行调整。在大学阶段，要定期回顾自己的职业规划，检查目标的可行性和实施情况。当发现实际情况与规划存在偏差时，要及时进行调整和修正，确保职业发展的方向和目标始终与个人发展保持一致。

三 大学阶段生涯发展与职业发展的重要性

大学阶段作为个体成长和发展的重要时期，生涯发展与职业发展的重要性不容忽视。这一时期，学生不仅积累了丰富的知识和技能，还逐步明确自己的职业目标和方向，为未来的就业和创业奠定坚实的基础。

1. 明确职业目标与方向

在大学阶段，学生通过专业学习和实践活动，逐渐形成了自己的兴趣和优势领域，并开始思考未来的职业发展方向。通过生涯规划和职业探索，学生可以明确自己的职业目标，从而更有针对性地学习和实践，为未来的职业生涯做好准备。

2. 提升综合素质与能力

大学教育注重全面发展，除专业知识的学习外，还包括人际交往、领导力、团队协作、创新能力等方面的培养。这些素质和能力对于职业发展至关重要，能够帮助学生更好地适应职场环境，提高工作效率，实现个人价值。

3. 积累实践经验与资源

大学期间，学生可以通过实习、兼职、志愿服务等方式积累实践经验，了解职业领域的运作方式和市场需求。同时，还可以通过参与学术竞赛、项目研究等活动，拓宽视野，积累人脉资源。这些经验和资源对于未来的职业发展具有重要的推动作用。

4. 拓宽人际关系网络

在大学阶段，学生可以结识来自不同领域和背景的同学、教师及校友，建立广泛的人际关系网络。这些关系不仅可以提供职业机会和信息，还可以成为个人成长和发展的重要支持。

5. 树立就业与创业意识

大学阶段是学生从校园走向社会的重要过渡时期，树立就业与创业意识至关重要。学生需要了解就业市场的需求和趋势，掌握求职技巧和创业知识，以便在未来的职业发展中抢占先机。

6. 增强职业竞争力与优势

通过大学阶段的生涯发展与职业发展，学生可以不断提升自己的职业技能和素质，增强在就业市场中的竞争力。同时，还可以通过参与实习、项目研究等方式，展示自己的优势和特长，从而获得更好的职业机会和发展空间。

7. 促进个人成长与发展

大学阶段的生涯发展与职业发展不仅关乎未来的就业和创业，更是个体成长和发展的重要过程。通过规划自己的职业生涯，学生可以更好地认识自己、发掘自己的潜力，实现个人价值和梦想。

◆ **课堂活动**

筑梦青春，规划未来——大学阶段的生涯发展与职业发展

一、活动目的

（1）帮助学生认识生涯发展与职业发展的重要性，树立正确的生涯规划意识。

（2）引导学生探索自己的兴趣、优势和价值观，为未来的职业发展做好准备。

（3）提高学生的职业规划和自我管理能力，为将来的就业和职业发展打下坚实基础。

二、活动步骤

1.引入阶段

开场介绍：简述活动背景与目的，强调生涯规划的重要性。

观看视频：播放关于大学生涯规划与职业发展的成功案例视频，激发学生兴趣。

2.自我探索阶段

小组讨论：分组讨论自己的兴趣、优势、价值观及未来职业期望，每组选出代表分享讨论成果。

互动游戏：进行职业兴趣测试游戏，帮助学生了解自己的职业倾向。

3.知识传授阶段

专题讲座：邀请职业规划专家或学长学姐分享职业发展经验和技巧。

技能提升：学习制订生涯规划、时间管理和职业搜索等相关技能。

4.实践规划阶段

生涯规划书制作：指导学生撰写个人生涯规划书，包括目标设定、行动计划和时间安排。

分享展示：学生轮流上台展示自己的生涯规划书，其他同学和教师提供反馈与建议。

5.总结反馈阶段

总结回顾：教师对活动进行总结，强调生涯规划的长期性和动态性。

后续支持：建立微信群或邮箱等联系方式，为学生提供持续的生涯规划咨询和支持。

三、活动评价

1.过程评价

（1）观察学生在活动中的参与度和积极性，评价其自我探索和团队合作的能力。

（2）检查学生完成的生涯规划书，评估其目标设定的合理性和行动计划的可行性。

2.结果评价

（1）通过后续的跟进和反馈，了解学生在活动后的生涯规划实施情况，评估活动效果。

（2）收集学生的反馈意见，对活动进行总结和反思，以便持续改进。

3.综合评价

（1）综合考虑学生在活动中的表现、生涯规划书的完成质量及后续实施情况，对活动进行整体评价。

（2）将评价结果作为今后开展类似活动的参考，不断完善活动内容和方法。

案例分析

璎子自踏入大学校园的那一刻起，就对未来的职业生涯有着深入的规划和设想。她选择空乘专业并非一时冲动，而是源于内心对蓝天的无限向往和热爱，以及对该职业高度认同感的驱使。她深知，成为一名优秀的空乘人员，不仅需要具备应对突发情况的能力、扎实的专业知识和技巧，更需要具备良好的服务意识和人文素养。

为了实现这个目标，璎子在大学期间积极参与各类社团活动和社会实践，不断提升自己的综合素质。她不仅在专业知识上刻苦钻研，更注重培养自己的团队协作能力、沟通表达能力和应急处理能力。同时，她还充分利用课余时间，通过参加各种兴趣小组和志愿者活动，拓宽自己的视野，丰富自己的人生经历。

此外，璎子还时刻关注着行业动态和职业发展前景，努力寻求专业发展与个人兴趣的平衡。她明白，只有将专业知识与兴趣爱好相结合，才能在未来的职业生涯中走得更远、飞得更高。因此，她不断调整自己的心态和方法，努力朝着自己的理想目标迈进。

在日常生活中，璎子会定期阅读行业报告、参加线上线下研讨会、培训课程等，以深入了解所处行业领域的最新趋势、技术革新及未来发展方略。她深知，专业知识是立足职场的基础，也是实现职业晋升和突破的关键。因此，她在工作之余，始终保持对学习新知识、掌握新技能的热情，通过不断充实自我，提升专业素养，确保自己在日新月异的职场环境中保持竞争力。

璎子也注重平衡工作与生活的和谐，不让工作完全占据生活空间，而是学会在工作中找寻乐趣，在挑战中激发热情。她明白，个人的兴趣爱好不仅可以帮助她在工作中找到更多的乐趣和动力，更能在面对压力和困难时提供精神上的慰藉与情感上的支撑。因此，她在追求专业发展的同时，也悉心呵护自己的兴趣爱好，让它们如同翅膀一般，助力她在职业道路上飞得更高、更远。

案例分析：璎子的案例生动地揭示了大学阶段生涯发展与职业发展之间密不可分的关系。在这一关键的人生阶段，璎子通过深入钻研专业知识，不仅打下了坚实的学术基础，而且培养了专注力和解决问题的能力，这为她后续的职业发展提供了源源不断的动力。同时，璎子广泛的兴趣爱好使她在学术研究之余能够拓宽视野，丰富精神世界，这对她的全面素质提升起到了积极作用。璎子高度重视生涯规划和职业发展，她早在大一就开始探索自己的兴趣所在，明确职业目标，并通过实习实践来积累经验和锻炼能力。她的这种前瞻性和行动力，使她在大学期间就取得了显著的职业成就，为未来的发展奠定了坚实的基础。璎子的故事告诉我们，大学时期是一个既充满机遇又伴有挑战的黄金时期。在这个阶段，每位学子都应当积极进取、勇于尝试、敢于创新，不断挖掘自身的潜能，努力实现从学校到工作岗位的无缝对接。只有这样，才能在未来的职业生涯乃至整个人生道路上取得更加卓越的成就，绽放出耀眼的光芒。

项目二
认识自我

知识目标

1. 掌握职业兴趣的相关知识：理解兴趣对职业选择的影响，熟悉霍兰德职业兴趣理论，并能运用其分析自己的职业兴趣。

2. 理解性格对职业的影响：学习性格的基本含义，认识不同性格类型及其对应的职业特点，掌握职业性格测试与分析方法。

3. 明确价值观与职业价值观的关系：认识价值观和职业价值观的概念，理解价值观在职业选择中的作用，掌握职业价值观的分类及确定方法。

4. 了解能力与职业发展的联系：掌握能力的定义及分类，理解职业能力对职业发展的影响，学会在职业选择中考虑个人能力因素。

5. 理解自我分析的基本概念与重要性：掌握自我分析的基本含义，认识自我分析在职业发展中的重要性。

能力目标

1. 职业兴趣识别能力：能够准确识别自己的职业兴趣，并根据霍兰德职业兴趣理论进行职业倾向的初步判断。

2. 性格与职业匹配能力：能够根据个人的性格特征，分析适合自己的职业类型，提高职业选择的准确性和匹配度。

3. 价值观引导职业选择能力：能够明确个人价值观和职业价值观，并能以之为指导，进行更加理性和符合个人发展的职业选择。

4. 职业发展规划能力：能够根据个人的兴趣、性格、价值观和能力等因素，制订符合个人发展需求的职业规划，并能够在实践中不断调整和完善。

5. 自我分析能力：能够运用所学知识进行自我分析，包括兴趣、性格、价值观和能力等方面，形成对个人特点的全面认识。

小红像许多大学生一样，高考填报志愿时懵懵懂懂的，常听人说选择自己喜欢的，可她却发现自己并不知道到底喜欢什么。她听从了父母的意见，选择了金融专业，因为父母说这个专业将来好就业。但入学后小红发现对于金融专业，既谈上喜欢也谈不上讨厌。她觉得有些迷茫，金融专业适合自己吗？什么专业才是自己喜欢的呢？

小刘则是为兴趣过于广泛而苦恼。他学过摄影、乐器、篮球、跆拳道，还喜欢网游、旅行和文学，对于军事时政也很感兴趣，可做什么都没有常性。他学的是自己喜欢的法律专业，但不知道还会不会转移兴趣。

小牛则另有隐患，他从小就有一个作家梦，可父母非逼着他选择计算机专业，说将来有前途。他现在读的是父母喜欢的软件工程，可自己却不开心，不知道未来的职业发展道路该怎么走好。

案例分析：兴趣与人们的工作积极性密切相关，有兴趣的工作是一种享受，而无兴趣的工作则是一种负担，特别是长时间从事一项自己不感兴趣的工作，那会非常痛苦。所以，这几位同学就要认真思考，探索到底哪些是真正感兴趣的和适合自己的工作。

任务一 认识兴趣与职业兴趣

课前引入

每个人都有自己的兴趣，从简单的听音乐、看电影到复杂的科学研究、艺术创作，兴趣就像是我们内心的指南针，引领我们探索世界的每个角落。

认识兴趣，简单来说，就是对某一领域或某一事物的好奇心和求知欲。当人们对某个主题产生浓厚的兴趣时，会主动阅读相关书籍、观看相关视频，甚至与志同道合的人交流讨论。这种兴趣让人们在学习的道路上充满动力和乐趣，它推动着人们不断探索、不断发现。

职业兴趣不仅是对某一行业的好奇和热爱，更是在职业生涯中能够持续投入、享受其中并获得满足感的动力源泉。职业兴趣可能源于人们的认识兴趣，但更多的是与个人特长、价值观及职业发展前景紧密相连。

那么，如何将认识兴趣转化为职业兴趣呢？这需要对自己的兴趣和职业市场有深入的了解和认识。需要思考，我的认识兴趣是什么？这个兴趣是否与我的个人特长和价值观相符？这个兴趣在职业市场中是否有发展前景？通过不断思考和实践，可以逐渐将我们的认识兴趣转化为职业兴趣，并在职业生涯中找到自己的定位和方向。

本任务将探讨如何认识自己的兴趣和发掘潜在的职业兴趣，同时学习一些实用的方法和工具，借助它们更好地了解自己的内心需求和职业发展方向。

一　兴趣

1. 兴趣的含义

兴趣是在需要的基础上，在社会实践的过程中形成和发展起来的，它反映人的需要，成为人对事物认识和对知识获取的心理倾向。一个人只有对某种客观事物产生了需要，才有可能对这种事物发生兴趣。例如，一个人感到了学习知识的必要，才有了学习知识的要求，然后产生对学习知识的兴趣。皮亚杰指出："兴趣，实际上就是需要的延伸，它表现出对象与需要之间的关系，因为我们之所以对于一个对象发生兴趣，是由于它能满足我们的需要。"但需要不一定都表现为兴趣。例如，人有睡眠需要，但并不代表对睡眠有兴趣。

在日常生活中，常将兴趣和爱好作为同义词使用，实际上两者既有联系又有区别。爱好是在兴趣的基础上发展起来的，爱好的事物必定是感兴趣的事物。兴趣只是认识的倾向，当它进一步发展为从事某种活动的倾向时，才成为爱好。爱好是活动中的倾向，是与活动紧密相连的。一个人对小说感兴趣，仅仅表现在阅读方面，当其积极从事写作活动时，就转化为爱好。

2. 兴趣的特点

（1）广博性。兴趣的广博性又被称为"兴趣的广度"，是指兴趣的范围大小或丰富性程度。

在兴趣的范围上，存在着个体差异。有的人兴趣范围较广泛，对许多事物和活动都感兴趣；有的人则兴趣单调狭窄，对什么都不感兴趣、漠不关心。兴趣的广度和个人知识的丰富程度有关，个人的兴趣越广泛，知识面越丰富，就越容易取得成功。历史上许多卓越的人物都有广泛的兴趣和渊博的知识。例如，爱因斯坦是伟大的物理学家，但又非常喜欢音乐，小提琴拉得很好，钢琴也弹得很出色，甚至能撰写文学评论。兴趣的广博和兴趣的分散不同。兴趣的广博是指一个人兴趣丰富，但有中心兴趣；兴趣的分散是指一个人兴趣易变、肤浅，而且没有中心兴趣，好像样样懂，但样样都不精，忙忙碌碌，无所创造。因此，在中心兴趣基础上，兴趣的广博才是兴趣珍贵的品质。社会要发展需要具有广博兴趣的复合型高素质人才，但并不是要求所有人都要广泛学习。很多"望子成龙""望女成凤"的父母给孩子报了很多培训班，却没有结合孩子的特点，反而使孩子疲于奔命，丧失了对一切培训班的兴趣。在培养兴趣广博性的基础上，要有所侧重，发展学生的中心兴趣。

（2）倾向性。兴趣的倾向性是指兴趣所指向的是什么事物。人与人之间在兴趣的倾向性上有很大差异。有人喜欢音乐，有人喜欢舞蹈，有人喜欢美术等。兴趣又有高尚和低级之分。高尚的兴趣是对有益于人类社会的事物发生兴趣；低级的兴趣是对有害于人类社会的事物发生兴趣。

（3）稳定性。兴趣的稳定性是指兴趣保持时间的长短。有的人兴趣保持的时间长，而有的人兴趣保持的时间短，变化无常。稳定的兴趣能使人长时间地专注于某项活动，一步一步地深入探索，有极大的热情和意志力，遇到困难能百折不挠，这样很容易在某领域取得成功。有的人很少专注于一项活动，兴趣多样化而不稳定，朝秦暮楚，见异思迁，往往最终难有成就。

（4）效能性。兴趣的效能性是指兴趣对活动产生作用的大小。兴趣对人的活动产生的作用有积极和消极两种，凡是能推动社会进步和个人身心发展的，就是具有积极效能的兴趣；凡是阻碍社会进步和个人身心发展的，就是具有消极效能的兴趣。同样，人们兴趣的效能性是有很大的个体差异的。有些人的兴趣是主动的、积极的；有些人的兴趣是消极的、被动的。例如，有的学生对上网很有兴趣，但主要用于玩游戏或聊天，影响了正常的学习和生活，这样的兴趣就是消极效能的兴趣。

3. 兴趣的分类

人的兴趣是各种各样的，可以按不同的标准加以分类。

（1）物质兴趣和精神兴趣。根据兴趣的内容，可以将兴趣分为物质兴趣和精神兴趣。物质兴趣主要是指人们对舒适的物质生活（如衣、食、住、行等）的兴趣和追求；精神兴趣主要是指人们对精神生活（如学习、研究、文学艺术、知识等）的兴趣和追求。儿童更多的是对物质的兴趣，青年以后，精神兴趣得到发展，开始对文学、艺术感兴趣。中小学生的人生观和世界观尚未完全形成，无论物质兴趣还是精神兴趣都需要师长进行积极引导，以防止在物质兴趣方面的畸形发展、在精神兴趣方面的消极发展和追求。

（2）直接兴趣和间接兴趣。根据兴趣的倾向性，可以将兴趣分为直接兴趣和间接兴趣。直接兴趣是指对活动过程的兴趣，例如，幼儿园的孩子对游戏有极大的兴趣，他们喜欢游戏过程带给他们的快乐，而很少去注意游戏的结果；间接兴趣主要是指对活动过程所产生的结果的兴趣，有的中学生喜爱英语口语，当发现自己能和外国朋友自如地对答时，他会对自己取得的成绩表现出极大的兴趣。直接兴趣和间接兴趣是相互联系、相互促进的。只有将直接兴趣和间接兴趣有机地结合起来，才能充分发挥一个人的积极性和创造性，才能持之以恒、目标明确，直至取得成功。

（3）短暂兴趣和稳定兴趣。根据兴趣时间的长短，可以将兴趣分为短暂兴趣和稳定兴趣。短暂兴趣存在的时间短，往往产生于某种活动，又随着某种活动的结束而消失；稳定兴趣具有稳定性，它不会因活动的结束而消失。只有短暂兴趣而没有稳定兴趣，最终将是一事无成；只有对某种事物的稳定兴趣，而没有对其他事物的短暂兴趣，人生也会过于单调。因此，人既要有短暂兴趣，又要有稳定兴趣。

二　职业兴趣

职业兴趣是指人们对某种职业活动具有的比较稳定而持久的心理倾向。它是一个人探究某种职业或从事某种职业活动所表现的特殊个性倾向，它使个人对某种职业给予优先的注意，并具有向往的情感。由于兴趣爱好不同，人的职业兴趣也有很大的差异。有人喜欢具体工作，如室内装饰、园林、美容、机械维修等；有人喜欢抽象和创造性的工作，如经济分析、新产品开发、社会调查和科学研究等。职业兴趣对职业选择和职业发展都有一定的影响。

1. 职业兴趣的影响因素

职业兴趣是以一定的素质为前提，在生涯实践过程中逐渐发生和发展起来的。它的形成与个人的个性、自身能力、实践活动、客观环境和所处的历史条件有着密切的关系，因此，职业规划对兴趣的探讨不能孤立进行，应当结合个人的、家庭的、社会的因素来考虑。了解这些因素，有利于深入认识自己，进行职业规划。

（1）个人需要和个性。无论人的兴趣是什么，都是以需要为前提和基础的，人们需要什么也就会对什么产生兴趣。人们的需要包括生理需要和社会需要或物质需要和精神需要，因此，人的兴趣也同样表现在这两个方面。一般来说，人的生理需要或物质需要是暂时的，容易满足的。例如，人对某一种食物、衣服感兴趣，吃饱了、穿上了也就满足了；而人的社会需要或精神需要却是持久的、稳定的、不断增长的，例如，人际交往、对文学和艺术的兴趣、对社会生活的参与则是长期的、终生的，并且不断追求的。兴趣是在需要的基础上产生的，也是在需要的基础上发展的。

有的人兴趣和爱好的品位比较高，有的人兴趣和爱好的品位比较低，兴趣和爱好品位的高低会受一个人的个性特征优劣的影响。例如，一个人个性品质高雅，则会对公益活动感兴趣，乐于助人，对高雅的音乐、美术有兴趣；反之，一个人个性品质低级，则会对贪图小便宜感兴趣，对低级、庸俗的文艺作品有兴趣。

（2）个人认识和情感。兴趣不足是与个人的认识和情感密切联系着的。如果一个人对某项事物没有认识，也就不会产生情感，因而也就不会对它产生兴趣。同样，如果一个人缺乏某种职业知识，或者根本不了解这种职业，那么就不可能对这种职业感兴趣，在职业规划时也就想不到这种职业。相反，认识越深刻，情感越丰富，兴趣也就越深厚。

例如，有的人对集邮很入迷，认为集邮既有收藏价值，又有观赏价值，它既能丰富知识，又能陶冶情操，而且收藏得越多，越丰富，就越投入，情感越专注，越有兴趣，于是就会发展成为一种爱好，并有可能成为他的职业生涯。

（3）家庭环境。家庭作为最基本的社会单元，对每个人的心理发展都产生重要的影响，因此，个人职业心理发展具有很强的社会化特征，家庭环境的熏陶对其职业兴趣的形成具有十分明显的导向作用。大多数人从幼年起就在家庭的环境中感受其父母的职业活动，随着年龄的增长，逐步形成自己对职业价值的认识，使人在选择职业时，不可避免地带有家庭教育的印迹。家庭因素对职业取向的影响主要体现在择业趋同性与协商性等方面。

　　一般情况下，个人对于家庭成员特别是长辈的职业比较熟悉，在职业规划和职业选择上产生一定的趋同性影响，同时受家庭群体职业活动的影响，个人的生涯决策或多或少产生于家庭成员共同协商的基础上。兴趣有时也受遗传的影响，父母的兴趣也会对孩子有直接的影响。

　　（4）受教育程度。个人自身接受教育的程度是影响其职业兴趣的重要因素。任何一种社会职业从客观上对从业人员都有知识与技能等方面的要求，而个人的知识与技能水平的高低在很大程度上取决于其受教育的程度。一般意义上，个人学历层次越高，接受职业培训范围越广，其职业取向领域就越宽。

　　（5）社会因素。一方面，社会舆论对个人职业兴趣的影响主要体现在政府政策导向、传统文化、社会时尚等方面。政府就业政策的宣传是主导的影响因素，传统的就业观念和就业模式也往往制约个人的职业选择，而社会时尚职业则始终是个人特别是青年人追求的目标。另一方面，兴趣和爱好是受社会性制约的，不同的环境、不同的职业、不同的文化层次的人，兴趣和爱好都不同。

　　（6）职业需求。职业需求是在一定时期内用人单位可提供的不同职业岗位对从业人员的总需求量，它是影响个人职业兴趣的客观因素。职业需求越多、类别越广，个人选择职业的余地就越大。职业需求对个人的职业兴趣具有一定的导向性，在一定条件下，它可强化个人的职业选择，或抑制个人不切实际的职业取向，也可引导个人产生新的职业取向。

　　（7）年龄的变化和时代的变化也会对人的兴趣产生直接影响。就年龄方面来说，少儿时期往往对图画、歌舞感兴趣，青年时期对文学、艺术感兴趣，成年时期往往对某种职业、某种工作感兴趣。它反映了一个人兴趣的中心随着年龄的增长、知识的积累在转移。就时代来讲，不同的时代、不同的物质和文化条件，也会对个人兴趣的变化产生很大的影响。

　　以上因素对每个人的影响都不同，需要在职业规划中予以考虑。

2. 职业兴趣与职业生活的关系

　　良好而稳定的兴趣使人从事各种实践活动时，具有高度的自觉性和积极性。个人根据稳定的兴趣选择某种职业，兴趣就会变成巨大的个人积极性，促使一个人在职业生活中做出成就；反之，如果对所从事的职业不感兴趣，就会影响自身积极性的发挥，难以从职业生活中得到心理上的满足，不利于工作上的成就。

　　值得一提的是，需要是影响职业选择重要的且不易觉察的内在因素，动机是在需要支配下受到外在刺激影响而形成的综合性动力因素，从而影响职业选择。兴趣是在需要基础上受到动机的影响，从而对职业选择产生一定影响的、变化的、较为外在的因素。

　　其中也会有相对持久性的兴趣同时作为外延因素对动机的变化发展产生一定作用。例如，一个人缺乏物质生活保障，便会有生理、安全需要，从而产生工作、劳动，获取报酬，换取物质条件，满足自己需要，因而会对所有能挣钱"糊口"，维持生存的工作感兴趣。当认为某项工作能挣大钱，报酬高时，会强化自己克服各种困难从事该项工作的动机。但若觉察或发现该项工作有生命危险时，便会减低或放弃这种兴趣，减弱想从事该项工作的动机。

3. 职业兴趣的分类

职业兴趣的分类见表 2-1。

表 2-1 职业兴趣的分类

类型	特点描述
农业兴趣	喜欢播种、耕地、观察庄稼生长、收割谷物，喜欢饲养牲畜和家禽
艺术兴趣	喜欢用颜料、黏土、织物、家具、服装等来表达美和色彩的协调
运动兴趣	喜欢体育活动，如跑步、跳跃和团队运动，通过运动保持身材，喜欢看体育节目等
商业/经济兴趣	喜欢参加买卖、销售、贸易产品和服务等商业活动，喜欢拥有企业或在企业里从事管理或工作，喜欢参与财政事务，关注经济结果
档案/办公室工作兴趣	喜欢从事做商业记录、整理资料、打字、撰写报告、为计算程序准备数据等注重细节、准确和整洁性的工作
沟通兴趣	喜欢通过写作、演讲或抽象的形式来表达自己的思想和学识的活动，喜欢向他人讲述故事或提供信息
电子兴趣	喜欢电子方面的工作，如电报、拆收音机或电视机、组装或修理计算机等
工程兴趣	喜欢进行工程、机械、建筑、桥梁和化工厂等方面的设计
家务兴趣	喜欢家务活动，如打扫屋子、看管孩子、做饭、缝补衣服和管理家务等
文学兴趣	喜欢阅读小说、诗词、文章、论文等，喜欢读书、看杂志并讨论其中的观点
管理兴趣	喜欢为自己和他人制订计划、组织事务和监督他人
机械兴趣	喜欢用机械和工具进行工作、修理物品、在学校选修实践研讨课
医学/保健兴趣	喜欢能帮助人和动物的活动，喜欢诊治疾病和保健工作
音乐兴趣	喜欢摆弄乐器，喜欢参加音乐活动，如音乐会、唱歌、教音乐等
数学兴趣	喜欢与数字打交道，喜欢数学、代数、几何、微积分和统计等课程
团队兴趣	愿意作为团体或小组的一分子，并会为了自己所在的公司、机构、部门的进展而牺牲个人的一些爱好
户外/自然兴趣	大多数时间都喜欢待在户外，喜欢露营和户外活动，喜欢饲养动物和培育植物
表演兴趣	喜欢在人前活动、在聚会中给人娱乐、在戏剧中扮演角色或表演话剧等
政治兴趣	喜欢参加政治活动或选举，希望拥有权力、进行决策、制定政策来影响自我和他人
科学兴趣	喜欢对自然界进行研究和调查，喜欢学习生物、化学、地理、宇航和物理等课程，喜欢用理性、科学的方法寻求真理
手工操作兴趣	喜欢安装或操作机器、装备和工具，喜欢使用木制品或铁器，喜欢驾驶小轿车、大卡车和重型设备，愿意当木匠、机械维修工、管道工、汽车修理工、焊工、工具或金属模型加工师
社交兴趣	喜欢与人打交道，关心他人的福利，愿意为大众解决问题、教人技术、为人们提供服务（如环保、保健和交通等方面的服务）
技术兴趣	喜欢兼具管理和责任于一身的服务于人的工作（如当工程师），喜欢承接汽车、电子、工业和产品工业等技术性的项目

三　霍兰德职业兴趣理论

广义地说，兴趣是一种人格特征。舒伯曾一再主张职业的选择是自我观念的延伸及完成。现在越来越多的研究指出，不同职业团体具有其特有的性格特征。例如，人们已经发现，具有科学兴趣的被试，性格明显内倾；而与推销兴趣有关的则是攻击性。有人还证明，被试在斯特朗－坎贝尔兴趣问卷（SCII）上的分数与人格问卷的分数（如爱德华个性偏好量表）之间有显著的相关。很多心理学家认为，职业选择反映出个体基本的情绪需求，职业的调整一般是生活步调调整的主要成分。因此，对职业兴趣的测量—或更精确地说，找出与个体的态度及兴趣最贴近的职业团体—就成了了解不同人格的一个焦点。

约翰·L.霍兰德（John. L. Holland）就是持这种观点的人之一。他将职业爱好作为一种生活方式的选择——一种反映出个体自我观念和主要性格特征的选择。另外，心理学家A. 罗（A.Roe）也是持这种观点。本处重点介绍霍兰德的人格与职业类型说。

美国学者霍兰德是著名的职业指导专家，他的类型论源自人格心理学的概念，进一步完善了人格与职业匹配理论，对人格和职业进行了不同的类型，并且提出了具体的测量方法，有很强的科学性和预测力。

（1）职业选择是个人人格的延伸，个人的行为是人格与环境交互作用的结果，职业选择也是人格的表现。

（2）个人的兴趣组型即人格组型。人的兴趣也可以是多种兴趣的组合，如一个人喜欢研究，但研究的是社会问题，它可能就是一个社会科学研究人员，社会科学研究人员就是研究型和社会型的组合。

（3）人格形态与行为形态影响人的择业及其对生活的适应，同一职业团体内的人有相似的人格，因此，他们对很多情境与问题会有相类似的反应方式，从而产生类似的人际环境。

（4）人可区分为六种人格类型（兴趣组型）：现实型（Realistic Type，简称R）、研究型（Investigative Type，简称I）、艺术型（Artistic Type，简称A），社会型（Social Type，简称S）、企业型（Enterprising Type，简称E）和传统型（Conventional Type，简称C）。每个人的人格都属于其中的一种。这六种类型按照一个固定的顺序可排列成一个六角形（RIASEC），如图2-1所示。

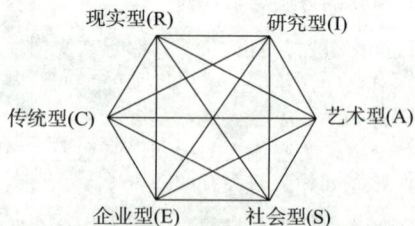

图2-1　六种人格类型

（5）职业选择是个人人格的延伸和表现，人格特质反映在职业上就是职业兴趣。不同的人具有不同的职业兴趣和能力，不同的职业兴趣和能力适合从事不同的职业。大多数人的人格特质可以归纳为六种类型，即现实型（R）、研究型（I）、艺术型（A）、社会型（S）、企业型（E）、传统型（C）。同一类型的职业通常会吸引相同人格特质的人，从而产生特定的职业氛围、价值观念、态度倾向、行为模式；工作环境也可分为六种类型，与人格类型的分类一致。霍兰德认为，个人人格类型和职业环境之间的适配将增加个人的工作满意度、职业稳定性和职业成就感，见表 2-2。

表 2-2　职业兴趣类型与典型职业对应表

类型	特点	典型职业
现实型（R）	愿意使用工具从事操作性工作，动手能力强，做事手脚灵活，动作协调。偏好于具体任务，不善言辞，做事保守，较为谦虚。缺乏社交能力，通常喜欢独立做事	喜欢使用工具、机器，需要基本操作技能的工作。对要求具备机械方面才能、体力或从事与物件、机器、工具、运动器材、植物、动物相关的职业有兴趣，并具备相应能力。如技术性职业（计算机硬件人员、摄影师、制图员、机械装配工），技能性职业（木匠、厨师、技工、修理工、农民、一般劳动）
研究型（I）	抽象思维能力强，求知欲强，肯动脑，善思考，不愿动手。喜欢独立的富有创造性的工作。知识渊博，有学识才能，不善于领导他人。考虑问题理性，做事喜欢精确，喜欢逻辑分析和推理，不断探讨未知的领域	喜欢智力的、抽象的、分析的、独立的定向任务，要求具备智力或分析才能，并将其用于观察、估测、衡量、形成理论、最终解决问题的工作，并具备相应的能力。如科学研究员、教师、工程师、计算机编程人员、医生、系统分析员
艺术型（A）	有创造力，乐于创造新颖、与众不同的成果，渴望表现自己的个性，实现自身的价值。做事理想化，追求完美，不重实际。具有一定的艺术才能和个性。善于表达、怀旧、心态较为复杂	喜欢具备艺术修养、创造力、表达能力和自觉，并将其用于语言、行为、声音、颜色和形式的审美、思索和感受的工作，并具备相应的能力，不善于事务性工作。如艺术方面（演员、导演、艺术设计师、雕刻家、建筑师、摄影家、广告制作人），音乐方面（歌唱家、作曲家、乐队指挥），文学方面（小说家、诗人、剧作家）
社会型（S）	喜欢与人交往、不断结交新的朋友、善言谈、愿意教导别人。关心社会问题、渴望发挥自己的社会作用。寻求广泛的人际关系，比较看重社会义务和社会道德	喜欢要求与人打交道的工作，能够不断结交新的朋友，从事提供信息、启迪、帮助、培训、开发或治疗等事务，并具备相应能力。如教育工作者（教师、教育行政人员），社会工作者（咨询人员、公关人员）
企业型（E）	追求权力、权威和物质财富，具有领导才能。喜欢竞争、敢冒风险、有野心、抱负。为人务实，习惯以利益得失、权力、地位、金钱等来衡量做事的价值，做事有较强的目的性	喜欢要求具备经营、管理、劝服、监督和领导才能，以实现机构、政治、社会及经济目标的工作，并具备相应的能力。如项目经理、销售人员、营销管理人员、政府官员、企业领导、法官、律师
传统型（C）	尊重权威和规章制度，喜欢按计划办事，细心、有条理，喜欢接受他人的指挥和领导，自己不谋求领导职务。喜欢关注实际和细节情况，通常较为谨慎和保守，缺乏创造性，不喜欢冒险和竞争，富有自我牺牲精神	喜欢要求注意细节、精确度、有系统和条理，具有记录、归档、根据特定要求或程序组织数据和文字信息的职业，并具备相应能力。如秘书、办公室人员、记事员、会计、行政助理、图书馆管理员、出纳员、打字员、投资分析员

（6）霍兰德认为，环境造就了人格，反过来人格又影响着个体对职业环境的选择与适应；人们总是寻找能够施展其能力与技能、表现其态度与价值观的职业；职业满意感、稳定性和职业成就取决于个体人格类型和职业环境的匹配与融合；职业行为是人格与环境相互作用的结果。

霍兰德用六角形模型表示六种人格、职业类型的相互关系，边和对角线的长度反映了六种人格类型之间心理上的一致性程度，同时，也代表着六种职业类型之间的相似与相容程度。

在六角形模型中任何两种职业类型之间的距离越紧，其职业环境及人格特质的相似程度就越高，例如，企业型和社会型距离最近，它们的相似性也最高，例如，社会型和企业型的人都较其他类型的人更喜欢与人打交道。而企业型和研究型则具有最低程度的相似性。

六角形模型也表明了六种人格特质类型之间的一致性，一种人格（兴趣）组型与其相邻的类型组成了一个最一致的模型如"RIC"。而人格特质类型相反的模型如"企业型与研究型""传统型与艺术型"等，分别距离最远，其一致性最低。传统型的人多墨守成规，而艺术型的人则富有创新精神；传统型的人擅长自控，而艺术型的人则擅长表达等。

人与所选职业的适应与匹配也可从该模型中得以体现。六角形模型可以帮助人们对人格（兴趣）组型与职业环境类型之间的适配性进行评估，例如，一个社会型人格特质占主导地位的人在一个社会型的职业环境中工作会感到更舒畅，但如果让他在一个现实型的工作环境中工作，他可能会感到不舒服、不满意。

大多数人都属于六种职业类型中的一种或两种以上类型的不同组合，某种人格（兴趣）类型或类型组合的个体在与之相对应的职业类型或类型组合中最能满足其职业需求，表现职业兴趣，发挥职业能力。

一种职业有它的主要兴趣类型，一个人会同时有几种职业兴趣，关键是要弄清楚自己哪些职业兴趣是强项，从社会需要和自己的能力优势方面选择与确定一种主要的职业兴趣。大学生在选择学业或人生职业规划时，应将自己的职业兴趣与个人的职业能力、人格特征结合起来。

课堂活动　　　探索兴趣与职业兴趣

一、活动目的

（1）帮助学生认识并了解自己的兴趣和职业兴趣。

（2）理解兴趣与职业选择、职业发展的关系。

（3）引导学生思考如何将兴趣转化为职业发展的动力。

二、活动步骤

1. 导入（5分钟）

（1）讲述一个小故事：一个人因对某个领域的兴趣而成功的事例，激发学生兴趣。

（2）提问学生："你们对什么感兴趣？为什么？"

2. 兴趣探索（15分钟）

（1）分组活动：学生分成小组，每组讨论并列出至少五个感兴趣的事物或活动。

（2）分享环节：每个小组代表汇报讨论结果，全班同学共享信息。

（3）引导学生思考：这些兴趣如何影响日常生活和学习？

3. 职业兴趣探索（20分钟）

（1）分发职业兴趣分类表（表2-1），学生对照自己的兴趣，尝试找出与之相关的职业兴趣类型。

（2）小组讨论：分享各自的职业兴趣类型，并讨论如何将这些兴趣转化为未来的职业选择。

（3）分享与讨论：每组选择一名代表，分享讨论成果，全班进行交流和讨论。

4.总结与反思（10分钟）

（1）总结：引导学生认识到兴趣与职业发展的联系，理解如何将兴趣转化为职业发展的动力。

（2）反思：学生思考自己目前的兴趣与未来职业规划的关系，并记录在笔记本上。

三、活动评价

（1）观察学生在活动过程中的参与度、积极性和分享的质量。

（2）通过学生的讨论和分享，了解学生对兴趣与职业兴趣的认识和理解程度。

（3）结合学生的笔记，评价学生对活动内容的掌握程度，以及将兴趣与职业发展相联系的能力。

案例分析

学生姓名：张晓阳。

专业背景：计算机科学与技术专业，大三学生。

职业兴趣：软件开发工程师。

经历与活动：

（1）课程学习：在专业学习过程中，张晓阳对数据结构、算法分析、软件工程等课程表现出浓厚兴趣，成绩优异。

（2）项目实践：积极参与校内外的软件开发项目，曾作为核心成员参与一个校园社交App的开发，负责后端接口设计与实现。

（3）竞赛经历：参加全国大学生程序设计竞赛，并获得省级一等奖，展示了较强的编程能力和团队协作能力。

（4）实习经历：利用暑假时间，在一家知名互联网公司实习，担任软件开发实习生的角色，参与实际产品的开发与维护工作。

案例分析：

（1）兴趣与专业的契合：张晓阳的职业兴趣与所学专业高度契合。他不仅在课程学习中表现出对计算机科学与技术的浓厚兴趣，而且能够通过项目实践和竞赛经历，将理论知识与实践操作相结合，进一步加深了对软件开发领域的理解和热爱。

（2）技能与经验的积累：通过参与项目开发、竞赛和实习，张晓阳积累了丰富的软件开发经验，提升了编程能力、问题解决能力和团队协作能力。这些技能和经验为他未来在软件开发领域的发展奠定了坚实的基础。

（3）职业定位与规划：张晓阳的职业定位明确，他希望成为一名优秀的软件开发工程师。为此，他在大学期间积极寻找与职业目标相关的实践机会，通过实习了解行业运作模式和职业发展路径，为未来的就业做好准备。

（4）综合素质的提升：除专业技能外，张晓阳还注重提升自己的综合素质。他积极参加各类校园活动，拓宽视野，增强沟通能力；同时，他也注重培养自己的创新思维和学习能力，以适应不断变化的技术环境。

张晓阳作为一名计算机科学与技术专业的大学生，通过课程学习、项目实践、竞赛经历和实习等多种方式，不断积累专业技能和经验，明确自己的职业兴趣和发展方向。他的案例表明，大学生在规划职业道路时，应结合自身专业背景和兴趣特点，积极寻找实践机会，不断提升自己的综合素质和技能水平，为未来的职业发展打下坚实的基础。

任务二　认识性格与职业性格

课前引入

在开始课程前请闭上眼睛，用一分钟静静思考一个问题：你眼中的自己是什么样的？你觉得自己有哪些独特的性格特点？

性格，是每个人独特的心理特征和行为方式的总和，它就像是我们内心深处的一面镜子，反映出我们如何思考、如何感受、如何行动；职业性格，是指在特定职业环境中，个体所表现出的相对稳定的态度和行为特征。它对于我们在职场中的表现、职业满意度及职业发展都有着重要的影响。

对于一个性格外向、喜欢与人交往的人，那么销售、公关等需要频繁与人沟通的职业可能会更适合；对于一个性格内向、善于思考和分析的人，那么编程、科研等需要深入思考和研究的职业可能会更有吸引力。这就是性格与职业之间的一种奇妙联系。

然而，性格并不是一成不变的。虽然我们的基本性格特质可能相对稳定，但在不同的环境和经历下，我们的性格也会有所变化和调整。同样，职业性格也不是固定不变的。随着我们对职业的理解加深及工作经验的积累，我们的职业性格也会逐渐发展和完善。

本任务将深入探讨性格的定义、分类和测量方法，以及职业性格的重要性和如何培养适合自己的职业性格。

一　性格的含义

1. 性格的基本概念

性格（Character）的意思是"特征""标志""属性"或"特性"，是指人对客观现实的稳定态度和行为方式中经常表现出来的稳定倾向。它是个性中最重要和显著的心理特征。

性格可以标志事物的特性，也可以标志人的特性。人的性格既定的有核心意义的个性心理特征。性格是一个人对现实的态度，以及与之相适应的习惯化的行为。性格是个性心理特征中最重要的方面，它通过人对事物的倾向性态度、意志、活动、言语、外貌等方面表现出来，是人的主要个性特点，即心理风格的集中体现，是人们在现实生活中显现出的某些一贯的态度倾向和行为方式，如大公无私、勤劳、勇敢、自私、懒惰、沉默、懦弱等，都反映了自身的性格特点。

（1）性格的特征。

1）性格的态度特征。即表现个人对现实的态度的倾向性特点。例如，对社会、集体、他人的态度，对劳动、工作、学习的态度，以及对自己的态度等。

2）性格的理智特征。即表现心理活动过程方面的个体差异的特点。例如，在感知方面，是主动观察型还是被动感知型；在思维方面，是具体罗列型还是抽象概括型，是描绘型还是解释型；在想象力方面，是丰富型还是贫乏型等。

3）性格的情绪特征。即表现个人受情绪影响或控制情绪程度状态的特点。例如，个人受情绪感染和支配的程度，情绪受意志控制的程度，情绪反应的强弱、快慢，情绪起伏波动的程度，主导心境的性质等。

4）性格的意志特征。即表现个人自觉控制自己的行为及行为努力程度方面的特征。例如，是否具有明确的行为目标，能否自觉调适和控制自身行为，在意志行动中表现出的是独立性还是依赖性，是主动性还是被动性，是否坚定、顽强、忍耐、持久等。

（2）性格的类型。性格的类型是指一类人身上所共有的性格特征的独特结合。按一定原则和标准对性格加以分类，有助于了解一个人性格的主要特点和揭示性格的实质。由于性格结构的复杂性，在心理学的研究中至今还没有公认的性格类型划分的原则与标准。现将有代表性的观点加以简介。

1）以心理机能优势分类。这是英国的培因（A.Bain）和法国的李波特（T.Ribot）提出的分类法。他们根据理智、情绪、意志三种心理机能在人的性格中所占优势不同，可将人的性格分为理智型、情绪型、意志型。理智型的人通常以理智来评价周围发生的一切，并以理智支配和控制自己的行动，处世冷静；情绪型的人通常用情绪来评估一切，言谈举止易受情绪左右，这类人最大的特点是不能三思而后行；意志型的人行动目标明确，主动、积极、果敢、坚定，有较强的自制力。除这三种典型的类型外，还有一些混合类型，如理智·意志型，在生活中大多数人是混合型。

2）以心理活动的倾向分类。这是瑞士心理学家荣格（C.G.Jung）的观点。荣格根据一个人里比多的活动方向来划分性格类型，里比多是指个人内在的、本能的力量。里比多是活动的方向可以指向于内部世界，也可以指向外部世界。前者属于内倾型，其特点是处世谨慎，深思熟虑，交际面窄，适应环境能力差；后者为外倾型，其特点是心理活动倾向于外部，活泼开朗，活动能力强，容易适应环境的变化。这种性格类型的划分在国外已应用于教育和医疗等实践领域，但这种类型的划分仍未摆脱气质类型的模式。

3）以个体独立性程度分类。美国心理学家威特金（H.A.Witkin）等人根据场的理论，将人的性格分为场依存型和场独立型。前者也称为顺从型；后者又称为独立性。场依存型者倾向于以外在参照物作为信息加工的依据，他们易受环境或附加物的干扰，常不加批评地接受他人的意见，应激能力差；场独立型的人不易受外来事物的干扰，习惯于更多地利用内在参照即自己的认识，他们具有独立判断事物、发现问题、解决问题的能力，而且应激能力强。可见这两种人是按两种对立的认知方式进行工作的。

4）以人的社会生活方式分类。德国的心理学家斯普兰格（E. Spranger）从文化社会学的观点出发，根据人认为哪种生活方式最有价值，可将人的性格分为六种类型，即经济型、理论型、审美型、宗教型、权力型、社会型。

①经济型的人：一切以经济观点为中心，以追求财富、获取利益为个人生活目的。实业家多属此类。

②理论型的人：以探求事物本质为人的最大价值，但解决实际问题时常无能为力。哲学家、理论家多属此类。

③审美型的人：以感受事物美为人生最高价值，他们的生活目的是追求自我实现和自我满足，不大关心现实生活。艺术家多属此类。

④宗教型的人：将信仰宗教作为生活的最高价值，相信超自然力量，坚信永存生命，以爱人、爱物为行为标准。神学家是此类人的典型代表。

⑤权力型的人：以获得权力为生活的目的，并有强烈的权力意识与权力支配欲，以掌握权力为最高价值。领袖人物多属于此类。

⑥社会型的人：重视社会价值，以爱社会和关心他人为自我实现的目标，并有志于从事社会公益事物。文教卫生、社会慈善等职业活动家多属此类型。

在现实生活中，往往是多种类型的特点集中在某个人身上，但常以一种类型特点为主。

（3）特质论。特质是指个人的遗传与环境相互作用而形成的对刺激发生反应的一种内在倾向。特质既可以解释人格，又可以解释性格，因为性格是狭义的人格。

美国心理学家奥尔波特最早提出人格特质学说。他认为，性格包括两种特质：一是个人特质，为个体所独有，代表个人的行为倾向；二是共同特质，是同一文化形态下人们所具有的一般共同特征。美国心理学家卡特尔根据奥尔波特的观点，采用因素分析法，可将众多的性格分为表面特质和根源特质两类特质。表面特质只反映一个人外在的行为表现，是直接与环境接触、常随环境变化而变化的，不是特质的本质。经研究，他把性格概括为35种表面特质。根源特质是一个人整体人格的根本特征，每种表面特质都来源于一种或多种根源特质，而一种根源特质也能影响多种表面特质。他通过多年的研究，找出16种根源特质，分别是乐群性、聪慧性、稳定性、支配性、怀疑性、兴奋性、有恒性、敢为性、敏感性、幻想性、世故性、忧虑性、实验性、独立性、自律性、紧张性。根据这16种各自独立的根源特质，卡特尔设计了卡特尔16种人格因素问卷，利用此量表可判断一个人的行为反应。

2. 职业性格

（1）职业性格的基本概念。职业性格是指人们在长期特定的职业生活中所形成的与职业相联系的、稳定的心理特征。例如，有的人对待工作总是一丝不苟，踏实认真；在待人处事中总是表现出高度的原则性、果断、活泼、负责；在对待自己的态度上总是表现为谦虚、自信，严于律己等，所有这些特征的总和就是其职业性格。

"职业心理学"认为，性格影响着一个人对职业的适应性，一定的性格适于从事一定的职业。例如，乐观的人适合教师、社会工作者等职业；冷静的人比较适合会计、科研人员等职业；理性的人适合工程师、技师等职业；世故性高的人适合心理学家、商人等职业。如果自己的性格和职业的需要性格相反，那么工作的时候会遇到很大的心理冲突，工作上成功的概率也会较小。例如，一个比较缄默的人担任销售的工作。缄默的人往往乐群性比较低，喜欢对事不对人；而销售的工作需要应付人与人之间的复杂情绪交流。所以，缄默的人如果担任销售的工作，那么在工作的过程中，不可避免会有很多心理冲突。所以，在就业前，要认识自己的性格。

另外，认识自己的性格有利于反省自己，提高自己的性格修养，使自己更加适应职位，推动自己与周围的人际关系。因为每个人的性格都有积极和消极两个方面。根据木桶原理，一个木桶中水面的高低取决于木桶壁上最短的一块木板的位置。所以，对人而言就是说每个人的短处也会限制其发展，所以还要补短扬长。例如，有的人在工作中积极热情、乐于助人、好出头露面，但做事持久性不强，常表现得虎头蛇尾，这种人就应该注意，锻炼自己的坚持性和持久性的品格意志；又如，有的人办事热情高、拼劲足、速度快，但有时马马虎虎，甚至遇事就着急，性情暴烈，这种人就应该在发扬其性格长处的同时注意培养认真仔细的精神，防止急躁情绪；有的人做事深沉、认真、严谨，但有时优柔寡断、办事拖拉，这种人必须经常提醒自己"今天的事今天完成"，并逐步养成当机立断的性格。

（2）职业性格的类型。

1）变化型。能够在新的或意外的工作情境中感到愉快，喜欢工作内容经常有些变化，在有压力的情况下工作得很出色，追求并且能够适应多样化的工作环境，善于将注意力从一件事情转移到另一件事情上。

2）重复型。适合并喜欢连续不断地从事同一种工作，喜欢按照一个固定的模式或他人安排好的计划工作，爱好重复的、有规则的、有标准的职业。

3）服从型。喜欢配合他人或按照他人的指示去办事，愿意让他人对自己的工作负责，不愿意自己担负责任，不愿意自己独立作出决策。

4）独立型。喜欢计划自己的活动并指导他人的活动，会从独立的，负有责任的工作中获得快感，喜欢对将要发生的事情作出决定。

5）协作型。会对与人协同工作感到愉快，善于引导他人按客观规律办事，希望自己能得到同事的喜欢。

6）劝服型。乐于设法使他人同意自己的观点，并能够通过交谈或书面文字达到自己的目的。对他人的反应具有较强的判断能力，并善于影响他人的态度、观点和判断。

7）机智型。在紧张、危险的情况下能很好地执行任务，在意外的情况下，能够自我控制、镇定自若，工作出色。在出差错时不会惊慌，应变能力强。

8）自我表现型。喜欢表现自己，通过自己的工作和情感来表达自己的思想。

9）严谨型。注重细节的精确，愿意在工作过程的各个环节中，按照一套规则、步骤将工作过程做得尽善尽美。工作严格、努力、自觉、认真，保质保量，喜欢看到自己出色完成工作后的效果。

二　性格对职业的影响

1. 性格与职业的相互适应

一个性格外向、活跃、善于沟通、注重绩效的人，在从事销售和市场开发的工作上，就会比一个内向、低调、注重技术研发的人更加有干劲、得心应手，并更有成就感。性格决定着职业发展的长远，了解自己的性格，把握其变化规律，不仅有助于求职择业，而且有利于自己创业、立业。职业和性格契合度的高低会影响工作的满足感，也间接决定了事业的成功。

职业选择可以看作一个人性格的延伸，同时性格影响着一个人对职业的适应性，职业选择也是性格的表现。个人性格与职业之间的适配和对应是职业满意度、职业稳定性与职业成就的基础。在职业发展的过程中，职业能力固然重要，但是充分挖掘自身的个性，找到性格特点、能力素质与职业需求之间的匹配度，才是最大限度地发挥自身潜能，并尽快达到成功彼岸的关键，是确保职业可持续发展的决定性因素。

需要注意的是，性格是一个人在生活过程中形成的稳定的态度体系，但这并不是说人们面对性格的固定性而毫无办法。性格很大程度上是来源于后天的培养，并不是完全无法改变。当发现自身性格与职业的匹配度不高时，可以通过个人努力来弥补不足，充分发挥自己性格优势方面的作用，避免或减少自己性格中的劣势方面对事业的影响。

事业成功与否，与性格和职业的适应度密切相关。但现实生活中却有很多因素影响着性格与职业的匹配。

（1）缺乏自我认识。个人对自己的性格类型、兴趣爱好和潜力等了解得不够充分，对目标职业的需求和特点认识不清，从而无法选择合适的职业。

（2）经济利益因素。迫于生存和发展的需要，在择业时由于考虑各种现实因素如薪酬、福利、工作地环境等而忽视了性格因素的重要性。

（3）个人能力局限。受个人知识、技能和学历水平的限制而无法根据自己的性格选择合适的职业。

（4）社会舆论。舆论导向使许多人不顾自身的性格特征而一味地从事所谓的热门行业。

（5）社会关系。家族传统职业或亲友意见对人们择业也有很大的影响。

2. 使性格与职业的匹配

性格与职业选择错位的问题非常普遍。择业期的大学毕业生，可以从以下三个方面来解决性格与职业错位的矛盾。

（1）根据性格能力制订职业规划。当怀疑自己选错职业时，不要盲目地急着更换工作，先进行一个自我审视评估和性格测评，了解自己的职业气质、能力，分析自身的优势、劣势，结合自己的教育背景、工作经验，在职业咨询师的指导下进行职业生涯的发展规划。或者在明确自己要做什么，以及自己的能力水平后，结合自身价值观和理念，进行一个职业目标的设定及策划，并进行反馈评估，不断调整方法，完善自己的职业生涯。

（2）让性格主动适应工作。当发现自己的个性与职业的匹配度不高时，可以通过个人的努力来弥补自身不足。性格不是一成不变的，具有可塑性，受社会生活环境的影响。通过后期的实践活动，人的职业个性可以随着职业的需求做适当的调整。很多优秀销售人员的性格趋向就是内向型的，但通过在工作中不断完善自己的性格，采取适当的工作方法，一样会很出色。对于内向型的职业人，从职业发展的角度来看，性格与职业"匹配"是最佳选择，但目前，随着社会开放度的日益加大，完全独立苦干的岗位已越来越少，适当塑造自己的性格会对未来的职业发展有很大帮助。

（3）该跳槽时就跳槽。遇到性格与职业选择错位也是非常普遍和正常的，职场中有些人的性格特征不适合现在的职业，但为了现有的薪金状况或职业安全感，仍然很努力地去适应工作。这样的人身处职场中，无法感受到工作的快乐，只会日益承受越来越大的压力。遇到性格与职业选择错位时，应该勇敢地面对问题，积极寻求解决方案。无论是通过自我调整、寻求支持还是探索新机会，都要保持积极的心态和行动力，为自己的职业发展创造更好的条件。

三　职业性格测试与分析

性格集中体现了一个人的处事方式，了解自己的性格才能知道自己适合做什么样的事情。迈尔斯 - 布瑞格斯类型诊断量表（简称 MBTI）是通过辨别个体在性格各方面的不同偏好，找出适合个体所从事的职业。

1. 迈尔斯 - 布瑞格斯类型诊断简介

MBTI 全称 Myers-Briggs Type Indicator，是以瑞士心理学家卡尔·荣格的性格理论为基础，由美国的凯瑟琳·库克·布瑞格斯（Katherine Cook Briggs）和伊莎贝尔·布瑞格斯·迈尔斯（Isabel Briggs Myers）母女共同研制开发。MBIT 是当前比较流行的心理测试。

（1）MBTI 的基本观点。MBTI 向人们揭示了性格类型的多样性和由此导致的不同个体之间行为模式、价值取向的差异性，性格类型深刻影响着人们观察事物的角度、思考问题的方式、决策的动机、工作中的行事风格，乃至人际交往中的习惯与喜好。

MBTI 将个人在性格（E 外向型与 I 内向型）、信息收集（S 感觉型与 N 直觉型）、决策（T 思维型与 F 情感型）、生活方式（J 判断型与 P 知觉型）方面的不同偏好进行分析，分析出可以分成 4 大类的 16 种倾向组合。这 4 大类分别是情感主导型、思维主导型、直觉主导型、感觉主导型。每一大类都包含着以下 4 个性格类型。

1）情感主导者以富有人情味的方式考虑自己的决定对他人的影响，它们包括内向 + 感觉 + 情感 + 知觉；内向 + 直觉 + 情感 + 知觉；外向 + 感觉 + 情感 + 判断；外向 +

直觉＋情感＋判断。

2）思维主导者一般很有逻辑性，善于分析，做决定非常有条理，它们包括内向＋直觉＋思维＋知觉；内向＋感觉＋思维＋知觉；外向＋感觉＋思维＋判断；外向＋直觉＋思维＋判断。

3）直觉主导者是高度直觉型的人，可以在任何地方发现隐藏的信息，它们包括内向＋直觉＋情感＋判断；外向＋直觉＋思维＋知觉；外向＋直觉＋情感＋知觉。

4）感觉主导者相信事实和具体情况胜于其他任何方面。它们包括内向＋感觉＋思维＋判断；内向＋感觉＋情感＋判断；外向＋感觉＋思维＋知觉；外向＋感觉＋情感＋知觉。

（2）MBTI 的测评体系。

1）个性第一层：外向型（Extraversion）与内向型（Introversion）。个性的第一个层面与人们对周围世界的互动有关，解释能量释放到何处，见表 2-3。

表 2-3　外向型与内向型

E 外向型的人	I 内向型的人
与他人在一起感到振奋	独自一人时感到兴奋
希望能成为注意的焦点	避免成为注意的焦点
先行动，再思考	先思考，再行动
喜欢边想边说出声，易于被了解，愿意与人共享	个人信息注重隐私；只与少数人共享信息
说得比听得多	听得比说得多
热情地交流，精神抖擞	不把热情表现出来，显得矜持
反应迅速；喜欢快节奏	思考后再反应；喜欢慢节奏
较之精深更喜欢广博	较之广博更喜欢精深

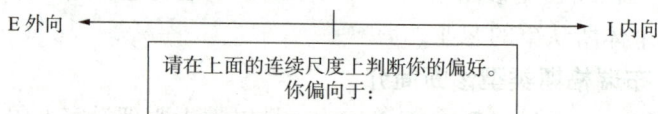

E 外向 ←————————————————→ I 内向

请在上面的连续尺度上判断你的偏好。
你偏向于：

2）个性第二层：感觉型（Sensing）与直觉型（iNtuition）。个性的第二个层面与人们平时注意的信息有关。有一些人注重事实，其他人则注重愿望，见表 2-4。

表 2-4　感觉型与直觉型

S 感觉型的人	N 直觉型的人
相信确定而有形的事物，相信看到、听到的	相信灵感和推理，相信"第六感"（直觉）
喜欢具有实际意义的新主意	喜欢新主意和新概念，只出于自己的意愿
崇尚现实主义与常识	崇尚想象力和新事物
喜欢运用和琢磨已有的技能	喜欢学习新技能，但掌握之后容易厌倦
留心特殊的和具体的，喜欢细节	留心普遍和有象征性的，使用隐喻和类比

续表

S 感觉型的人	N 直觉型的人
循序渐进地给出信息	跳跃式的、以一种绕圈的方式给出信息
着眼于现在	着眼于将来
只相信可以测量、能够记录下来的	相信字面之外的信息

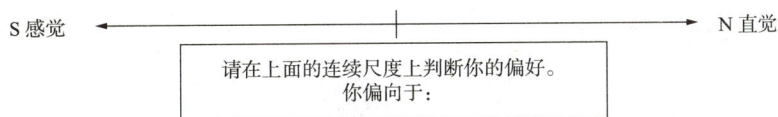

S 感觉 ←————————————|————————————→ N 直觉

请在上面的连续尺度上判断你的偏好。
你偏向于：

3）个性第三层：思维型（Thinking judgment）与情感型（Feeling judgment）。个性类型的第三个层面涉及人们做决定和下结论的方式，见表 2-5。

表 2-5 思维型和情感型

T 思维型的人	F 情感型的人
后退一步，客观分析问题	向前看，关心行动给他人带来的影响
崇尚逻辑、公正和公平；有统一标准	注重情感与和睦；看到规则的例外性
自然地发现缺点；有吹毛求疵的倾向	自然地想让他人快乐；易于理解他人
可能被视为无情、麻木、漠不关心	可能被视为过于感情化、无逻辑、脆弱
认为诚实比机敏更重要	认为诚实与机敏同样重要
认为合乎逻辑的感情才是正确的	认为所有感情都是正确的，无论是否有意义
受获得成就欲望的驱使	受驱使与被人理解的驱使
按逻辑做决定	按爱好和感觉做决定

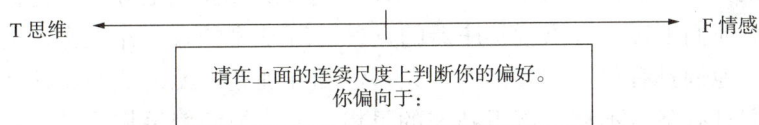

T 思维 ←————————————|————————————→ F 情感

请在上面的连续尺度上判断你的偏好。
你偏向于：

4）个性第四层：判断型（Judgment）与知觉型（Perception）。个性类型的第四个层面所关注的，是一个人更愿意有条理还是随意地生活，见表 2-6。

表 2-6 判断型和知觉型

J 判断型的人	P 知觉型的人
做决定后感到快乐	因保留选择的余地而快乐
具有"工作原则"：先工作再玩（有时间的话）	具有"玩的原则"：先玩再工作（有时间的话）
确立目标并按时完成任务	当有新的情况时便改变目标
想知道自己的处境	喜欢适应新环境
着重过程	着重结果

续表

J 判断型的人	P 知觉型的人
通过完成任务获得满足	通过着手新事物而获得满足
把时间看成有限的资源，认真对待时间	把时间看成无限的资源，认为时间期限是活的
重条理性、计划性	重机动性、自由变通

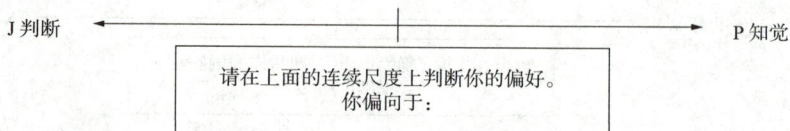

J 判断 ←——————————|——————————→ P 知觉

请在上面的连续尺度上判断你的偏好。
你偏向于：

经过以上四个维度的分析，可得到四个比较偏向的特性，这四个特性就代表了性格特征和职业偏好。你的性格组合"四字母"是怎样的？＿＿＿＿＿＿

如果对自己的分析没有把握，可以通过互联网查询相应的量表测量。

关于 MBIT 的效度、信度及效果的研究，目前还未形成定论。MBIT 的参与者认为它能有效地改变自身的行为，MBIT 的分数值与所从事的职业有关。对美、英、拉美、日本的管理人员 MBIT 分数的分析表明，大多数管理人员具有某些共同的个性类型（ISTJ、INTI、ESTJ 或 ENTJ）。

2. 16 种性格类型特征及适合职业

（1）ISTJ 型：内向＋感觉＋思维＋判断。

1）基本特征。沉静，认真；贯彻始终、得人信赖而取得成功。讲求实际，注重事实和有责任感。能够合情合理地去决定应做的事情，而且坚定不移地把它完成，不会因外界事物而分散精神。以做事有次序、有条理为乐——无论在工作上、家庭上或者生活上。重视传统和忠诚。

ISTJ 型的人是严肃的、有责任心的和通情达理的社会坚定分子。他们值得信赖，他们重视承诺，对他们来说，言语就是庄严的宣誓。ISTJ 型的人工作缜密，讲求实际，很有头脑也很现实。他们具有很强的集中力、条理性和准确性。无论他们做什么，都相当有条理和可靠。他们具有坚定不移、深思熟虑的思想，一旦他们着手相信是最好的行动方法时，就很难转变或变得沮丧。ISTJ 型的人特别安静和勤奋，对于细节有很强的记忆和判断。他们能够引证准确的事实支持自己的观点，将过去的经历运用到现在的决策中。他们重视和利用符合逻辑、客观的分析，以坚持不懈的态度准时地完成工作，并且总是安排有序，很有条理。他们重视必要的理论体系和传统惯例，对于那些不是如此做事的人则很不耐烦。ISTJ 型的人总是很传统、谨小慎微。他们喜欢聆听和明确、清晰地陈述事物。ISTJ 型的人天生不喜欢显露，即使危机之时，也显得很平静。他们总是显得责无旁贷、坚定不变，但是在他们冷静的外表之下，也许有强烈却很少表露的反应。

2）可能存在的盲点。ISTJ 型的人有一个缺点，就是他们常常会迷失在一件工作的细节和日常操作中。一旦沉浸进去，他们就会变得顽固，而且对其他的观点置之不理。收集更广泛的信息，并且理智地评估自己的行为可能带来的后果，可以让 ISTJ 型的人在所有的领域中更有影响力。ISTJ型的人有时不能明白他人的需求，因此可能被看成冷酷无情的人。他们应该把对别人的欣赏表达出来，而不是留在心里。

3）适合的领域与职业。

①适合的领域：工商业领域、金融银行业、政府机构、技术领域、医务领域。

②适合的职业：审计员、后勤经理、信息总监、预算分析员、工程师、计算机程序员、证券经纪人、地质学者、医学研究者、会计、文字处理专业人士等。

（2）ESTJ型：外向＋感觉＋思维＋判断。

1）基本特征。讲求实际，注重现实，注重事实。很快果断做出实际可行的决定。善于将项目和人组织起来完成事情，并尽可能以最有效率的方法达到目的。能够注意日常例行工作的细节。有一套清晰的逻辑标准，有系统性地遵循，并希望他人也同样遵循。会以较强硬的态度去执行计划。

ESTJ型的人高效率地工作，自我负责，监督他人工作，合理分配和处置资源，主次分明，井井有条；能制定和遵守规则，多喜欢在制度健全、等级分明、比较稳定的企业工作；倾向于选择较为务实的业务，以有形产品为主；喜欢工作中带有和人接触、交流的成分，但不以态度取胜；不特别强调工作的行业或兴趣，多以职业角度看待每份工作。ESTJ型的人很善于完成任务；他们喜欢操纵局势和促使事情发生；他们具有责任感，信守自己的承诺。他们喜欢条理性并且能记住和组织安排许多细节。他们及时和尽可能高效率地、系统地达到目标。ESTJ型的人被迫做决定。他们常常以自己过去的经历为基础得出结论。他们很客观，有条理性和分析能力，以及很强的推理能力。事实上，除了符合逻辑，其他没有什么可以使他们信服。同时，ESTJ型的人又很现实、有头脑、讲求实际。他们更感兴趣的是"真实的事物"，而不是诸如抽象的想法和理论等无形的东西。他们往往对那些认为没有实用价值的东西不感兴趣。他们知道自己周围将要发生的事情，而首要关心的则是目前。因为ESTJ型的人依照一套固定的规则生活，所以他们坚持不懈和值得依赖。他们往往很传统，有兴趣维护现存的制度。虽然对于他们来说，感情生活和社会活动并不像生活的其他方面那样重要，但是对于亲情关系，他们却固守不变。他们不但能很轻松地判断别人，而且还是条理分明的纪律执行者。ESTJ型的人直爽坦率，友善合群。通常他们会很容易地了解事物，这是因为他们相信"你看到的便是你得到的"。

2）可能存在的盲点。ESTJ型的人很冷淡而且漠不关心，因此，他们通常需要对自己的感情及别人的反应和情感更加留心和尊重。他们天生是批判性的人，ESTJ型的人经常不能对别人的才能和努力给予赞同和表扬。ESTJ型的人经常在还没有集齐所有必要的信息，或还没有花足够的时间了解情况的时候就跳到结果上。他们需要学会有意识地推迟做决定的时间，直到他们考虑过所有的信息，特别是他们可能会忽视的其他选择。ESTJ型的人如果放弃一些他们追求的控制权，并且懂得生活中有一些灰色的区域，那么他们一定会更好地适应社会并获得成功。

3）适合的领域与职业。

①适合的领域：无明显领域特征。

②适合的职业：银行官员、项目经理、数据库经理、信息总监、后勤与供应经理、业务运作经理、证券经纪人、计算机分析人员、保险代理、普通承包商、工厂主管等。

（3）ISFJ型：内向＋感觉＋情感＋判断。

1）基本特征。沉静，友善，有责任感，谨慎。能坚定不移地承担责任。做事贯彻始终、不辞劳苦、准确无误。忠诚，替人着想，细心；往往记着他所重视的人的各种微小事情，关心他人的感受。努力创造一个有秩序、和谐的工作和家居环境。

ISFJ型的人忠诚、有奉献精神和同情心，理解他人的感受。他们意志清醒而有责任心，乐于为人所需。ISFJ型的人十分务实，喜欢平和谦逊的人。他们喜欢利用大量的事实情况，对于细节则有很强的记忆力。他们耐心地对待任务的整个阶段，喜欢事情能够清晰明确。ISFJ型的人具有强烈的职业道德，所以，他们如果知道自己的行为真正有用时，会对需要完成之事承担责任。他们准确系统地完成任务，具有传统的价值观，十分保守。他们利用符合实际的判断标准做决定，通过出色的注重实际的态度增加稳定性。ISFJ型的人平和谦虚、勤奋严肃。他们温和、圆通，支持朋友和同伴，乐于协助他人，喜欢实际可行地帮助他人，利用个人热情与人交往，在困难中与他人和睦相处。ISFJ型的人不喜欢表达个人情感，但实际上对于大多数的情况和事件都具有强烈的个人反应。他们关心、保护朋友，愿意为朋友献身，且有为他人服务的意识，愿意完成他们的责任和义务。

2）可能存在的盲点。他们生活得过于现实，很难全面地观察问题，也很难预见情况的可能性，尤其是不熟悉的情况。他们需要往前看而且设想如果换个方法，事情能变成什么样。他们做每件事情时都会小心翼翼地从头做到尾，这使他们很容易劳累过度。他们需要将心中埋藏许久的愤怒发泄出来，这样才能摆脱这种不利的地位，也需要让他人知道他们的需求和理想。他们总是过度地计划，因此他们需要制定一些策略来调整自己专注的焦点。他们需要找到途径来给自己安排必要的娱乐和放松。

3）适合的领域与职业。

①适合的领域：领域特征不明显，较相关的有医护领域、消费类商业、服务业领域。

②适合的职业：人事管理人员、计算机操作员、顾客服务代表、信贷顾问、零售业主、房地产代理或经纪人、艺术人员、室内装潢师、商品规划师、语言病理学者等。

（4）ESFJ型：外向＋感觉＋情感＋判断。

1）基本特征。有爱心、有责任心、合作。希望周边的环境温馨而和谐，并为此果断地营造这样的环境。喜欢和他人一起精确并及时地完成任务。忠诚，即使在细微的事情上也如此。能体察到他人在日常生活中的所需并竭尽全力帮助。希望自己和自己的所为能得到他人的认可和赏识。

ESFJ型的人通过直接的行动和合作积极地以真实、实际的方法帮助他人。他们友好、富有同情心和责任感。ESFJ型的人将他们同他人的关系放在十分重要的位置，所以，他们往往具有和睦的人际关系，并且通过很大的努力以获得和维持这种关系。事实上，他们常常理想化自己欣赏的人或物。ESFJ型的人往往对自己及自己的成绩十分欣赏，因而，他们对于批评或他人的漠视很敏感。通常他们很果断，表达自己坚定的主张，乐于事情能很快得到解决。ESFJ型的人很现实，他们讲求实际、实事求是和安排有序。他们参与并能记住重要的事情和细节，乐于帮助他人，也能对自己的事情很确信。他们在自己的个人经历或在他们所信赖之人的经验之上制订计划或得出见解。他们知道并参与周围的物质世界，并喜欢具有主动性和创造性。ESFJ型的人十分小心谨慎，也非常传统化，因而，他们能恪守自己的责任与承诺，支持现存制度，往往是委员会或组织机构中积极主动和乐于合作的成员，他们重视并能保持很好的社交关系，且不辞劳苦地帮助他人，尤其在遇到困难或取得成功时，都很积极活跃。

2）可能存在的盲点。在紧张而痛苦的时候，他们会对现实情况熟视无睹。他们需要学会直接而诚实地处理矛盾冲突。ESFJ型的人总是由于想取悦或帮助他人而忽视自己的需求。当他们不能找到改变自己生活的途径时，就可能变得消极和郁闷。从问题中跳出来更客观地对待它，常常可以给他们带来全新的视野。他们不愿意寻找解决问题的新方法，表现得不知变通。因此，延迟作出判断的时间，并对处理问题的新途径持开放态度，可以使他们获得更丰富的指示，以帮助他们更好地做出决定。

3）适合的领域与职业。

①适合的领域：领域特征不明显。

②适合的职业：公关客户经理、个人银行业务员、销售代表、人力资源顾问、零售业主、餐饮业者、房地产经纪人、营销经理、电信营销员、接待员、信贷顾问、簿记员等。

（5）ISFP型：内向＋感觉＋情感＋知觉。

1）基本特征。沉静、友善、敏感和仁慈。欣赏目前和他们周遭所发生的事情。喜欢有自己的空间，做事能把握自己的时间。忠于自己的价值观，忠于自己所重视的人。不喜欢争论和冲突，不会强迫他人接受自己的意见或价值观。

ISFP型的人平和、敏感，保持着许多强烈的个人理想和自己的价值观念。他们更多的是通过行为而不是言辞表达自己深沉的情感。ISFP型的人谦虚而缄默，但实际上他们是具有巨大的友爱和热情之人，但是除与他们相知和信赖的人在一起，他们不经常表现出自我的另一面。因为ISFP型的人不喜欢直接地自我表达，所以常常被误解。ISFP型的人耐心、灵活，很容易与他人相处，很少支配或控制他人。他们很客观，以一种相当实事求是的方式接受他人的行为。他们善于观察周围的人和物，却不寻求发现动机和含义。ISFP型的人完全生活在现在，所以他们的准备或计划往往不会多于必需，他们是很好的短期计划制订者。因为他们喜欢享受目前的经历，而不继续向下一个目标进发，所以他们对完成工作感到很放松。ISFP型的人对于从经历中直接了解和感受的东西很感兴趣，常常富有艺术天赋和审美感，力求为自己创造一个美丽而隐蔽的环境。ISFP型的人不想成为领导者，他们经常是忠诚的追随者和团体成员。因为他们利用个人的价值标准去判断生活中的每一件事，所以他们喜欢那些花费时间去认识他们和理解他们内心的忠诚之人。他们需要最基本的信任和理解，在生活中需要和睦的人际关系，对于冲突和分歧很敏感。

2）可能存在的盲点。ISFP型的人天生具有高度的敏感，这使他们可以很清楚地看到他人的需要，并且他们有时会为了满足这些需要而拼命地工作以至于在此过程中忽视了自己。他们需要花些时间来像关心他人一样关心自己。ISFP型的人必须努力控制自己的冲动，并偶尔享受安静的生活。他们对他人的批评相当敏感，而且会因受到批评而生气或气馁。在分析中加入一些客观和怀疑的态度会让他们更准确地判断人的性格。

3）适合的领域与职业。

①适合的领域：手工艺、艺术领域、医护领域、商业、服务业领域等。

②适合的职业：优先客户销售代表、行政人员、商品规划师、测量师、海洋生物学者、厨师、室内/风景设计师、旅游销售经理、职业病理专业人员等。

（6）ESFP型：外向＋感觉＋情感＋知觉。

1）基本特征。外向，友善，包容。热爱生活、人类和物质上的享受（那也要建立在金钱的基础上）。喜欢与他人共事。在工作上，讲究常识和实用性，注意现实的情况，使工作富有趣味性。富有灵活性、即兴性，自然不做作，易接受新朋友和适应新环境。与他人一起学习新技能可以达到最佳的学习效果。

ESFP型的人乐意与人相处，有一种真正的生活热情。他们顽皮活泼，通过真诚和玩笑使别人感到事情更加有趣。ESFP型的人脾气随和、适应性强，热情友好和慷慨大方。他们擅长交际，常常是他人的"注意中心"。他们热情而乐于合作地参加各种活动和节目，而且通常立刻能应对几种活动。ESFP型的人是现实的观察者，按照事物的本身对待并接受它们。他们往往信任自己能够听到、闻到、触摸和看到的事物，而不是依赖于理论上的解释。因为他们喜欢具体的事实，对于细节有很好的记忆力，所以他们能从亲身的经历中学到最好的东西。共同的感觉给予他们与人和物相处的实际能力。他们喜欢收集信息，从中观察可能自然出现的解决方法。ESFP型的人对于自我和他人都能容忍与接受，往往不会试图把自己的愿望强加于他人。ESFP型的人通融、有同情心，通常许多人都真心地喜欢他们。他们能够让他人采纳他们的建议，所以很善于帮助冲突的各方重归于好。他们寻求他人的陪伴，是很好的交谈者。他们乐于帮助旁人，偏好以真实有形的方式给予协助。ESFP型的人天真率直，很有魅力和说服力。他们喜欢意料不到的事情，喜欢寻找给他人带来愉快和意外惊喜的方法。

2）可能存在的盲点。ESFP型的人将体验和享受生活放在第一位，这常常使他们不是那么尽职尽责。他们喜欢交际的特点可能会令他们多管闲事并使自己陷入麻烦。ESFP型的人易受干扰而分心，以至于不能完成工作的毛病使他们变得懒惰。ESFP型的人应该对将来有所预料，并安排两手准备，一旦结果不尽如人意，也不至于损失太大。ESFP型的人经常在做决定时不考虑后果，而习惯相信自己的感觉，排斥更客观的事实。因此，他们需要后退一步，考虑事情的起因和结果，并努力使自己在工作中变得坚强。拒绝并不像是否作出决定那样困难。

3）适合的领域与职业。

①适合的领域：消费类行业、服务业、广告业、娱乐业、旅游业、社区服务等。

②适合的职业：公关专业人士、劳工关系调解人、零售经理、商品规划师、团队培训人员、旅游项目经营者、表演人员、特别事件协调人、社会工作者、旅游销售经理、融资者、保险代理、经纪人等。

（7）ISTP型：内向＋感觉＋思维＋知觉。

1）基本特征。容忍，有弹性；是冷静的观察者，一旦有问题出现，便迅速行动，找出可行的解决方法。能够分析哪些东西可以使事情顺利进行，又能够从大量资料中找出实际问题的重心。很重视事件的前因后果，能够以理性的原则将事实组织起来，重视效率。

ISTP 型的人坦率、诚实、讲求实效，喜欢行动而非漫谈。他们很谦逊，对于完成工作的方法有很好的理解力。ISTP 型的人擅长分析，因此，他们对客观含蓄的原则很有兴趣。他们对于技巧性的事物有天生的理解力，通常精于使用工具和进行手工劳动。他们往往做出有条理而保密的决定。他们仅仅是按照自己所看到的，有条理而直接地陈述事实。ISTP 型的人好奇心强，而且善于观察，只有理性、可靠的事实才能使他们信服。他们是现实主义者，所以能够很好地利用可获得的资源，同时他们善于把握时机，这使他们变得很讲求实效。除与好朋友在一起时，ISTP 型的人平和而寡言，往往显得冷酷而清高，而且容易害羞。他们平等、公正，往往受冲动的驱使，对于即刻的挑战和问题具有相当的适应性和反应能力。因为他们喜欢行动和兴奋的事情，所以乐于户外活动和运动。

2）可能存在的盲点。总是独自作出判断，这使周围的人对 ISTP 型的人一无所知。这类人不喜欢与他人分享自己的反映、情感和担忧。过度向往空闲时间使他们有时会偷工减料。对刺激的追求也使他们变得鲁莽、轻率，而且容易厌烦。设计一个目标可以帮助他们克服自己主动型的缺乏，避免频繁的失望和无规律的生活习惯带来的危害。

3）适合的领域与职业。

①适合的领域：技术领域、证券、金融业、贸易、商业领域、户外运动、艺术等。

②适合的职业：证券分析员、银行职员、管理顾问、电子专业人士、技术培训人员、信息服务开发人员、软件开发商、海洋生物学者、后勤与供应经理、经济学者等。

（8）ESTP 型：外向＋感觉＋思维＋知觉。

1）基本特征。灵活，忍耐力强，实际，注重结果；觉得理论和抽象的解释非常无趣；喜欢积极地采取行动解决问题；注重当前，自然不做作，享受和他人在一起的时刻；喜欢物质享受和时尚；学习新事物最有效的方式是通过亲身感受和练习。

ESTP 型的人不会焦虑，因为他们是快乐的。ESTP 型的人活跃、随遇而安、天真率直。他们乐于享受现在的一切而不是为将来计划什么。ESTP 型的人很现实，他们信任和依赖于自己对这个世界的感受。他们是好奇而热心的观察者。因为他们接受现在的一切，所以他们思维开阔，能够容忍自我和他人。ESTP 型的人喜欢处理、分解与恢复原状的真实事物。ESTP 型的人喜欢行动而不是漫谈，当问题出现时，他们乐于处理。他们是优秀解决问题的人，这是因为他们能够掌握必要的事实情况，然后找到符合逻辑的明智的解决途径，而无须浪费大量的努力或精力。他们会成为适宜外交谈判的人，他们乐于尝试非传统的方法，而且常常能够说服别人给他们一个妥协的机会。他们能够理解晦涩的原则，在符合逻辑的基础上，而不是基于他们对事物的感受作出决定。因此，他们讲求实效，在必需时非常强硬。在大多数的社交场合中，ESTP 型的人很友善，富有魅力、轻松自如而受人欢迎。在任何有他们的场合中，他们总是爽直、多才多艺和有趣，总有没完没了的笑话和故事。他们善于缓和气氛，使冲突的双方相互协调，从而化解紧张的局势。

2）可能存在的盲点。ESTP 型的人只着眼于现在的偏好，以及在危机发生时采用的那种"紧急"的反应。常常一次着手很多事情，到最后才发现不能履行诺言了。他们需要将眼光放得远一点。ESTP 型的人在力求诚实时往往会忽视他人的情感，变得迟钝，只有把自己的观察能力用在周围的人群中，才能更有影响力。他们还需要掌握时间观念和长远规划的技巧，以帮助他们准备并完成他们的责任。

3）适合的领域与职业。

①适合的领域：贸易、商业、某些特殊领域、服务业、金融证券业、娱乐、体育、艺术。

②适合的职业：企业家、业务运作顾问、个人理财专家、证券经纪人、银行职员、预算分析者、技术培训人员、综合网络专业人士、旅游代理、促销商、手工艺人、新闻记者、土木工程、工业机械工程师等。

（9）INFJ 型：内向＋直觉＋情感＋判断。

1）基本特征。寻求思想、关系、物质等之间的意义和联系。希望了解什么能够激励人，对人有很强的洞察力。有责任心，坚持自己的价值观。对于怎样更好地服务大众有清晰的远景。在目标的实现过程中有计划且果断坚定。

INFJ 型的人生活在思想的世界里。他们是独立的、有独创性的思想家，具有强烈的感情、坚定的原则和正直的人性。即使面对怀疑，INFJ 型的人仍相信自己的看法与决定。他们对自己的评价高于其他的一切，包括流行观点和存在的权威，这种内在的观念激发着他们的积极性。通常，INFJ 型的人具有本能的洞察力，能够看到事物更深层的含义。即使他人无法分享他们的热情，但灵感对于他们依然重要且令人信服。INFJ 型的人忠诚、坚定、富有理想。他们珍视正直，十分坚定以至达到倔强的地步。因为他们的说服能力，以及对于什么对公共利益最有利有清楚的看法，INFJ 型的人会成为领导者。由于他们的贡献，通常会受到尊重或敬佩。因为珍视友谊和和睦，INFJ 型的人喜欢说服他人，使之相信他们的观点是正确的。通过运用嘉许和赞扬，而不是争吵和威胁，他们赢得了他人的合作，愿意毫无保留地激励同伴，避免争吵。通常，INFJ 型的人是深思熟虑的决策者，他们觉得问题使人兴奋，在行动之前他们通常要仔细地考虑。他们喜欢每次全神贯注于一件事情，这会造成一段时期的专心致志。INFJ 型的人满怀热情与同情心，强烈地渴望为他人的幸福做贡献。他们注意其他人的情感和利益，能够很好地处理复杂的人和事。INFJ 型的人本身具有深厚复杂的性格，既敏感又热切。他们内向，很难被人了解，但是愿意同自己信任的人分享内在的自我。他们往往有一个交往深厚、持久的小规模的朋友圈，在合适的氛围中能产生充分的个人热情和激情。

2）可能存在的盲点。因为太专注于"想法"，INFJ 型的人有时会显得不实际，而且会忽视一些细节。留意周围的情况，并且善于运用已被证实的信息，会帮助他们更好地运用自己的创造性思维。他们时刻受到自己原则的约束，没有远见，不知变通，抵制与他们相冲突的想法，因为对他们来说自己的地位是不容置疑的。INFJ 型的人有顽固的倾向，对任何批评都会过度敏感，当矛盾升级时，他们会感到失望和绝望。总之他们要客观地认识自己和自己的人际关系。

3）适合的领域与职业。

①适合的领域：咨询、教育、科研等领域。

②适合的职业：人力资源经理、事业发展顾问、营销人员、企业组织发展顾问、职业分析人员、企业培训人员、媒体特约规划师、编辑、艺术指导、口译人员、社会科学工作者。

（10）ENFJ 型：外向＋直觉＋情感＋判断。

1）基本特征。温情，有同情心，反应敏捷，有责任感；非常关注他人的情绪、需要和动机；善于发现他人的潜能，并希望能帮助他们实现；能够成为个人或群体成长和进步的催化剂；忠诚，对赞美和批评都能积极地回应；友善、好社交；在团体中能很好地帮助他人，并有鼓舞他人的领导能力。

ENFJ 型的人热爱人类，他们认为人的感情是最重要的。而且他们很自然地关心别人，以热情的态度对待生命，感受与个人相关的所有事物。他们很理想化，按照自己的价值观生活，因此 ENFJ 型的人对于他们所尊重和敬佩的人、事业和机构非常忠诚。他们精力充沛、满腔热情、富有责任感、勤勤恳恳、锲而不舍。ENFJ 型的人具有自我批评的自然倾向。然而，他们对他人的情感具有责任心，所以，ENFJ 型的人很少在公共场合批评人。他们敏锐地意识到什么是（或不是）合适的行为。他们彬彬有礼、富有魅力、讨人喜欢、深谙社会。ENFJ 型的人具有平和的性格与忍耐力，他们长于外交，擅长在自己的周围激发幽默感。他们是天然的领导者，受人欢迎而有魅力。他们常常得益于自己口头表达的天分，愿意成为出色的传播工作者。ENFJ 型的人在自己对情况感受的基础上做决定，而不是基于事实本身。他们对显而易见的事物之外的可能性，以及这些可能性以怎样的方式影响他人感兴趣。ENFJ 型的人天生具有条理性，他们喜欢一种有安排的世界，并且希望别人也是如此。即使其他人正在做决定，他们还是喜欢把问题解决了。ENFJ 型的人富有同情心和理解力，愿意培养和支持他人。他们能很好地理解别人，有责任感和关心他人。由于他们是理想主义者，因此他们通常能看到他人身上的优点。

2）可能存在的盲点。ENFJ 型的人过于认真和动感情，以至于有时会过度地陷于他人的问题或感情中。当事情没有如期取得成功时，他们会感到失落、失望或绝望。这会使他们退缩，感到自己不被欣赏。ENFJ 的人需要学会接受他们自己的及他们所关心的人的能力的限度，学会挑选战场并保持现实的期望。由于对和睦的强烈要求，他们会忽视自己的需求和忽略实际的问题，有时会保持一种不够诚实和公平的关系。而对他人的情感过于关心又让他们无视那些可能带来批评和伤感情的重要事实。因为他们热情很高，又急于迎接新的挑战，所以有时会作出错误的假设或草率的决定。他们需要放慢脚步，获得足够多的信息之后再行动。

ENFJ 型的人很爱接受赞扬，但对于批评却很脆弱，对无害和好意的批评都很难接受，通常对此的反应是慌乱、伤心或愤怒，甚至完全丧失理性。试着不那么敏感，可以让他们从积极的批评中获得许多重要的信息。他们相信理想的人际关系，对与自己的信念相抵触的事实视而不见。所以他们需要更心明眼亮。

3）适合的领域与职业。

①适合的领域：培训、咨询、教育、新闻传播、公共关系、文化艺术。

②适合的职业：人力资源开发培训人员、销售经理、小企业经理、程序设计员、生态旅游业专家、广告客户经理、公关专业人士、协调人、交流总裁、作家、记者、非营利机构总裁等。

（11）INTJ 型：内向＋直觉＋思维＋判断。

1）基本特征。在实现自己的想法和达成自己的目标时有创新的想法和非凡的动力；

能很快洞察到外界事物间的规律并形成长期的远景计划；一旦决定做一件事情就会开始规划并直到完成；多疑、独立，对于自己和他人能力和表现的要求都非常高。

INTJ 型的人是完美主义者。他们强烈地要求个人自由和能力，同时在他们独创的思想中，不可动摇的信仰促使他们达到目标。INTJ 型的人思维严谨、有逻辑性、足智多谋，他们能够看到新计划实行后的结果。他们对自己和他人都很苛刻，往往几乎同样强硬地逼迫他人和自己。他们并不十分受冷漠与批评的干扰，作为所有性格类型中最独立的，INTJ 型的人更喜欢以自己的方式行事。面对相反意见，他们通常持怀疑态度，十分坚定和坚决。权威本身不能强制地位，只有他们认为这些规则对自己的更重要的目标有用时，才会去遵守。INTJ 型的人是天生的谋略家，具有独特的思想、伟大的远见和梦想。他们天生精于理论，对于复杂而综合的概念运转灵活。他们是优秀的战略思想家，通常能清楚地看到任何局势的利处和缺陷。对于感兴趣的问题，他们是出色的、具有远见和见解的组织者。如果是他们自己形成的看法和计划，那么会投入不可思议的注意力、能量和积极性。领先到达或超过自己的高标准的决心和坚忍不拔，使他们获得许多成就。

2）可能存在的盲点。由于有时给自己制定了不切实际的高标准，INTJ 型的人可能对自己和他人期望过多。实际上，他们不关心自己的标准是否会影响到其他人，只注重自己。他们常常不希望他人对抗自己的意愿，也不愿意听取他人的观点。他们需要学习对他人所谓"不合逻辑"的想法加以了解，并且接受那些合理有效的想法。INTJ 型的人需要简化他们那些理论化的复杂难懂的想法，以便与他人交流。向他人请教可以帮助他们提早发现一些不符合实际的想法，或者帮助他们在大量投入之前作出必要的修正和改进。INTJ 型的人要想变得更加有效率，就得学会放弃一些不重要的主意，而成功地抓住那些重要的主意。当他们努力地接受生活并学会与他人相处后，INTJ 型的人会获得更多的平衡和能力，并使自己的新观念为世界所接受。

3）适合的领域与职业。

①适合的领域：科研、科技应用、技术咨询、管理咨询、金融、投资领域、创造性行业。

②适合的职业：管理顾问、经济学者、国际银行业务职员、金融规划师、运作研究分析人员、信息系统开发商、综合网络专业人员等。

（12）ENTJ 型：外向＋直觉＋思维＋判断。

1）基本特征。坦诚，果断，有天生的领导能力；能很快看到公司/组织程序和政策中的不合理性和低效能性，发展并实施有效和全面的系统来解决问题；善于做长期的计划和目标的设定；通常见多识广，博览群书，喜欢拓广自己的知识面并将此分享给他人；在陈述自己的想法时非常强而有力。

ENTJ 型的人是领导者和决策人。他们能轻易地看出事物具有的可能性，很高兴指导他人，使他们的想象成为现实。他们是头脑灵活的思想家和长远规划者。因为 ENTJ 型的人很有条理和分析能力，所以通常对要求推理和才智的任何事情都很擅长。为了称职完成工作，他们通常会很自然地看出所处情况中可能存在的缺陷，并且立刻知道如何改进。他们力求精通整个体系，而不是简单地将它们作为现状来接受而已。ENTJ 型的人乐于完成一些需要解决的复杂问题，他们大胆地力求掌握使他们感兴趣的任何事情。ENTJ 型的人将事实看得高于一切，只有通过逻辑的推理才会确信。ENTJ 型的人渴望不断增加自己的知识基础，系统地计划和研究新情况。他们乐于钻研复杂的理论性问题，力求精通任何他们认为有趣的事物。他们对于行为的未来结果更感兴趣，而不是事物的现状。ENTJ 型的人是热心而真诚的天生领导者，往往能够控制他们所处的任何环境。因为他们具有预见能力，并且向他人传播他们的观点，所以是出色的群众组织者。他们往往按照一套相当严格的规律生活，并且希望他人也是如此。因此，他们往往具有挑战性，同样艰难地推动自己和他人前进。

2）可能存在的盲点。ENTJ 型的人有时会急于做出决定。偶尔放慢脚步可以得到更多机会来收集到所有相关的数据，并可以将实际情况与自身立场仔细地考虑清楚。ENTJ 型的人比较粗心直率，无耐心并且不敏感，不妥协并且很难接近。所以，他们需要倾听周围人的心声，并对他们的贡献表示赞赏。他们过于客观地对待生活，结果没有时间体会感情。当他们的感情被忽视或没有表达出来的时候，他们是非常敏感的。若对他们的能力表示怀疑的是他们尊敬的人的话语，这种表现尤为强烈。他们会在一些小事情上大发雷霆，而这种爆发会伤害与他们亲近的人。如果他们留给自己一点儿时间体会和了解自己的真实感情，他们会非常开心，效果也会很好。正确地释放自己的情感，而不是爆发，会使他们更好地控制自己，并获得自己期望和为之努力的地位。ENTJ 型的人实际上并没有他们自己想象得那么有经验，有能力。只有接受他人实际而有价值的协助，他们才能增强能力并获得成功。

3）适合的领域与职业。

①适合的领域：工商业、政界、金融和投资领域、管理咨询、培训、专业性领域。

②适合的职业：人事 / 销售 / 营销经理、技术培训人员、后勤 / 计算机信息服务和组织重建顾问、国际销售经理、特许经营业主、程序设计员、环保工程师等。

（13）INFP 型：内向 + 直觉 + 情感 + 知觉。

1）基本特征。理想主义者，忠于自己的价值观及自己所重视的人；外在的生活与内在的价值观配合，有好奇心，能够很快看到事情的可能与否，加速对理念的实践；试图了解别人、协助别人发展潜能。适应力强，有弹性；如果和他们的价值观没有抵触，往往能包容他人。

INFP 把内在的和谐视为高于其他一切。他们敏感、理想化、忠诚，对于个人价值具有一种强烈的荣誉感。他们个人信仰坚定，有为自认为有价值的事业献身的精神。INFP 型的人对于已知事物之外的可能性很感兴趣，精力集中于他们的梦想和想象。他们思维开阔，有好奇心和洞察力，常常具有出色的长远眼光。在日常事务中，他们通常灵活多变，具有忍耐力和适应性，但是他们非常坚定地对待内心的忠诚，为自己设定了事实上几乎是不可能的标准。INFP 型的人具有许多使他们忙碌的理想和忠诚。他们十分坚定地完成自己所选择的事情，且往往承担得太多，但无论怎样总要完成每件事情。虽然对外部世界显得冷淡缄默，但 INFP 型的人很关心内在。他们富有同情心、理解力，对于他人的情感很敏感。除他们的价值观受到威胁时，他们总是避免冲突，没有兴趣强迫或支配他人。INFP 型的人常常喜欢通过书写而不是口头来表达自己的感情。当 INFP 型的人劝说他人相信他们的想法的重要性时，可能是最有说服力的。INFP 型的人很少显露强烈的感情，常常显得沉默而冷静。然而，一旦他们与你认识了，就会变得热情友好，但往往会避免肤浅的交往。他们珍视那些花费时间去思考目标与价值的人。

2）可能存在的盲点。因为 INFP 型的人不太在意逻辑，所以有时他们会犯错误。如果能够听取更实际的建议，对他们是很有好处的。他们总是用不切实际的高标准来要求自己。这会导致他们感到自己不胜任岗位。试着更客观地看待自己的事情可以增加 INFP 型的人对批评和失望的承受力。

3）适合的领域与职业。

①适合的领域：创作类、艺术类、教育类、研究类、咨询类等。

②适合的职业：人力资源开发专业人员、社会科学工作者、团队建设顾问、编辑、艺术指导、记者、口译人员、娱乐业人士、建筑师、研究工作者、顾问、心理学专家等。

（14）ENFP 型：外向＋直觉＋情感＋知觉。

1）基本特征。热情洋溢，富有想象力，认为生活充满很多可能性；能很快地将事情和信息联系起来，然后很自信地根据自己的判断解决问题；很需要他人的肯定，又乐于欣赏和支持他人；灵活、自然不做作，有很强的即兴发挥的能力，言语流畅。

ENFP 型的人充满热情和新思想。他们乐观、自然，富有创造性和自信，具有独创性的思想和对可能性的强烈感受。对于 ENFP 型的人来说，生活是激动人生的戏剧。ENFP 型的人对可能性很感兴趣，所以，他们了解所有事物中的深远意义。他们具有洞察力，是热情的观察者，注意常规以外的任何事物。ENFP 型的人好奇，喜欢理解而不是判断。ENFP 型的人具有想象力、适应性和可变性，他们视灵感高于一切，常常是足智多谋的发明人。ENFP 型的人不墨守成规，善于发现做事情的新方法，为思想或行为开辟新道路，并保持它们的开放。在完成新颖想法的过程中，ENFP 型的人依赖冲动的能量。他们有很强的主动性，认为问题令人兴奋。他们也从周围其他人身上得到能量，把自己的才能与别人的力量成功地结合在一起。ENFP 型的人具有魅力、充满生机，且待人热情、彬彬有礼、富有同情心，愿意帮助他人解决问题。他们具有出色的洞察力和观察力，常常关心他人的发展。ENFP 型的人避免冲突，喜欢和睦。他们将更多的精力倾注于维持个人关系而不是客观事物，喜欢保持一种广泛的关系。

2）可能存在的盲点。因为觉得想出新主意是很容易的，ENFP 型的人经常无法在一段时间里专注于一件事，而且他们也不善于做决定。他们往往会失去兴趣而缺少一种完成任务的自制力。ENFP 型的人应该学会尽可能地努力去完成那些沉闷却是必需的部分，掌握良好的时间观念和自我控制能力。当 ENFP 型的人力求记得考虑客观情况时，他们是很有作为的，而且他们应该收集更切合实际的想法使自己的新思路得以施展。

3）适合的领域与职业。

①适合的领域：未有明显的限定领域。

②适合的职业：人力资源经理、变革管理顾问、营销经理、企业 / 团队培训人员、广告客户经理、战略规划人员、宣传人员、事业发展顾问、环保律师、研究助理、广告撰稿员、播音员、开发总裁等。

（15）INTP 型：内向＋直觉＋思维＋知觉。

1）基本特征。对任何感兴趣的事物，都要探索一个合理的解释；喜欢理论和抽象的事情，喜欢理念思维多于社交活动；沉静，满足，有弹性，适应力强；在他们感兴趣的范畴内，有非凡的能力去专注而深入地解决问题；有怀疑精神，有时喜欢批判，常常善于分析。

INTP 型的人是解决理性问题者。他们很有才智和条理性，以及创造才华的突出表现。INTP 型的人外表平静、缄默、超然，内心却专心致志于分析问题。他们苛求精细、惯于怀疑。他们努力寻找和利用原则以理解许多想法。他们喜欢有条理和有目的的交谈，而且可能会仅仅为了高兴，争论一些无益而琐细的问题。只有有条理的推理才会使他们信服。通常，INTP 型的人是足智多谋、有独立见解的思考者。他们重视才智，对于个人能力有强烈的欲望，有能力也有兴趣向他人挑战。INTP 型的人最主要的兴趣在于理解明显的事物之外的可能性。他们乐于为了改进事物的目前状况或解决难题而进行思考。他们的思考方式极端复杂，而且能很好地组织概念和想法。偶尔，他们的想法非常复杂，以至于很难向他人表达和被他人理解。INTP 型的人十分独立，喜欢冒险和富有想象力的活动。他们灵活易变、思维开阔，更感兴趣的是发现有创见而且合理的解决方法，而不是仅仅看到成为事实的解决方式。

2）可能存在的盲点。由于 INTP 型的人注重逻辑分析，他们可能不会考虑其他人怎么样。如果某件事情不符合逻辑，INTP 型的人很可能放弃它，哪怕它对他们很重要。INTP 型的人极其善于发现一个想法中的缺陷，却很难把它们表达出来。他们可能对常规的细节没有耐心。把能量释放出来可以使他们获得大量的实际知识，以便使自己的想法得以实施，并被他人接受。与他人谈谈自己的这些感受可以帮助他们更客观、更实际地认识自己。他们还喜欢操纵局势和促进事情发生。他们有责任感，尽职而且有自我约束力。

3）适合的领域与职业。

①适合的领域：计算机技术理论研究、学术领域、专业领域、创造性领域等。

②适合的职业：计算机软件设计师、系统分析人员、研究开发人员、战略规划师、金融规划师、信息服务开发商、变革管理顾问、企业金融律师等。

（16）ENTP 型：外向＋直觉＋思维＋知觉。

1）基本特征。反应快，睿智，有激励他人的能力，警觉性强，直言不讳；在解决新的、具有挑战性的问题时机智而有策略；善于找出理论上的可能性，然后再用战略的眼光分析。善于理解别人；不喜欢例行公事，很少会用相同的方法做相同的事情，倾向于一个接一个地发展新的爱好。

ENTP 型的人喜欢兴奋与挑战。他们热情开放、足智多谋、健谈而聪明，擅长许多事情，不断追求增加能力和个人权力。ENTP 型的人天生富有想象力，深深地喜欢新思想，留心一切可能性。他们有很强的首创精神，善于运用创造冲动。ENTP 型的人视灵感高于一切，力求使他们的新颖想法转变为现实。他们好奇、多才多艺、适应性强，在解决挑战性和理论性问题时善于随机应变。ENTP 型的人灵活而率直，能够轻易地看出任何情况中的缺点，乐于出于兴趣争论问题的某方面。他们有极好的分析能力，是出色的策略谋划者。他们几乎一直能够为所希望的事情找出符合逻辑的推理。大多数的 ENTP 型人喜欢审视周围的环境，认为多数的规则和章程如果不被打破，便意味着屈从。有时他们的态度不从习俗，乐于帮助他人超出可被接受和被期望的事情。他们喜欢自在地生活，在每天的生活中寻找快乐和变化。ENTP 型的人富有想象力地处理社会关系，常常有许多的朋友和熟人。他们表现得很乐观，具有幽默感。ENTP 型的人吸引和鼓励同伴，通过他们富有感染力的热情，鼓舞他人加入他们的行动中。他们喜欢努力理解和回应他人，而不是判断他人。

2）可能存在的盲点。由于 ENTP 型的人注重创造力和革新胜过一切，他们的热情促使其寻找新鲜事物，以至于会忽视必要的准备，而草率地陷入其中。他们需要不过多地着手有关事务。他们有时会太过直率而不够圆滑，因此，他们应该经常体会自己的真实情感。ENTP 型的人天生的那种快速的预知能力使他们有时错误地以为他们已经知道了他人想要说的话，并插进来接下话茬。他们应该避免表现得自大而粗鲁。

3）适合的领域与职业。

①适合的领域：投资顾问、项目策划、投资银行、自我创业、市场营销、创造性领域、公共关系、政治等。

②适合的职业：人事系统开发人员、投资经纪人、工业设计经理、后勤顾问、金融规划师、投资银行职员、营销策划人员、广告创意指导、国际营销商等。

课堂活动　　探索性格与职业性格的奥秘

一、活动目的

（1）让学生理解性格的含义，认识到性格是一个人对环境、生活及自我认知的反应方式和行为特征。

（2）引导学生了解性格如何影响职业选择和发展，使学生意识到性格与职业之间的密切关系。

（3）通过职业性格测试，帮助学生了解自己的职业性格类型，以便更好地规划未来的职业发展。

二、活动步骤

1. 性格的含义

（1）教师简单介绍性格的概念，强调性格是一个人对环境、生活及自我认知的反应方式和行为特征。

（2）学生分组讨论，分享各自对性格的理解和看法，教师巡视指导。

2. 性格对职业的影响

（1）教师通过案例分析，讲解不同性格类型在职业选择和发展中的优势和劣势。

（2）学生分组讨论，根据所学知识和自身经验，分析性格对职业的影响，并记录在讨论纸上。

3. 职业性格测试与分析

（1）教师介绍职业性格测试的原理和目的，并引导学生进行在线或纸质测试。

（2）学生完成测试后，教师组织小组讨论，分享各自的测试结果和职业性格类型。

（3）教师引导学生分析自己的职业性格特点，探讨适合自己的职业领域和发展方向。

三、活动评价

（1）学生参与度：观察学生在讨论和测试过程中的表现，评估其参与度和积极性。

（2）知识掌握：通过提问和讨论，了解学生对性格含义、性格对职业影响及职业性格测试的理解程度。

（3）职业规划能力：通过学生分享和分析职业性格测试结果，评估其对自己职业发展的认识和规划能力。

在活动结束时，教师对本次活动进行总结，强调性格与职业之间的紧密关系，并鼓励学生在未来的学习和生活中继续关注自己的性格特点和职业发展方向。同时，教师可提供一些相关书籍、网站等资源，以便学生进一步拓展学习和了解性格与职业的相关知识。

案例分析

小张是一位大三的学生，主修计算机科学。从小，他就对编程和计算机技术表现出浓厚的兴趣。他的逻辑思维能力强，善于分析问题，对待学习总是认真而执着。在学校里，他是图书馆和实验室的常客，课余大多数时间都是在研究各种算法和数据结构。小张不喜欢人多嘈杂的环境，也不擅长交际和应付复杂的人际关系，但他的同学和教师们都知道，每当遇到技术难题时，小张总是能够迅速找到解决方案。

在大学期间，小张曾加入了一个校内的计算机研发团队，主要负责项目的后端开发工作。他在这个团队中表现出色，不仅能够独当一面完成复杂的编程任务，还能在团队中起到技术带头的作用。尽管他的沟通能力并不是特别出色，但他总是能够通过清晰明了的代码和文档与团队成员进行交流。

毕业后，小张顺利进入了一家知名的互联网公司，担任软件工程师的职位。在这里，他可以继续发挥自己的技术专长，同时，也能够在更加专业的环境中不断提升自己的技能。

案例分析：小张的职业性格主要表现为以下几个方面。

（1）技术型性格：小张对计算机技术有着浓厚的兴趣，善于逻辑分析和解决问题。这种性格特征使他在面对复杂的编程任务时能够保持冷静和专注，迅速找到解决方案。同时，他在面对新的技术和知识时总是保持着积极的学习态度，这也是一个优秀的技术人员所必备的素质。

（2）内向型性格：小张不喜欢人多嘈杂的环境，也不擅长交际和应付复杂的人际关系。这种性格特征虽然在一定程度上限制了他的职业发展空间，但也使他能够更加专注于技术研究和开发工作。在团队中，他能够通过其他方式（如编写文档、分享技术心得等）与团队成员进行有效沟通，弥补自己在交际方面的不足。

（3）责任型性格：小张对待工作总是认真负责，能够承担起团队中的重任。他在团队中不仅是一个优秀的执行者，更是一个能够引领团队向前发展的领导者。这种性格特征使他在团队中赢得了信任和尊重，也为他的职业发展奠定了坚实的基础。

针对小张的职业性格特征，我们建议他在未来的职业生涯中继续保持对技术的热爱和专注，不断提升自己的技术能力和专业素养。同时，他也应该注重培养自己的沟通能力和团队协作精神，以更好地适应不同工作环境的需要。此外，他还可以考虑通过参加一些社交活动或培训课程拓展自己的人际交往能力，为未来的职业发展打下更加坚实的基础。

任务三　认识能力与职业发展

课前引入

想象你站在一个十字路口，前方有无数条道路，每条道路都通往不同的未来。你可能会感到迷茫，不确定哪条路是属于自己的，哪条路能带领你走向成功的彼岸。这时，你的"认识能力"就像一盏明灯，照亮你前行的道路，帮助你作出明智的选择。

那么，什么是认识能力呢？简单来说，认识能力就是我们对自我、对他人、对世界的理解和判断能力。它涵盖了我们的观察力、思考力、分析力、判断力等多个方面。在职业生涯中，认识能力发挥着至关重要的作用。

如果我们对自己的能力、兴趣和价值观有清晰的认识，你就能更准确地定位自己的职业方向，找到适合自己的工作。同时，如果我们对行业动态、市场需求有敏锐的洞察力，就能及时把握机遇，迎接挑战。此外，认识能力还能帮助我们更好地理解他人，提升团队合作的效率，进而在职场上取得成功。

本任务将深入了解认识能力的各个方面，探讨如何提升我们的认识能力，以更好地应对职业发展的挑战。本任务将通过案例分析、小组讨论、角色扮演等多种形式，让同学们在实践中感受认识能力的重要性，并学会如何运用它来指导我们的职业发展。

一 能力的含义

1. 能力的基本概念

能力的概念很复杂。一般认为，能力是一种心理特征，是顺利实现某种活动的心理条件。例如，一位画家所具有的色彩鉴别力、形象记忆力等，都称为能力，这些能力是保证一位画家顺利完成绘画活动的心理条件。

在英语中，能力通常用两个意义相近但不完全相同的词来表示，即 ability 和 capacity。ability 是指对某项任务或活动的现有成就水平，因而人们已经学会的知识和技能，就代表了他的能力；capacity 是指容纳、接受，或保留事物的可能性。在这个意义上，能力不是指现有的成就，而是指个体具有的潜力和可能性。平时所说的能力同时包含了以上两个方面的内容。

能力表现在所从事的各种活动中，并在活动中得到发展。一个有绘画能力的人，只有在绘画活动中才能施展自己的能力；一个有管理才能的人，也只有在领导一个企业或学校的活动中才能显示出来。当一个人能顺利完成某种活动时，也就多少表现了其能力。

能力的产生和发展是和人类的社会生活分不开的。以人类发展的早期阶段上抽象思维能力的形成为例。原始人在实践活动中，一方面不断地把各种物体分解为它们的组成部分；另一方面又把它们联合成一个统一的整体。例如，在修建窝棚、缝制兽皮衣服时就是如此，人们在这个过程中逐渐学会了在头脑中的分析和综合，即思维的分析和综合。

这种思维的分析和综合，是在历史实践的基础上、在实际地分析和综合物体特征的基础上发展起来的。计算能力的发展也是这样。原始人最初只能用实物（如手指、石头、木棒等）进行计算，他们没有利用抽象单位进行计算的能力。人的较复杂、较高级的计算能力，是随着社会的进步，随着人类实践的需要逐步发展起来的。

2. 能力与知识、技能、才能、天才的关系

（1）能力与知识、技能的关系。知识是人脑对客观事物的主观表征。知识有不同的形式，一种是陈述性知识，即"是什么"的知识，如北京是中国的首都，埃菲尔铁塔在法国巴黎等；另一种是程序性知识，即"如何做"的知识，如骑马的知识、开车的知识、计算机数据输入的知识等。

人一旦有了知识，就会运用这些知识指导自己的活动。从这个意义上来说，知识是活动的自我调节机制中一个不可缺少的构成要素，也是能力基本结构中的一个不可缺少的组成成分。

技能是指人们通过练习而获得的动作方式和动作系统。技能也是一种个体经验，但主要表现为动作执行的经验，因而与知识有区别。技能作为活动的方式，有时表现为一种操作活动方式，有时表现为一种心智活动（智力活动）方式。因此，按活动方式不同，技能可分为操作技能和心智技能（智力活动）。操作技能的动作是由外显的机体运动来实现的，其动作的对象为物质性的客体，即物体；心智技能（智力活动）的动作，通常是借助于内在的智力操作来实现的，其动作对象为事物的信息，即观念。操作技能的形成依赖于机体运动的反馈信息；心智技能则是通过操作活动模式的内化才形成的。总之，这是两种不同

的技能。技能直接控制活动的动作程序的执行，因此是活动的自我调节机制中的又一个组成要素，也是能力结构的基本组成成分。

知识和技能是能力的基础。但只有那些能够广泛应用和迁移的知识与技能，才能转化成为能力。能力不仅包含了一个人现在已经达到的成就水平，而且包含了一个人具有的潜力。例如，一个读书很多的人，可能有较丰富的知识，但在解决实际问题时，却显得能力低下，说明他的知识只停留在书本上，既不能广泛迁移，也不能用来解决实际问题。可见，知识与能力是有区别的。

知识、技能并不等于能力。但知识、技能与能力又有密切的关系。首先，能力的形成与发展依赖于知识、技能的获得。随着人的知识、技能的积累，人的能力也会不断提高。其次，能力的高低又会影响到掌握知识、技能的水平。一个能力强的人较易获得知识和技能，他们付出的代价也比较小；而一个能力较弱的人可能要付出更大的努力才能掌握同样的知识和技能。所以，从一个人掌握知识、技能的速度与质量上，可以看出其能力的大小。

正确理解能力与知识、技能的关系，对工作具有重要的意义。首先，我们不应该仅根据一个人知识的多少去简单地断定这人能力的高低。一个人的能力可能已经表现出来，也可能没有表现出来。仅仅根据知识的多少断定能力的大小，常常会作出错误的判断。其次，在教育工作中，我们不仅要关心学生知识的掌握，而且要关心他们能力的发展，并促使学生将知识转化为能力。如果认为知识、技能等于能力，就可能导致只关心知识掌握而忽视能力发展的倾向。最后，由于能力不等于知识，人们才有必要研究评定能力的特殊方法，而不能用知识的评定来代替对能力的鉴定。

综上所述，能力是掌握知识、技能的前提，又是掌握知识、技能的结果。两者是互相转化，互相促进的。正确理解能力与知识、技能的关系，有助于科学地传授知识、培养技能、发展能力，这对个人和社会都非常重要。

（2）能力与才能、天才的关系。人们要完成某种活动，往往不是依靠一种能力，而是依靠多种能力的结合。这些能力互相联系，保证了某种活动的顺利进行。这种结合在一起的能力叫作才能。如教师要有较敏锐的观察力、流畅的语言表达力、比较严谨的逻辑思维能力和组织管理的能力。这些能力的结合就是教师的才能。同样，学生的解题能力和计算能力结合起来，就组成了数学的才能。

能力的高度发展称为天才。天才是能力的独特结合，它使人能顺利地、独立地、创造性地完成某些复杂的活动。天才往往结合着多种高度发展的能力。一个天才人物往往同时是文学家、历史学家、诗人、政治家等。天才不是天生的，它离不开社会历史的要求、时代的要求。特定的历史环境常常会涌现出具有特定能力的天才人物。天才也离不开个人的勤奋和努力。

3. 能力的种类

人的能力是各种各样的，一般可分为以下几种。

（1）一般能力和特殊能力。一般能力指在不同种类的活动中表现出来的能力，如观察力、记忆力、抽象概括力、想象力、创造力等。其中，抽象概括力是一般能力的核心。平日所说的智力，就是指一般能力来说的。人要完成任何一种活动，都与这些能力的发展分不开。

特殊能力是指在某种专业活动中表现出来的能力。它是顺利完成某种专业活动的心理条件。例如，画家的色彩鉴别力、形象记忆力；音乐家区别旋律的能力、音乐表象能力，以及感受音乐节奏的能力等，均属于特殊能力。

一般能力与特殊能力的关系是十分密切的。一方面，一般能力是特殊能力的重要组成部分。人的一般听觉能力既存在于音乐能力中，也存在于言语能力中。没有听觉一般能力的发展，就不可能发展音乐和言语听觉能力。另一方面，特殊能力的发展有助于一般能力的发展。例如，音乐能力的发展会提高一般的听觉能力，并进而影响语言听觉能力的发展。

（2）模仿能力和创造能力。模仿能力是指人们通过观察他人的行为、活动来学习各种知识，然后以相同的方式作出反应的能力。如儿童在家庭中模仿父母的说话、表情，从电视中模仿演员的动作、服饰，从字帖上模仿前人的书法等。模仿不但表现在观察他人的行为后立即作出相同的反应，而且表现在某些延缓的行为反应中。模仿是动物和人类的一种重要的学习能力。

创造力是指产生新的思想和新的产品的能力。一个具有创造力的人往往能超脱具体的知觉情景、思维定式、传统观念和习惯势力的束缚，在习以为常的事物和现象中发现新的联系与关系，提出新的思想，产生新的产品。作家在头脑中构思新的人物形象，创造新的作品；科学家提出新的理论模型，并用试验证实这些模型，都是创造力的具体表现。

模仿力和创造力是两种不同的能力。动物能模仿，但不会创造；模仿只能按现成的方式解决问题，而创造力能提供解决问题的新方式与新途径。人的模仿力和创造力有明显的个别差异。有的人擅长模仿，而创造力较差；有的人既善于模仿又富有创造力。了解这点对选拔和使用人才具有现实意义。模仿力与创造力有密切的关系，人们常常是先模仿，然后进行创造的。科研工作者先通过观察模仿他人的试验，以后才提出有独创性的试验设计；学习书法的人先临摹前人的字帖，以后才创作出具有个人独特风格的作品。在这个意义上，模仿也可以说是创造的前提和基础。

（3）流体能力和晶体能力。根据能力在人的一生中的不同发展趋势，以及能力对先天禀赋与社会文化因素的关系，可分为流体能力和晶态能力。

1）流体能力（流体智力）是指在信息加工和问题解决过程中所表现的能力。如对关系的认识、类比、演绎推理能力，形成抽象概念的能力等。它较少地依赖于文化和知识的内容，而取决于个人的禀赋。流体能力的发展与年龄有密切关系。一般人在20岁以后，流体能力的发展达到顶峰，30岁以后将随年龄的增长而降低。此外，心理学家们也发现，流体能力属于人类的基本能力，其个别差异受教育文化的影响较少。因此，在编制适用于不同文化的所谓文化公平测验时，多以流体能力作为不同文化背景者智力比较的基础。

2）晶体能力（晶体智力）是指获得语言、数学知识的能力，它取决于后天的学习，与社会文化有密切的关系。晶体能力在人的一生中一直在发展，只是到25岁以后，发展的速度渐趋平缓。

晶体能力依赖于流体能力。如果两个人具有相同的经历，其中一个有较强的流体能力，那么他将发展出较强的晶体能力。然而一个有较高流体能力的人如果生活在贫乏的智力环境中，那么他的晶体能力的发展将是低下的或平平的。

把能力分为流体能力和晶体能力，使我们对个体能力发展的多维性有了更好地了解。不同的能力具有不同的发展速度，达到成熟和出现衰退的时期也是不同的。

（4）认知能力、操作能力和社交能力。认知能力是指人脑加工、储存和提取信息的能力，即一般所讲的智力，如观察力、记忆力、想象力等。人们认识客观世界，获得各种各样的知识，主要依赖于人的认知能力。操作能力是指人们操作自己的肢体以完成各项活动的能力。如劳动能力、艺术表演能力、体育运动能力、实验操作能力等。操作能力是在操作技能的基础上发展起来的，又成为顺利掌握操作技能的重要条件。操作能力与认知能力不能截然分开。不通过认知能力积累一定的知识和经验，就不会有操作能力的形成和发展。反过来，操作能力不发展，人的认知能力也不可能得到很好的发展。

社交能力是在人们的社会交往活动中表现出来的能力，如组织管理能力，言语感染力，判别决策的能力，解调纠纷、处理意外事故的能力等。这种能力对组织团体、促进人际交往和信息沟通具有重要的作用。

二　职业能力的类型

职业能力是人们从事某种职业的多种能力的综合，可以定义为个体将所学的知识、技能和态度在特定的职业活动或情境中进行类化迁移与整合所形成的能完成一定职业任务的能力。根据不同的标准和维度，职业能力的分类可以有所不同。

1. 从一般角度分类

职业能力是一个复合型的概念，它不仅包括了与特定职业密切相关的专业技能，还涵盖了在不同行业中普遍所需的一般性能力要素，以及跨越多个职业边界，但同样至关重要的综合能力特质。

一般职业能力是所有职业基础层面的必备技能，它们不受限于特定行业或专业领域，而是广泛应用于各类职业场景中的通用能力。学习能力是核心之一，它要求个体具备高效获取、理解和掌握新知识、新技能的能力，以适应不断变化的工作环境和任务需求。语言和文字运用能力则是沟通交流的基础，包括口头表达、书面表达及外语运用等多个方面，对于职场中的信息传递、协商合作至关重要。数学运用能力在现代职业世界中同样占据重要地位，无论是在财务管理、逻辑推理、空间想象等方面，都需要一定的数学素养作为支撑。空间判断能力则涉及建筑、设计、工程等领域，要求从业者能够准确地理解和把握空间关系，进行有效的规划和布局。

专业能力是针对特定职业设定的核心专业技能，这种能力通常是在长期的专业学习、实践训练及工作经验积累中形成的。例如，教师的授课能力就包括教学设计、教学方法选择、课堂管理、学生评价等多个子技能，医生的诊断能力则涵盖了病理学知识、医学影像学解读、临床操作技巧等方面。

综合能力则侧重于跨职业领域的通用素质，它超越了单一专业技能的范围，更多地关注在多元化、复杂化工作任务中的协调与整合能力。团队协作能力是其中关键的一部分，涉及协同策划、分工合作、冲突调解等方面，要求个体能够在团队中发挥积极作用，推动团队目标达成。人际交往能力则是与不同人群建立有效沟通、维护良好关系的能力，对于职场中的合作共赢、信息获取、情绪管理等至关重要。

2. 从职业活动角度分类

从职业活动的角度来看，一个人的职业能力可细分为技术能力、沟通能力、团队合作能力、解决问题能力、管理能力、学习能力等。这些能力在职业发展中都起着至关重要的作用。

技术能力是指在特定领域内的专业技能，如编程、机械操作等。在当今社会，各种专业技能的需求越来越大，拥有某项专业技能的人往往更容易在职业竞争中脱颖而出。因此，不断学习和提高自己的专业技能，是保证职业发展的关键。

沟通能力则涉及口头和书面表达，以及有效听取他人意见的能力。在工作中，与同事、上级、客户等各方人士进行有效的沟通，是至关重要的。良好的沟通能力可以帮助我们更好地理解他人的意见，更好地表达自己的想法，从而更好地完成工作任务。

团队合作能力强调在团队中的协作和领导能力。在现代社会中，大多数工作都需要团队协作完成。因此，良好的团队合作能力是职业成功的关键之一。拥有团队合作能力的人，能够在团队中建立良好的工作关系，有效地协调各方资源，推动工作的顺利进行。

解决问题能力包括逻辑思维、创新和实际解决问题的能力。在工作中，经常会遇到各种问题，因此，拥有良好的解决问题能力是至关重要的。拥有解决问题能力的人，能够迅速分析问题，提出有效的解决方案，并付诸实践，从而帮助企业攻克难关，实现目标。

管理能力则涵盖计划、决策和资源调配等方面。在企业中，管理者需要制订有效的计划，作出正确的决策，合理调配资源，以确保企业的稳定发展。因此，拥有管理能力是成为优秀职场人才的重要条件之一。而学习能力则是持续获取新知识和技能的能力。在快速发展的现代社会，新知识、新技术不断涌现，因此，持续学习是保持职业竞争力的关键。拥有学习能力的人，能够不断更新自己的知识体系，跟上时代发展的步伐，从而更好地完成工作任务。

3. 从职业发展角度分类

职业能力是一个内涵丰富的概念，可以从职业发展的视角来进一步剖析和理解其深层次含义。胜任一种具体的职业角色，是需要具备相应的专业知识和技能，而这些正是职业能力的基石。具备任职资格，仅仅是迈入了职场门槛，真正决定一个人在职场中能否脱颖而出的，是其后的职业素质体现。

步入职场之后，职业素质包括如敬业精神、责任心、团队协作能力、沟通能力等基本职业素养，以及面对工作时所需展现出的专业素养，如对行业动态的敏感度、对工作流程的熟练度、对技术工具的掌握程度等。这些软实力和硬技能共同构成了职场人士的日常表现，也是评判其能否在某一职位上做出优异成绩的重要标准。

职业生涯管理能力则是随着职业发展而逐步显现的关键能力，它涵盖了自我认知与内省能力，即个体需清晰认识自己的优势与不足，明确自身职业定位和发展方向；自我管理能力包括情绪管理、时间管理、任务管理等方面，确保个人能在高压工作环境中保持高效和稳定；职业选择与抉择能力意味着在面临不同职业机会和发展路径时，能结合自身实际和社会趋势作出理智而有利于长远发展的决策；信息获取与分析能力，要求个体善于利用各种渠道搜集有效信息，并从中提炼出对职业发展有价值的内容；资源整合与利用能力，是指整合自身的人际关系网络、社会资源等，以获取更多的职业发展机会和支持；以及对职业环境的了解与分析能力，这涉及对外界行业动态、市场趋势、竞争态势等的敏锐洞察力，以便及时调整个人职业策略。

三 职业能力对职业发展的影响

在现代社会，职业能力对于个人职业发展具有至关重要的作用。

1. 提升职业竞争力

具备较高的职业能力，是指在所在行业或领域内，个体具备了卓越的专业素养和实践能力。这种能力涵盖了对专业知识体系的深度理解和熟练掌握，以及在实际工作中的灵活运用和创新表现。拥有高水平的职业能力，意味着个人在面对复杂的职业挑战时，能够以更高效、更精准的方式解决问题，提升工作效率，并确保工作成果的质量。

在求职过程中，具备高职业能力的个人相较于其他竞争者具有显著优势。首先，他们能够凭借自身的专业实力快速脱颖而出，赢得招聘方的青睐。其次，高职业能力通常意味着对行业动态和趋势有更深入地理解与把握，这使他们能够更准确地选择符合自身优势和发展潜力的职位，从而增加获得心仪职位的可能性。

在职场生涯中，持续提高职业能力对于保持个人领先地位至关重要。随着市场的变化和技术的更新，具备高职业能力的员工更能适应企业发展的需求，提升自身价值。同时，高职业能力有助于增强员工的抗风险能力，即使面临经济环境波动或行业变革等挑战，也能凭借自身的专业底蕴和实践经验成功应对，减少被替代的风险，稳固自身在职场中的地位。

2. 促进职位晋升

随着职业能力的不断提升，个人在工作中的表现也会越来越出色。这将为企业带来更多的价值，为企业的发展作出更大的贡献。同时，自己的努力和成绩也会得到更多的认可，让自己在工作中更有自信和成就感。在这种情况下，个人往往能够获得更多的晋升机会，担任更高层次的职务，承担更多的责任和挑战。更高的职务和更多的责任意味着需要更强的能力和更高的要求，让自己不断学习和成长的机会也会增加。在这个不断进步和挑战的过程中，会收获更多的成就感和满足感，也为自己的职业生涯打开了更多的可能性。

3. 拓展职业发展领域

具备广泛的职业能力，是指个人在专业技能、沟通协调、问题解决、团队协作、创新应对等多个方面都拥有一定的能力和经验积累。这样的个体，在各种职业环境中都能表现出强大的适应性和持久力。他们不仅具备深度挖掘某一专业领域的能力，还能跨足多个行业，迅速吸收新知识，灵活应对各种不同的工作任务和挑战。

随着知识经济的深入发展，职业领域的边界日益模糊，跨学科、跨领域的复合型人才成为职场的新宠。拥有广泛职业能力的人，能在不同领域间游刃有余地转换角色，寻找共同点，创造出意想不到的价值。他们可以在艺术与科技之间找到融合点，可以在金融分析与设计思维之间自由切换，使他们在职业生涯中拥有更多的可能性。

这样的职业能力多元化，不仅为个人提供了更广阔的职业舞台，增强了其职场竞争力，更有助于推动整个社会的职业结构向更加健康、更具活力的方向演变。

4. 增强适应能力

在职场这座动态变化的舞台上，面对各式各样的挑战与困境，拥有较高职业能力的个体往往能够游刃有余地应对。他们具备强大的知识储备、技能积累和经验判断力，使他们在面对新的工作环境和任务时，能够迅速适应并精准把握住工作要点。无论是何种专业领域或技术更新，这些个体总能展现出强大的学习能力和应用能力，通过快速吸收并掌握新知识、新技能，轻松应对各种复杂情况，游刃有余地处理各种问题。

他们在职业生涯中稳步前行，不断追求自我提升与完善，充分把握每次机会来展示自己的价值，从而在职业生涯中保持稳健的发展态势。

5. 提高工作效率

职业能力的提升对于一个员工的个人发展和企业效益的提升具有举足轻重的作用。当一个人的职业能力得到显著增强时，就能够在工作中更加游刃有余地运用各类专业技能和理论知识，从而大幅度提高工作效率。这意味着能够更快地完成任务，更准确地解决问题，更高效地协同合作，进而在有限的时间内产出更多的工作成果。

这种工作上的卓越表现不仅有利于个人在工作中脱颖而出，取得更为显赫的业绩和成果，而且对于企业而言，也意味着生产力的提升、成本的降低，以及市场竞争力的增强。员工通过不断提升职业能力，能够为企业创造更多的经济价值，同时，也为企业的发展提供源源不断的动力源泉。

从个人角度看，职业能力的提升也有助于员工实现自我价值最大化。通过不断的学习和实践，员工能够不断完善自己的知识结构，提高综合素质，从而在工作中获得更多的成就感和满足感。当一个人凭借过硬的职业技能和素养为企业创造价值的同时，也会赢得同事、上级、客户的更多信任和尊重，这对于个人职业生涯的长远发展具有不可估量的影响。

6. 获得更好的职业待遇

职业能力是个体在职场中赖以生存和发展的核心要素，它涵盖了专业技能、沟通能力、团队协作能力、问题解决能力、创新能力、行业洞察力等多方面的综合表现。当个体的职业能力很强时，其在职场中的价值就显得尤为突出和珍贵。

企业往往愿意为具备高职业能力的员工提供更多的培训和发展机会，以激励他们为企业创造更多的价值。

7. 实现职业目标

职业能力的提升有助于个人更好地实现自己的职业目标。无论是追求更高的职位、更好的待遇，还是实现职业生涯的转型和突破，较高的职业能力都是不可或缺的。通过不断提升自己的职业能力，个人可以更有信心地迈向自己的职业目标，实现职业生涯的顺利发展。

总之，职业能力对职业发展具有多方面的影响。通过提升职业竞争力、促进职位晋升、拓展职业发展领域、增强适应能力、提高工作效率、获得更好职业待遇和实现职业目标等方面的努力，个人可以不断提升自己的职业能力，为职业生涯的顺利发展奠定坚实的基础。因此，我们应该注重职业能力的培养和提升，不断追求个人职业发展的新高度。

四 职业选择时应遵循的原则

在选择职业时，遵循一些原则可以帮助我们作出明智的决策，主要有以下一些原则。

1. 兴趣和热爱

在选择职业时，与个人兴趣相契合的领域能够极大地激发个体的内在驱动力和工作热情。这是因为兴趣是一种强大的动力源泉，它能够调动人们的积极性，促使人们在面对困难和挑战时保持坚韧不拔的态度，以及投入大量的时间和精力深入探索、精进技艺。兴趣与职业的契合还能显著提升个体的创造力。当一个人对自己所从事的工作充满热情和兴趣时，就更有可能在思考问题时跳出固有框架，提出创新性解决方案，从而为企业或行业带来突破性的进步。当一个人的职业选择与其兴趣爱好相一致时，就能在工作中体验到持续的成就感和满足感。每次的进步、每次的成功，都将成为其前进道路上的动力源泉，使之更加享受工作的过程，也更加坚定地追求卓越。

2. 能力匹配

在选择职业时，一个人需要根据自身的技能、兴趣、经验和资质等因素，进行全面而慎重的考量。找到一个与自身能力紧密契合的职业岗位至关重要，这样可以最大限度地发挥个人的优势，提高工作效率和质量。一个人的能力包括专业技能、人际交往能力、独立思考与解决问题的能力、时间管理和自我调控能力等多元维度。这些能力在不同职业领域中的需求和发挥程度各有差异。例如，如果一个人拥有出色的数据分析能力和逻辑思维头脑，那么可能更适合选择科技研发、金融分析或法律顾问等职业，在这些领域中，能够运用自身的优势高效地完成复杂的工作任务，提供高质量的服务或产品。反之，如果选择了与自身能力不相匹配的职业，例如，让一个不善言辞的人去做市场营销或公关工作，那么不仅无法有效发挥其优势，还可能导致工作效率低下，质量难以保证，甚至可能引发不必要的职业压力和挫折感。

3. 市场需求

在当今充满挑战和变化的就业市场环境中，要想提高自身的就业竞争力，就必须深入了解并把握行业发展趋势及市场需求的变化。这意味着需要时刻关注经济发展动态，研究新兴行业的崛起与变迁，分析传统行业转型升级的可能性，并结合自身的兴趣、专业技能和综合素质，理性选择那些具有广阔发展潜力的职业领域。同时，在职业选择过程中，也要关注市场的稳定就业前景，充分考虑行业发展的可持续性和稳定性，尽量避免过度饱和或波动性较大的职业市场，适当选择那些具有长期稳定就业前景的职业，从而提升个人的就业竞争力。

4. 职业发展

在规划个人职业发展的道路上，考虑职业的长期前景和晋升机会至关重要。一个具有晋升机会和发展空间的职业，不仅能提供薪资和职位的提升，还能帮助人们实现更高的职业目标，从而更好地体现自我价值。

5. 工作与生活平衡

在致力于追求卓越职业发展和提升自我价值的过程中，至关重要的是要充分认识到工作与生活平衡的重要性。专注于职业领域的成功和进步，全身心投入工作固然重要，但并不意味着应该以牺牲家庭关系、个人健康和生活情趣为代价。工作是生活的一部分，而不是全部，它是实现自我价值和社会价值的一种方式，但绝不是唯一的方式。家庭是生活的避风港，是心灵的寄托地，其价值无法用金钱衡量。长时间的工作投入可能会让我们错过孩子成长的点滴、错过与父母共度的宝贵时光，这些失去是无法弥补的。因此，合理安排工作时间，确保有足够的时间陪伴家人，共享天伦之乐，是维护家庭和谐、增进亲情关系的关键。健康是革命的本钱，长期超负荷的工作状态会对身体健康产生不可逆的损害，如疲劳积累、免疫力下降、心理压力过大等问题，这些都可能影响到我们的生活质量，甚至工作效率和效果。我们应该学会合理规划工作节奏，保持良好的生活习惯，坚持适度的体育锻炼，确保充足的休息和睡眠，才能保持旺盛的精力，以达到持久且高效的职场表现。

6. 价值观匹配

在选择职业时，将自己的价值观与职业选择紧密结合，是维护个人道德操守和职业尊严的关键所在。一个人的价值观如同灯塔，照亮其人生航程，为行为决策提供根本指引。它涵盖了诚实守信、尊重他人、追求公正、崇尚专业素养等诸多方面。基于这样的价值观，在职业选择过程中，个体能够清晰地识别出哪些工作岗位能够体现这些价值观，哪些工作岗位又可能使之受到挑战甚至侵蚀。一个人若能在工作中践行自身价值观，那么便能在面对各种复杂情况时坚守道德底线，拒绝任何有悖于价值观的行为。同时，认同自身价值观的职业选择还能让个体在工作中找到成就感与满足感，从而激发出内在的积极性和创造性。这种由价值观驱动的职业选择，能让个体在工作中发现工作的价值与意义，使工作不仅是一份谋生手段，更是一份承载个人信仰与理想的崇高事业。

7. 学习和成长

在选择职业发展的过程中，寻求那些富含持续学习和成长机制的职业领域是至关重要的。这样的职业不仅提供专业知识与技能的深度挖掘，还能通过不断适应市场变化和技术革新，为个人发展创造源源不断的动力。例如，可以选择具有前瞻性和创新性的行业，如科技创新、数据分析、新能源开发等，这些领域的工作通常需要不断学习新的知识和技术才能跟上行业发展的步伐。同时，从事变化环境下的市场营销、企业管理咨询等工作，也需要持续跟踪行业动态，提升自身的专业素养和应对策略。通过选择能提供持续学习和成长机会的职业，不仅可以不断提升自己的核心能力和技能，还能够拓展个人的视野和思维方式，使个人在职场竞争中保持优势。并且，在这个过程中，能够不断提升自己，实现自我价值最大化。

在遵循这些原则的同时，还需要考虑个人实际情况和未来目标，综合权衡各种因素，才能做出最适合自己的职业选择。

课堂活动　　探索职业能力与未来之路

一、活动目的

（1）帮助学生深入理解能力的含义和职业能力的类型。

（2）探讨职业能力如何影响职业发展。

（3）引导学生认识在职业选择时应遵循的原则，为未来的职业规划打下坚实基础。

二、活动步骤

1. 开场导入（5分钟）

（1）教师通过提问方式引出活动的主题，如"你们认为什么是能力？能力在职业发展中扮演了什么角色？"

（2）简要介绍活动内容和目的，激发学生的参与兴趣。

2. 能力含义及类型探讨（15分钟）

（1）分组讨论：将学生分成若干小组，每组讨论能力的含义，并列举出职业能力的类型。

（2）分享交流：每组选派一名代表汇报讨论成果，教师进行点评和总结。

3. 职业能力对职业发展的影响分析（15分钟）

（1）案例学习：教师提供几个真实的职业案例，引导学生分析案例中职业能力的表现及其对职业发展的影响。

（2）小组讨论：学生分组讨论职业能力如何影响个人的职业发展，并举例说明。

（3）汇报交流：每组代表汇报讨论成果，教师进行点评和总结。

4. 职业选择原则探讨（15分钟）

（1）情境模拟：教师设计几个职业选择情境，让学生分组进行模拟选择。

（2）讨论总结：学生根据模拟体验，讨论在职业选择时应遵循的原则，教师进行点评和总结。

5. 活动总结与反思（5分钟）

（1）教师总结本次活动的收获和亮点，强调职业能力对个人职业发展的重要性。

（2）引导学生反思自己在活动中学到的知识和感悟，提出自己的职业规划和发展方向。

三、活动评价

（1）观察学生在活动中的参与度，包括讨论积极性、分享内容的质量等。

（2）通过小组讨论和分享汇报，评价学生对能力含义、职业能力类型、职业能力对职业发展的影响，以及职业选择原则的掌握程度。

（3）通过情境模拟和反思环节，了解学生在职业选择方面的认识和理解，以及对未来职业规划的思考。

注：本次活动可结合相关课程资料、案例资料或视频资料进行辅助教学，以增强活动的趣味性和实效性。同时，教师应根据学生的实际情况和反馈，灵活调整活动内容和步骤，确保活动目标的顺利实现。

案例分析

李明是一名计算机科学与技术专业的大三学生，平时表现稳重且踏实。在学习上，他成绩优秀，注重基础知识与实践技能的培养；在社团活动中，他担任技术部部长，负责组织和指导社团成员进行项目开发，展现出良好的组织协调能力和团队合作精神。

在面临毕业和就业选择时，李明认真分析了自己的性格特点和能力优势，认为自己具有逻辑思维能力强、做事耐心细致的特点，这些特质使他在处理复杂的计算机问题时能够保持冷静和理性。同时，他也意识到自己在沟通表达和人际交往方面还有所欠缺，需要在未来的工作中进一步加强。

基于对自己的深入了解，李明选择了软件工程师这一职业作为自己的发展方向。在求职过程中，他充分利用自己的专业知识和实践能力，在简历中突出了自己的技术优势和项目经验。在面试环节，他展现出沉稳自信的态度，对于技术问题能够给予准确的回答，并展现出良好的问题解决能力。

最终，李明成功获得了一家知名软件公司的 offer，担任软件工程师的职位。在工作中，他继续发挥自己的专业优势，不断提升自己的技能水平，同时，也注重与同事的沟通和协作，努力弥补自己在人际交往方面的不足。

案例分析：李明的案例展示了职业性格、职业能力与职业发展之间的密切关系。

首先，他能够准确认识自己的能力和性格特点，这是进行职业选择的基础。通过深入分析自己的优势和不足，李明能够找到适合自己的职业方向，避免了盲目跟风或随意选择的情况。

其次，李明在求职过程中充分展现了自己的专业能力和实践经验，这是获得心仪职位的关键。他利用自己的专业知识和实践能力来突出自己的竞争力，让用人单位看到了他的价值。

最后，李明在工作中注重发挥自己的优势，并努力提升自己的不足，这是实现职业发展的重要途径。他不仅在技术方面不断深造，还注重提升自己的沟通表达和人际交往能力，使自己在团队中能够更好地发挥作用。

通过李明的案例，我们可以看到职业性格、职业能力对职业发展的影响是显著的。一个人的性格特点与职业能力往往决定了他适合从事什么样的工作，而职业能力则是实现职业目标的基础。因此，在进行职业选择时，我们应该遵循自己的性格特点和能力优势来选择适合自己的职业方向，这样才能在职业道路上走得更远、更稳健。

任务四　认识价值观与职业价值观

课前引入

想象你正站在一个十字路口，四个方向分别代表四种不同的人生选择或职业道路。你的手中握着一张地图，但它并没有明确标出哪条路是"正确"的，哪条路会带给你最多的"财富"。你只能凭借自己内心的指南针——你的价值观，来作出选择。

价值观，是我们对事物重要性的看法和判断，它影响着我们的决策和行为。当我们面对生活中的各种选择时，无论是选择职业、生活方式，还是面对各种诱惑和挑战，都是我们的价值观在暗中指引着方向。

而职业价值观，则是价值观在职业选择和发展过程中的具体体现。它决定了我们追求什么样的职业，愿意为哪些职业目标付出努力，以及在职业发展中看重的是什么。例如，有些人看重工作的稳定性，他们可能会选择进入体制内工作；而有些人则更看重创新和挑战，他们可能会选择创业或进入快速发展的行业。

那么，为什么我们要认识并重视自己的价值观与职业价值观呢？

首先，了解自己的价值观有助于作出更符合自己内心需求的选择。当我们清晰地知道自己的价值观时，就能更准确地判断哪些事物对我们来说是真正重要的，哪些选择是真正符合我们内心需求的。

其次，职业价值观是我们在职业道路上持续前行的动力源泉。当我们拥有清晰的职业价值观时，我们就能更坚定地追求自己的职业目标，更勇敢地面对职业道路上的各种挑战和困难。

最后，认识并重视自己的价值观与职业价值观还有助于我们更好地处理与他人的关系。当能够理解和尊重他人的价值观时，我们就能更和谐地与他人相处，更有效地进行团队合作。

本任务将深入探讨价值观与职业价值观的内涵、形成过程，以及它们在职业选择和发展过程中的重要作用。

一 认识价值观

1. 价值观的概念

价值观，是指个人对客观事物（包括人、物、事）及对自己的行为结果的意义、作用、效果和重要性的总体评价，是对什么是好的、什么是应该的这些问题的总看法，是推动并指引一个人采取决定和行动的原则、标准，是个性心理结构的核心因素之一。它使人的行为带有稳定的倾向性。价值观是人用于区别好坏、分辨是非及其重要性的心理倾向体系。它反映人对客观事物的是非及重要性的评价。人不同于动物，动物只能被动适应环境，人不仅能认识世界是什么、怎么样和为什么，而且还知道应该做什么、选择什么，发现事物对自己的意义，设计自己，确定并实现奋斗目标。这些都是由每个人的价值观支配。价值观决定、调节、制约个性倾向中低层次的需要、动机、愿望等，它是人的动机和行为模式的统帅。人的价值观建立在需求的基础上，一旦确定则反过来影响调节人进一步的需求活动。人们对各种事物，如学习、劳动、享受、贡献、成就等，在心目中存在主次之分，对这些事物的轻重排序和好坏排序构成一个人的价值观体系。价值观体系是决定一个人行为及态度的基础。价值观受制于人生观和世界观，一个人的价值观是从出生开始，在家庭和社会的影响下，逐渐形成的，一个人价值观的形成受其所处的社会生产方式及经济地位的影响是决定性的，在一定程度上是不可逆的。具有不同价值观的人会产生不同的态度和行为。

由于个人的身心条件、年龄阅历、教育状况、家庭影响、兴趣爱好等方面的不同，人们对各种职业有着不同的主观评价。从社会来讲，由于社会分工的发展和生产力水平的相对落后，各种职业在劳动性质的内容上，在劳动难度和强度上，在劳动条件和待遇上，在所有制形式和稳定性等诸多问题上，都存在着差别。再加上传统的思想观念等的影响，各类职业在人们心目中的声望地位便也有好坏高低之见，这些评价都形成了人的职业价值观，并影响着人们对就业方向和具体职业岗位的选择。

价值观代表一系列基本的信念：从个人或社会的角度来看，某种具体的行为类型或存在状态比与之相反的行为类型或存在状态更可取。这个定义包含着判断的成分，这些成分反映了一个人关于正确与错误、好与坏、可取与不可取的观念。价值观包括内容和强度两种属性。内容属性告诉人们某种方式的行为或存在状态是重要的；强度属性表明其重要程度。当我们根据强度来排列一个人的价值观时，就可以获得一个人的价值系统。每个人的价值观都是一个层次，这个层次形成了每个人的价值系统。这个系统通过我们赋予自由、快乐、自尊、诚实、服从、公平等观念的相对重要性程序而形成层次。

价值观对于研究组织行为是很重要的，因为它是了解员工的态度和动机的基础。同时它也影响我们的知觉和判断。每个人在加入一个组织之前，早已形成了什么是应该的、什么是不应该的思维模式。这些观点不可能与价值观毫无关系，相反，它们包含着对正确与否的解释，而且它们隐含着一种观念：某种行为或结果比其他行为或结果更可取。因此，价值观使客观性和理性变得含糊不清。

2. 价值观的等级

人们的生活和教育经历互不相同，因此价值观也多种多样。行为科学家格雷夫斯为了对错综复杂的价值观进行归类，曾对企业组织内各式人物做了大量调查，就他们的价值观和生活作风进行分析，最后概括出以下七个等级。

（1）第一级，反应型。这种类型的人并不意识自己和周围的人类是作为人类而存在的。他们只是照着自己基本的生理需要作出反应，而不顾其他任何条件。这种人非常少见，实际等于婴儿。

（2）第二级，部落型。这种类型的人依赖成性，服从于传统习惯和权势。

（3）第三级，自我中心型。这种类型的人信仰冷酷的个人主义，自私和爱挑衅，主要服从于权力。

（4）第四级，坚持己见型。这种类型的人对模棱两可的意见不能容忍，难于接受不同的价值观，希望他人接受他们的价值观。

（5）第五级，玩弄权术型。这种类型的人通过摆弄别人，篡改事实，以达到个人目的，非常现实，积极争取地位和社会影响。

（6）第六级，社交中心型。这种类型的人把被人喜爱和与人善处看作重于自己的发展，受现实主义、权力主义和坚持己见者的排斥。

（7）第七级，存在主义型。这种类型的人能高度容忍模糊不清的意见和不同的观点，对制度和方针的僵化、空挂的职位、权力的强制使用，敢于直言。

这个等级分类发表以后管理学家迈尔斯等人在 1974 年就美国企业的现状进行了对照研究。他们认为，一般企业人员的价值观分布于第二级和第七级之间。就管理人员来说，过去大多属于第四级和第五级，现在情况在变化，这两个等级的人逐渐被第六级、第七级的人取代。

3. 价值观的特性

（1）价值观是因人而异的。由于每个人的先天条件和后天环境不同，人生经历也不尽相同，每个人的价值观的形成会受到不同的影响，因此，每个人都有自己的价值观和价值观体系。在同样的客观条件下，具有不同价值观和价值观体系的人，其动机模式不同，产生的行为也不同。

（2）价值观是相对稳定的。价值观是人们思想认识的深层基础，它形成了人们的世界观和人生观。它是随着人们认知能力的发展，在环境、教育的影响下，逐步培养而成的。人们的价值观一旦形成，便是相对稳定的，具有持久性。

（3）价值观在特定的环境下又是可以改变的。由于环境的改变、经验的积累、知识的增长，人们的价值观有可能发生变化。

4. 价值观的作用

价值观对人们自身行为的定向和调节起着非常重要的作用。价值观决定人的自我认识，它直接影响和决定一个人的理想、信念、生活目标和追求方向的性质。价值观的作用大致体现在以下两个方面。

（1）价值观对动机有导向的作用。人们行为的动机受价值观的支配和制约，价值观对动机模式有重要影响，在同样的客观条件下，具有不同价值观的人，其动机模式不同，产生的行为也不同，动机的目的方向受价值观的支配，只有那些经过价值判断被认为是可取的，才能转换为行为的动机，并以此为目标引导人们的行为。

（2）价值观反映人们的认知和需求状况。价值观是人们对客观世界及行为结果的评价和看法，因而，它从某个方面反映了人们的人生观和价值观，反映了人的主观认知世界。

价值观是一种基本信念，它带有判断的色彩，代表了一个人对于什么是好、什么是对，以及什么会令人喜爱的意见。每个求职者由于其所受教育的不同和所处的环境的差异，在职业取向上的目标和要求也是不相同的。在许多场合，我们往往要在一些得失中作出选择，而左右我们选择的，往往就是我们的职业价值观。例如，是要工作舒适轻松，还是要高标准的工资待遇，要成就一番事业，还是要安稳太平；当两者有矛盾冲突时，最终影响我们决策的，是存在于内心的职业价值观，而我们自己有时对自己的价值观并不是很清楚。通过相关测试，就可以大致了解自己的职业价值观倾向，从而为自己选择理想的职业提供信息。

二　认识职业价值观

职业价值观是个体人生观、世界观和价值观在职业选择、职业发展和职业行为上的集中体现，它是个人对职业生活及其意义的主观认知和评价标准，涵盖了对于职业地位、职业声望、职业发展前景、工作内容、工作环境、薪酬待遇等多个方面的看法和追求。一个人的职业价值观不仅体现了其个人的理想追求、兴趣特长和道德标准，还直接影响其在职场中的行为态度、工作满意度及职业成就。

价值观测评作为一种科学工具，能够帮助个体深入了解自己的职业价值观，明确自身的职业需求和目标定位，从而在众多职业选项中作出更为明智且符合内心期望的职业决策。通过价值观测评，个体可以清晰地认识到自己看重的是创造性挑战、稳定性收入、权力地位象征还是社会服务贡献等因素，这些都将有力地指导他们在职业道路上作出明智的选择，并提高工作满意度。

理想、信念和世界观作为人生观的核心组成部分，对于职业选择与职业价值观的形成具有深远的影响。一个人的理想往往反映在其所向往的职业上，而坚定的信念则可能决定其在特定行业或领域的执着追求。世界观作为一个人对整个世界的基本看法和态度，同样会在一个人的职业生涯中体现出来，影响其职业决策和行为模式。这些元素集中体现在职业价值观上，共同塑造一个人在职业选择和职业发展上的独特态度和追求。

俗话说："人各有志。"这个"志"在职业选择上的具体表现就是职业价值观。职业价值观是一种具有明确的目的性、自觉性和坚定性的职业选择的态度和行为，它对一个人职业目标和择业动机起着决定性的作用。由于每个人的身心条件、年龄阅历、教育状况、家庭影响、兴趣爱好等方面的不同，人们对各种职业有着不同的主观评价。

从社会层面来看，随着社会分工的细化和生产力水平的提高，各类职业在劳动性质、内容、难度、强度、待遇稳定性等诸多方面存在显著差异。这种客观存在的差异加之传统思想观念的影响，使各类职业在人们心目中的声望地位有了好坏高低的区分。这些主观评价构成了个体的职业价值观，并深刻影响着他们在就业方向和具体职业岗位上的选择。

每种职业都有其独特的特性和内涵，不同的人对职业意义的认识不同，对职业好坏的评价和取向也存在差异。这种差异正是由于每个人的职业价值观不同所导致的。职业价值观不仅决定了人们的职业期望，还影响着人们对职业方向和职业目标的选择。同时，它也决定着人们就业后的工作态度和劳动绩效水平，从而决定了人们的职业发展情况。

在这个充满机遇和挑战的时代，选择一个适合自己的职业至关重要。通过深入了解自己的职业价值观，我们可以更好地找到与自己期望相匹配的职业方向和岗位。这不仅能够提高我们的工作满意度和成就感，还能够促进我们的个人成长和职业发展。

三　职业价值观的分类

职业价值观是个体对工作本身及其所追求目标的意义、重要性，以及个人期望的一种认知和评价标准，它深深植根于个人的世界观、人生观和价值观之中，是驱动个体进行职业选择、发展和行为决策的核心要素。职业价值观的内涵丰富多元，涵盖了从工作本身到职业对社会及个人影响的各个方面，每种价值观都体现了人们对工作的不同追求和期待。以下是一些常见的职业价值观种类。

1. 经济报酬与物质福利

在职业选择的过程中，追求经济报酬与物质福利作为一种基础且普遍的价值观，体现了个体对于工作性质的期望与诉求。这一价值观注重实际性、务实性和稳定性，体现了个体在职业决策时对生活保障、经济安全和舒适生活环境的追求。

个体在职业选择时倾向于选择那些能提供稳定收入的工作。这类工作通常具有较强的持续性和可控性，这意味着个体可以依靠稳定的工作收入来维持日常生活需求，保障家庭的经济稳定，从而实现个人的经济安全感。

良好福利待遇也是职业选择时不可忽视的一个重要因素。福利待遇的好坏直接关系到个体的长远发展和社会保障，如医疗保险、养老保险、带薪休假等，这些福利能够为个体提供额外的经济支持和健康保障，增强其在职业生涯中的保障感。

舒适的工作环境也是职业选择中不可或缺的一部分。一个舒适的工作环境不仅包括物理环境的舒适（如温度适宜、噪声控制等），还包括心理环境的舒适（如工作氛围和谐、人际关系融洽等）。这样的工作环境有助于个体保持愉悦的工作心情，提高工作效率，从而更好地实现自我价值。

2. 社会地位与声望

在当今社会，部分个体对于职业的认知与追求远远超越了单纯的工作范畴，他们更看重职业所赋予的社会认可度和地位象征。这类个体深信通过在特定职业道路上的不懈努力与攀登，不仅能够实现自我价值的最大化，更能够赢得社会的认同与尊重。他们追求的不仅是职位的晋升，更多的是对权力、荣誉和社会头衔的向往。

他们期望通过一次次的考核与挑战，从普通员工成长为团队领导，甚至更高层次的决策者，从而掌握更大的决策权和影响力。社会头衔往往与个人的专业素养、卓越成就，以及在社会网络中的影响力紧密相关，这些头衔不仅是一份荣誉，更是一种责任和使命。

他们渴望得到他人的尊重与敬仰，因为这体现了他们的存在感和价值。对于他们而言，职业选择不仅是一种谋生手段，更是塑造个人形象、提升社会地位的重要途径。他们希望通过这份职业，让更多的人看到他们的努力与付出，认可他们的才华与智慧，从而实现个人价值和社会地位的双重提升。

3. 工作自由与自主性

这种价值观倡导在职场环境中充分尊重个体的独立性和自主权,强调个人在工作安排上的中心地位和自我管理的重要性。它主张消除传统固定工作时间、地点及内容的限制,转而赋予员工更大的自由度和决策权,让他们能够根据自己的实际情况、能力和兴趣来灵活安排工作。这包括但不限于选择适宜的工作时间,如错峰工作或弹性工时;挑选合适的工作地点,如居家办公、咖啡馆办公或异地远程办公;自主决定工作内容,如任务分配和优先级设置;以及创新决策方式,提倡开放式、透明化的决策过程,或者采用分布式团队协作模式。

这种价值观倾向于推崇自由职业、远程办公或创业等具有高度自由度的职业形态。随着互联网技术发展和社会进步,越来越多的行业和企业开始接受并推崇这种价值观,催生了零工经济、共享经济等新型经济形态,以及更多元化、包容性更强的职场环境。

4. 成长与发展机会

这种价值观强调的是职业选择与个人专业技能、知识体系构建,以及个人能力提升之间的紧密关联。在当今这个快速变化、竞争激烈的社会环境中,人们越来越深刻地认识到,职业不仅仅是谋生手段,更是实现个人价值、提升自我能力的重要平台。因此,从业者在选择工作时,不再局限于眼前的薪资待遇和稳定性,而是更加注重工作环境能否提供丰富的学习机会、充满挑战性的任务,以及广阔的发展空间。

在这种价值观的引导下,从业者倾向于选择那些能促进自身专业技能不断精进、知识体系持续完善的工作。他们渴望在职业生涯中不断面对新的挑战,通过解决难题、克服困难,提升自己的创新能力、团队协作能力和解决问题的能力。同时,他们也追求在职业发展过程中拥有广阔的成长空间,期待通过不断努力和提升,实现从初级到高级、从专家到领袖的晋级跃升。

这种价值观鼓励从业者积极寻求与自身职业发展目标相符的工作机会,通过在工作中不断学习和进步,实现自我成长和职业生涯的持续进步,从而在职业生涯中取得更大的成功和满足感。

四　确定职业价值观应处理好的几个关系

1. 处理好职业价值观与金钱的关系

金钱是一种成就的报酬,它是在确定职业价值观时首先要面对的问题。有些经济条件不太好的大学毕业生在求职时,将赚钱作为工作的首要目的,从根本上讲这并没有错。但是对于一些人来说,他们所拥有的知识、能力、经验和阅历还不足以使其一走上社会就获得大量金钱回报。怀有一夜暴富的心理是不正确的,更是危险的,容易被社会上的不法分子利用,甚至误入歧途。特别是面对严峻的就业形势,更应理性地降低对金钱的期望值,把眼光放远一些,应尽可能地将自我成长和自我实现作为在毕业求职时的首选目标。

2. 处理好职业价值观与个人兴趣和特长的关系

职业价值观、个人兴趣和特长是人们在择业时需要考虑的最重要的三个因素。在确定价值观时，一定要考虑它是否与自己的兴趣和特长相适应。据调查，如果从事自己不喜欢的工作，有80%的人难以在自己选择的职业上成功；而如果选择了自己喜欢的工作则可以充分调动人的潜能，获得职业发展的原动力。此外，选择一项自己擅长的工作，也会事半功倍。

3. 处理好职业价值观的排序与取舍的问题

职业价值观的特性决定人们不会只有唯一的职业价值观，人性的本能也会驱使人们希望什么都能得到，但在现实生活中鱼和熊掌不可兼得。然而在职业选择中，人们却不能理性对待。既然是选择，就要付出代价，只有舍，才能得。所以，要对自己的职业价值观进行排序，区分出最重要的和次要的方面，并提醒自己不可能什么都得到。否则就会患得患失，终其一生也不清楚自己到底想要什么，更谈不上职业生涯的成功和对社会的贡献了。

4. 处理好职业价值观中个人与社会的关系

人不能离开社会而独立存在，个人只有在工作中为社会做贡献才能实现自己的职业价值。当然我们并不是说要忽略择业中的个人因素，只去尽社会责任，这样不但不利于个人，也是社会的损失。例如，让一个富于科学创造力、不善言辞的学者去从事普通的教师工作，可能使国家损失一项重大的发明，而社会不过多了一个也许并不出色的教师。

5. 处理好淡泊名利与追逐名利的关系

当一个人有了名利才有资格去谈淡泊，没有名利说淡泊则是"吃不到葡萄说葡萄酸"。名利是人的欲望使然，欲望可以使人成就大的事业，也可使人自我毁灭。以合理、合法、公正、公平的方式追名逐利在一定程度上对个人对社会都会有益，但它需要一定的度，该知足时则知足，该进取时则进取。

课堂活动　　　探索与定位——我的职业价值观之旅

一、活动目的

（1）使学生明确个人价值观和职业价值观的含义。

（2）帮助学生了解职业价值观的分类，并认识到价值观在职业生涯中的重要性。

（3）引导学生思考并确定自己的职业价值观，以及处理相关关系的策略。

二、活动步骤

1. 认识价值观与职业价值观

（1）分组讨论：每组学生围绕"你认为什么是价值观""价值观对你的生活有哪些影响"两个问题展开讨论，并分享讨论结果。

（2）引入知识：教师介绍价值观和职业价值观的概念，解释两者之间的关系，并举例说明。

2. 职业价值观的分类

（1）观看视频：播放关于职业价值观分类的短视频，帮助学生直观理解。

（2）小组讨论：学生分组讨论不同类型的职业价值观，并分享各自的理解和看法。

3. 确定职业价值观应处理好的几个关系

（1）案例分析：教师提供几个真实的案例，涉及不同职业价值观之间的冲突与协调。

（2）角色扮演：学生根据案例情境进行角色扮演，模拟处理价值观冲突的过程。

（3）反思总结：学生分享扮演体验，讨论处理职业价值观关系的方法和策略。

4.我的职业价值观之旅

（1）自我探索：学生独立完成一份关于个人价值观和职业价值观的调查问卷，思考自己的职业追求与价值观之间的关系。

（2）分享交流：学生在小组内分享自己的职业价值观，并听取他人的意见和建议。

（3）制订计划：学生根据自我探索和小组讨论的结果，制订一份职业价值观发展计划，明确自己在未来职业生涯中应如何坚守和践行自己的价值观。

三、活动评价

（1）学生参与情况：观察学生在活动中的参与程度，包括讨论、角色扮演、分享交流等环节的表现。

（2）理解与掌握情况：通过学生的调查问卷和职业价值观发展计划，评估学生对价值观与职业价值观的理解程度，以及自我探索的深度。

（3）团队合作与沟通能力：评价学生在小组讨论和角色扮演过程中的团队协作能力与沟通水平。

（4）活动总结反思：活动结束后，组织学生进行总结反思，回顾活动收获，提出改进建议，为今后的教学提供参考。

通过这次活动，帮助学生深入理解和把握职业价值观的内涵与重要性，引导他们根据自身特点和需求，明确自己的职业价值观，为未来的职业生涯发展奠定坚实基础。

案例分析

蒂姆小时候，是个无忧无虑的孩子。但自从上小学那天起，他忙碌奔波的人生就开始了。父母和教师总告诫他，上学的目的就是取得好成绩，这样长大后才能找到好工作。没人告诉他，学校可以是个获得快乐的地方，学习可以是一件令人开心的事情。因为害怕考试考不好，担心作文写错字，蒂姆背负着焦虑和压力。他天天盼望的就是下课和放学，他的精神寄托就是每年的假期。

渐渐地，蒂姆接受了大人的价值观。虽然他不喜欢学校，但还是努力学习。成绩好时，父母和教师都夸他，同学们也羡慕他。到高中时，蒂姆已对此深信不疑：牺牲现在，是为了换取未来的幸福；没有痛苦，就不会有收获。当压力大到无法承受时，他安慰自己：一旦上了大学，一切就会变好。

收到大学录取通知书时，蒂姆激动得落泪。他长长舒了一口气：现在，可以开心地生活了。但没过几天，那熟悉的焦虑又卷土重来。他担心在和大学同学的竞争中，自己不能取胜。如果不能打败他们，自己将来就找不到好工作。

大学4年，蒂姆依旧忙碌奔波着，极力为自己的履历表增光添彩。他成立学生社团、做义工，参加多种运动项目，小心翼翼地选修课程，但这一切完全不是出于兴趣，而是因为这些科目可以保证他获得好成绩。

大四那年，蒂姆被一家著名的公司录用了。他又一次兴奋地告诉自己，这回终于可以享受生活了。可他很快就感觉到，这份每周需要工作84小时的高薪工作充满压力。他又说服自己：没关系，这样干，今后的职位才会更稳固，才能更快地升职。他也有开心的时刻，如加薪、拿到奖金或升职时。但这些满足感很快就消退了。

经过多年的打拼，蒂姆成了公司合伙人。他曾多么渴望这一天。可是，当这一天真的到来时，他却没觉得多快乐。蒂姆拥有了豪宅、名牌跑车。他的存款一辈子都用不完。

他被身边的人认定为成功的典型。朋友拿他当偶像，来教育自己的小孩。可是蒂姆呢，由于无法在盲目的追求中找到幸福，他干脆把注意力集中在了眼下，用酗酒、吸毒来麻醉自己。他尽可能延长假期，在阳光下的海滩一待就是几个钟头，享受着毫无目的的人生，再也不去担心明天的事情。起初，他快活极了，但很快，他又感到了厌倦。

做"忙碌奔波型"并不快乐，做"享乐主义型"也不开心，因为找不到出路，蒂姆决定向命运投降，听天由命。但他的孩子们怎么办呢？他该引导他们过怎样的一种人生呢？蒂姆为此深感痛苦。

案例分析：蒂姆的案例深刻揭示了现代社会中普遍存在的两种极端生活态度：一是"忙碌奔波型"，即过分追求外在成就和认可，忽视内心的真实感受和需求；二是"享乐主义型"，即沉迷于短暂的感官刺激，逃避面对生活的挑战和责任。

蒂姆从小就被灌输了以成绩为导向的价值观，导致他始终在焦虑和压力中度过。尽管他最终获得了事业上的成功，却未能找到真正的幸福。这是因为他在追求目标的过程中，忽视了对生活本身的体验和享受，也未能建立起健康的心理和情感支撑。

蒂姆的困境提醒我们，真正的幸福不是来自外在的成就或物质财富，而是源于内心的平衡和满足。我们需要学会关注自己的感受和需求，发现生活中的美好和意义，同时，也需要承担起生活的责任和挑战。

对于蒂姆的孩子们，他应该引导他们树立正确的价值观和生活态度，帮助他们理解幸福的真正含义，并学会在追求目标和享受生活之间找到平衡。只有这样，他们才能在未来的人生道路上走得更加稳健和幸福。

任务五　自我分析

课前引入

在每个人的生活里，有一个不可或缺的部分，那就是对我们自身的认知和理解。我们不仅是观察者，也是参与者，在这个不断变化的世界中，我们需要有一种方法来了解自己、剖析自己，从而更好地认识自己的优势和不足，把握成长的机遇。

"自我分析"就像是我们的内在指南针，它帮助我们在纷繁复杂的人生旅途中找到方向。当我们开始深入分析自己的思想、情感、价值观及行为习惯时，我们就能够洞察到那些隐藏在日常生活中的模式，理解我们为何会有这样的反应，为何对某些事物情有独钟，为何在某些情况下会感到困惑或不安。

通过自我分析，我们可以更加清晰地看到自己的优点，这是自信的源泉，也是我们在挑战面前勇往直前的动力。同时，它也会让我们看到那些阻碍我们成长的"绊脚石"——可能是不良习惯、固有的思维方式，或者是内心深处的恐惧和不安。每次的自我发现都是一次成长的机会，每次的面对都是一次自我超越的尝试。

本任务将探讨如何进行有效的自我分析，如何倾听内心的声音，如何识别并克服那些阻碍我们前进的障碍，同时分享各种实用的方法和技巧，帮助学生建立起一套属于自己的自我分析体系。

一　自我分析的基本内容

当人们面临困扰或问题时，通常会采取两种解决策略：一是依靠自身；二是向身边的朋友或亲人寻求帮助。然而，这两种渠道在特定情况下可能无法有效地解决问题：一种是没有掌握这种自我解决问题的能力，或者这种能力在某些特定情境下无法发挥效用；另一种是缺乏有效求助的能力，或者缺乏必要的求助资源。

1. 自我分析的概念

自我分析是指通过自己或通过自己求助相关资源而解决问题、成长的过程。自我分析的相关研究也致力于在这两个方面提升个人的能力或成长水平。进行自我分析对每个人来说都是非常有必要的，人在不断地变化、进步，自我分析也应该不断地更新。古人有曰：

"知彼知己，百战不殆。"然而"知己"应是首要任务。自我分析与自我剖析、自我研究相类似，都是一个人为更进一步了解自身，包括了解自身的优点、缺点（主要是为了解缺点），并列出相关逻辑上的分析与对比，得出相应的分析结果，进而制定相应的对策。通过定期或不定期的自我分析而不断地进行自我完善。

2. 自我分析的目的

自我分析，作为一种心理辅导和人格成长的核心手段，其核心目标是系统性地增强个体在面对生活挑战和复杂情境时的自我管理与应对能力。这一过程涉及对个人行为、情感、思维模式及内在需求的深入探索和理解，旨在推动个体实现更为全面且深入的自我认知。当个体持续不断地提升自我解决问题的能力，以及主动寻求并有效获取所需资源的能力时，会逐渐摆脱无意识、被动应对生活的状态，从而在心理层面上趋向于自由，拥有更加自主和主动的人生体验。具体来讲，自我分析的过程可以从以下几个方面展开。

（1）提升自我觉察的能力。这是自我分析的第一步，也是至关重要的一步。它要求个体能够深入自己的内心世界，敏锐地捕捉并理解自身的情绪波动、想法变化及行为模式。通过冥想、日记书写、心理测试等多种方式，可以增进对自我内在世界的洞察力，更好地认识自己的优势和不足，从而为后续的自我提升奠定坚实的基础。

（2）提升自我调节与控制的能力。在明确自我认知的基础上，个体需要学习并掌握如何有效地调控自身的情绪反应、冲动行为及消极的思维模式。这包括但不限于发展出冷静理智的应对策略，以减少过度焦虑、抑郁或愤怒等负面情绪的影响；同时，要学会在面对困难和挫折时保持坚韧不屈的精神态度，用积极的行为来抵抗消极思维的侵蚀，从而更好地掌控自己的生活方向。

（3）改善社会关系、获得更多社会资源。自我分析还强调个体在理解自我基础上，去改善与他人的互动模式和社会联系，进而获取更多的社会支持和资源。这涵盖了一系列复杂的人际交往技巧，如有效沟通、同理心交流、冲突调解及团队合作等。通过这些方式的实践与磨砺，可以拓展社会网络，结交有益于个人成长的朋友和导师，形成互助互利的良性循环。

（4）分析他人、环境的影响，合理利用资源。自我分析还包括对他人行为、态度及所处环境影响的深入解读，使个体能够更加明智地理解和适应所处的社会环境，并善于发掘和利用各种可获取的资源。这涉及对他人的情绪感知、人际关系动态的理解，以及对社区文化、工作场所规则等的认知。通过这种全面的分析过程，可以更有针对性地制订出符合自身特点和环境需求的行动计划，从而在实现个人目标的过程中更加高效且顺利。

3. 自我分析的途径

（1）从别人对自己的态度来了解自己。我们看不见自己的面孔，常常借助于镜子，同样，我们不易评价自己的品质，就得依靠他人对我们的态度和反应。这正如心理学家库里所指出的，他人对自己的评价是自我评价的一面镜子。在与他人交往的社会生活中，我们借自己的外显行为将自己介绍给他人，反过来他人对我们的看法又影响着我们对自己的认识。因此，个体对自己的认识在很大程度上取决于周围的人对自己如何评价。他人的评价并非都很准确，这正如镜子因凹凸不平会歪曲人的形象一样。倘若我们能和多数人交往，注意倾听多数人的意见或反应，善于从周围人的一系列评价中，概括出一些较稳定的评价作为自我评价基础，这将大大有助于自我了解。

（2）通过和别人比较认识自己。社会心理学家费斯廷格的社会比较理论认为，人有一种评估自己的内驱力；在缺乏客观的、非社会标准的情况下，人们将通过与他人的比较来评估自己。社会实践证实了这个理论的观点。每当我们怀疑自己的能力，反躬自问自己："我在某方面的能力到底如何"时，就会很自然地想到和别人进行比较，以判定自己在社会生活中的位置和形象。自己跑步的速度是通过与他人赛跑中比较出来的；个子的高矮也是通过"比个儿"而确定的；个人认识评价自己的品质、能力等都是如此。我们总是通过和自己地位、条件相类似的人的对比来估价自己及自己和周围环境的关系。

二　职业选择中的自我分析

职业选择是一个充满挑战和机遇的过程，它不仅关系到未来的工作方向，更关乎个人价值的实现和人生意义的追求。在这个过程中，深度自我认知显得尤为重要，它能够帮助我们更清晰地认识自己，从而作出更符合自身特点和发展需求的职业选择。

（1）我们要从兴趣爱好出发，深入挖掘自己的内在需求。兴趣爱好往往是我们个人特点和天赋的反映，通过思考自己平时喜欢做什么、对什么感兴趣，我们可以初步判断自己适合从事哪些类型的职业。例如，喜欢阅读和写作的人可能更适合从事文学、新闻、教育等领域的工作；而喜欢动手和解决问题的人则可能更适合从事技术或工程类职业。

（2）我们需要对自己的技能特长进行评估。技能特长是我们在职业发展中赖以生存的基础，它决定了我们能否胜任某项工作。我们可以通过回顾自己的学习经历、实习经历或工作经验，总结出自己擅长的领域和技能，如沟通能力、组织协调能力、团队协作能力等。这些技能将为我们选择合适的职业提供重要参考。

（3）价值观理念也是我们职业选择中不可忽视的因素。我们的价值观决定了我们对工作的态度和期望，以及追求的职业目标。因此，我们需要认真思考自己的价值观，如追求创新、注重公平、尊重传统等，并根据这些价值观来选择符合自己理念的职业。

（4）性格特点也是影响职业选择的重要因素。每个人的性格都有所不同，有的内向安静，有的外向活泼；有的沉稳踏实，有的热情奔放。我们需要认识并接受自己的性格特点，选择与之相匹配的职业。例如，内向的人可能更适合从事研究、设计或文案等需要深度思考和细致工作的工作；而外向的人则可能更适合从事销售、公关或管理等需要频繁与人打交道的工作。

（5）我们还要正视自己的能力优势和短板。每个人都有自己的长处和短处，要善于发掘自己的长处，并在职业选择中充分发挥。同时，我们也要勇敢面对自己的短处，通过学习和实践不断提升自己的能力水平，以更好地适应职业发展的需求。

在进行自我分析的过程中，我们还可以借助一些专业的工具和方法，如职业性格测试、能力评估问卷等，来更全面地了解自己的特点和优势。同时，与身边的朋友、家人或职业导师进行交流也是很好的途径，他们可以从不同的角度为我们提供宝贵的建议和意见。

总之，职业选择是一个深度自我认知的过程。通过对个人的兴趣爱好、技能特长、价值观理念、性格特点和能力长处与短处进行全面而深入的自我分析，我们可以更清晰地认识自己，从而做出更符合自身特点和发展需求的职业选择。在未来的职业道路上，也将更加坚定和自信地迈向成功。

三 自我分析的主要方法

人格结构理论、病理学理论及人性观与核心假设是自我分析所有方法的基础，适用于自我分析方法的所有方面，也体验在所有方法、过程中。

（1）情境。在自我分析的框架中，情境因素被视为触发和影响个体心理过程的关键因素。任何心理现象的发生和发展都深深根植于特定的外部环境和背景之中。这些情境因素构成了心理结构的情境因素，主要包括个体的身体条件（如健康状况、生理需求等），社交环境（如家庭、学校、职场等），以及更广阔的社会与自然环境，包括文化社会环境、经济状况、地理气候等。这些因素相互作用，共同塑造和影响着个体的心理状态和行为表现。

（2）认知。我们对情境及自我本身的理解和认知是塑造我们行为的基础。个体在面对不同的情境时，会形成特定的认知和理解，这种认知并非完全客观的镜像反映，而是带有主观色彩和个体差异。个体往往以自己的认知框架而非客观现实为基础来感知和解读社会环境及其变化，并据此指导自身的行为。我们的认知结构不仅影响着我们对情境的解读，还在无形中建构着行为规则，指导我们在特定情境下的行为模式选择。

（3）体验。体验在心理学中涵盖了需要（或动机）与情绪两个核心层面。需要是个体行为的驱动力，它促使我们采取行动以满足自身的某种缺失或追求某种目标。而情绪则是体验中不可或缺的部分，它反馈了需要满足的状态，当负面情绪如焦虑、沮丧出现时，减少这类负面情绪本身的诉求就可以成为一种强烈的需要，与此同时，增加积极情绪如快乐、满足感也可以成为另一种需要。

（4）行为。行为在心理学中是指所有具体的行为与行为模式，这些行为和行为模式有着自身的形成和发展规律。个体在面对不同情境时，会表现出相对固定的行为反应，这种行为反应的规律性来源于个体在过去经验中习得的行为模式。一旦某种行为模式在个体身上形成，它便具有了习惯力量，使个体倾向于保持现有的行为方式而非轻易改变。这种习惯力量源自心理学的"行为惯性"原理，即个体倾向于维持现有的行为状态，除非有足够强大的外部推动力或内部需求来驱使改变。

（5）自我。自我作为一种心理结构的核心要素，在自我分析和心理调节中起着至关重要的作用。自我的核心功能在于对心理过程的调控和管理，其中最关键的调节作用体现在对个体自身能力的评估上。这种评估结果将直接影响个体对自己行为的发起或制止决策，因为它关乎个体对自己能否成功完成某项任务或应对某个挑战的主观判断。当个体评估自身具备足够能力时，可能会积极采取行动；反之，若评估自身能力不足，可能会选择避免行动或寻求其他帮助以克服困难。因此，自我评估的结果在很大程度上决定了个体在面临选择时的行为倾向和反应模式。

（6）横向结构。以上提到的五个方面——情境、认知、体验、行为和自我——在每个心理过程内部都有着具体的体现，并且这些方面不是孤立存在的，而是相互影响和交织在一起，构成一个一个特定的横向心理结构。例如，个体的认知结构会塑造其对当前情境的解读方式及随之而来的情绪体验；而这样的认知与情绪又会进一步影响其行为表现和后续的自我调整策略。同样地，个体的行为模式也反过来塑造和反映其内心的心理结构，并且这种横向关联性体现在每个当下的心理状态与过程之中。

课堂活动 深度自我分析——理解自己，指导职业选择

一、活动目的

（1）帮助学生认识自我分析的重要性，了解自我分析的基本内容、目的和方法。

（2）引导学生通过自我分析，了解自己的兴趣、技能、价值观、性格等，为未来的职业选择做好准备。

（3）提升学生的自我觉察和自我调节能力，促进个人成长和发展。

二、活动步骤

1. 引入话题

（1）播放一段关于自我认知的视频或讲述一个相关的故事，引起学生的兴趣。

（2）引导学生讨论：你了解自己吗？你是如何认识自己的？

2. 学习自我分析的基本内容

（1）讲解自我分析的概念、目的和基本内容。

（2）举例说明自我分析在个人成长和职业选择中的应用。

3. 进行个人自我分析

（1）发放自我分析问卷或提供自我分析指南，指导学生进行深入的自我分析。

（2）学生独立完成自我分析，记录自己的兴趣、技能、价值观、性格等方面的特点。

4. 分享与讨论

（1）学生轮流分享自己的自我分析结果，包括自己的优势、劣势，以及未来的发展方向。

（2）引导学生进行讨论：你是如何看待自己的优点、缺点的？这些特点将如何影响你的职业选择？

5. 制订职业发展规划

（1）根据自我分析的结果，引导学生思考适合自己的职业方向和发展路径。

（2）学生制订个人的职业发展规划，包括短期和长期的目标。

6. 总结与反思

（1）总结本次活动的收获和体会，强调自我分析的重要性和实际应用价值。

（2）引导学生反思自己的成长历程和未来发展，鼓励他们在未来的学习和生活中不断进行自我分析和提升。

三、活动评价

（1）观察学生在活动中的参与程度和积极性，评价他们对自我分析的理解和重视程度。

（2）分析学生自我分析问卷或指南的完成情况，评估他们对自己的认知程度和对自我分

析的掌握情况。

（3）通过学生的分享和讨论，评价他们对自我优点、缺点的认识和对职业选择的思考深度。

（4）评估学生制订的职业发展规划的合理性和可行性，看他们是否能够将自我分析的结果转化为实际行动。

通过本次课堂活动，学生将能够更深入地了解自己，明确自己的优势和不足，为未来的职业选择和发展做好充分的准备。同时，通过自我分析，学生的自我觉察和自我调节能力也将得到提升，促进个人成长和发展。

案例分析

张山是一名即将毕业的大学生，所学专业为计算机科学与技术。在校期间，他积极参与各类社团活动和学术竞赛，不仅锻炼了团队合作能力和领导能力，还积累了一定的实践经验。在面临毕业之际，张山对于自己的职业选择产生了困惑。他既想从事与所学专业相关的技术开发工作，又想探索自己在管理和营销方面的潜力。

张山首先梳理了自己的兴趣和能力。他发现自己对编程和算法设计有着浓厚的兴趣，并且在这方面也取得了一定的成绩。同时，他在参与社团活动和组织学术竞赛的过程中，也展现出了良好的组织协调能力和沟通技巧。然而，他也意识到自己在管理和营销方面的知识与经验相对欠缺。

在职业选择的过程中，张山还考虑到了行业的发展趋势和就业市场的需求。他发现计算机技术行业正处于快速发展阶段，对技术人才的需求旺盛。同时，随着市场竞争的加剧，企业对于具有技术背景和良好管理能力的人才也越发重视。

经过深思熟虑，张山最终决定先从事与所学专业相关的技术开发工作，以充分利用自己的专业优势。同时，他也计划在工作过程中不断学习和提升自己的管理与营销能力，为未来的职业发展打下更坚实的基础。

案例分析：张山的职业选择自我分析过程体现了理性思考和全面考虑的特点。他首先对自己的兴趣和能力进行了梳理，明确了自己在技术和组织协调方面的优势。然后，他结合行业的发展趋势和就业市场的需求，对自己的职业发展方向进行了定位。

在这个过程中，张山没有盲目追求热门职业或高薪职位，而是根据自己的实际情况和发展潜力作出了明智的选择。他的选择既符合自己的兴趣和能力特点，又顺应了行业的发展趋势与市场需求，具有较高的可行性和可持续性。

此外，张山还表现出了积极学习和不断提升自己的态度。他计划在工作过程中不断学习和提升自己的管理与营销能力，为未来的职业发展打下更坚实的基础。这种不断学习和进取的精神对于一个人的职业发展至关重要。

综上所述，张山的职业选择自我分析过程充分展现了他的理性思考和全面考虑能力。他的选择既符合自己的实际情况和发展潜力，又顺应了行业的发展趋势和市场需求。相信在未来的职业道路上，他能够发挥自己的优势，实现自己的职业目标。

项目三
探索职场与职业

知识目标

1. 全面认知职业世界：掌握职业世界的基本框架，理解不同行业的特性和发展趋势。学会分析职业市场的需求和供给，了解职业发展的动态变化。培养对职业世界的兴趣和好奇心，激发职业规划的自主性和积极性。

2. 深入理解专业与职业关系：明确所学专业对应的职业领域，理解专业知识和技能在职业发展中的核心作用。学会对比不同专业对应的职业特点，为自己的专业选择和发展方向提供参考。探究专业与行业发展趋势的关联，为未来的职业发展做好长远规划。

3. 深入挖掘职场的内涵：理解职场的文化、规则和伦理，培养适应职场的基本素养。学会分析职场中的人际关系、团队协作和沟通方式，提高自己在职场中的适应能力。探究职场中的机遇和挑战，培养解决问题的能力和创新精神。

4. 有效获取与分析职业信息：掌握获取职业信息的各种渠道和方法，如网络、招聘会、行业报告等。学会筛选和整理职业信息，提炼出对自己职业规划有价值的内容。培养分析职业信息的能力，结合个人实际情况作出合理的职业决策。

5. 深刻认知土建企业：了解土建企业的基本运营模式和业务流程，认识其在国民经济中的重要地位。掌握土建企业所需的专业知识和技能要求，为自己的专业学习和职业规划提供指导。分析土建企业的发展趋势和市场前景，为未来的职业发展做好规划。

能力目标

1. 信息收集与处理能力：能够熟练运用各种信息收集工具，有效地获取和分析职业信息，为自己的职业规划提供有力支持。

2. 决策与规划能力：基于全面的职业信息和个人的兴趣、特长，能够作出合理的职业决策和规划，明确自己的职业发展路径。

3. 适应与沟通能力：能够快速适应职场环境，与同事、上级和客户建立良好的沟通渠道，有效解决工作中的问题和挑战。

4. 分析与创新能力：能够对职业市场和职场环境进行深入分析，发现其中的机遇和挑战，提出创新性的解决方案，推动自己的职业发展。

5. 持续学习能力：保持对新知识、新技能的持续学习，不断提升自己的专业素养和综合能力，以适应不断变化的职业市场。

5年前，在北京名校求学6年的崔敏放弃留在北京的工作机会，和男友一起回到老家厦门工作。"当年告诉亲友、同学我要回厦门时，不少人还挺诧异的。都觉得从名校毕业的人定要在北京闯出个名堂，回原籍约等于在竞争中落败。但是最近两年，从一线城市回厦门工作的朋友却越来越多了。"崔敏告诉记者，她现在骑自行车15分钟就能从家到单位，随时可以回爸妈家里"蹭吃蹭喝"，跟留京的大学同学比，幸福感"爆棚"。更重要的是，这几年来，厦门经济发展势头不错，崔敏的丈夫跳槽进了一家游戏公司，收入已经比刚毕业时翻了好几番。

除了崔敏这样的高学历人才，不少基层求职者也开始返乡就业、返乡创业。今年春节，在北京做了多年室内装修包工头的毕师傅和家里的表亲商量着，准备一起在老家徐州成立一个装修工作室。"老家房价这两年涨呢！买房换房的人也多。我在北京这么些年，积累了不少前沿的装修理念，回家不愁无用武之地。"毕师傅说。

案例分析：随着二、三线城市发展水平的提升，对人才的吸引力越来越大，"家门口就业"开始成为新趋势。尤其对于独生子女家庭而言，就近择业可以更好地兼顾事业发展与照顾父母的需求。而对于饱受大城市病困扰的一线城市来说，人才虹吸效应的减弱，也将减缓人口规模的进一步膨胀。经济学家刘元春分析，大学毕业生进军"新一线"城市，将使各个城市之间的发展更趋于平衡和互补，一线城市垄断全国大部分优质工作岗位与发展机会的格局，正发生深刻改变。

任务一　探索职业世界

课前引入

你是否曾经有过这样的时刻，对未来充满好奇，却又感到迷茫和不安？看着身边的大人忙碌于各种工作，你是否也曾想过自己未来会成为什么样的人，从事什么样的职业？

我们每个人都是独一无二的，拥有不同的兴趣、才能和梦想。而职业，就是我们将这些个人特质转化为社会价值、实现个人成长的桥梁。因此，了解职业世界，不仅是认识社会的一个窗口，更是我们了解自己、规划未来的重要步骤。

本任务将通过案例分析、角色扮演、小组讨论等多种形式，深入了解不同职业的特点、要求和发展趋势；探索自己的兴趣和潜能，寻找适合自己的职业方向。

一 职业、行业和岗位的概念

1. 职业的概念

职业是参与社会分工，利用专门的知识和技能，为社会创造物质和精神财富，获取合理的报酬作为物质生活来源，并满足精神需求的工作。选择并从事一定的职业，对每个人都非常重要。它是人们安身立命的基础，是个人价值转化为社会价值的载体，是一个人社会地位的一般性表征。

职业概念包括以下四个方面的内容。

（1）与人类的需求及职业机构相关，强调社会分工。因为一个人没有时间和精力什么都做。比如，若想穿丝质面料的衣服，不可能从养蚕做起，养蚕、抽丝、织布、染色、设计样式、裁剪、缝制等，不可能整个流程都由自己做，而需要有别人参与。对不同需求的分工，是个人和社会的关系，也是职业结构的关系。

（2）与职业的内在属性相关，强调利用专门的知识和技能创造物质财富和精神财富。

（3）与社会伦理相关，强调创造物质财富和精神财富，才有资格获取合理报酬。

（4）与个人生活相关，强调通过工作获得合理报酬，并涉及满足精神生活。

任何一种职业都是独立于个人而存在于行业或组织中的。它是不同行业和组织中存在的一组相似的职位。比如会计是一种职业，它可能存在于食品行业、电子行业或其他组织机构中，一个组织（企业）中可能会有一些不同的会计岗位，如成本核算、会计电算化、出纳等岗位。但鉴于它们的相似性，可以把它们看作一种职业。近来，一些人力资源专家调查表明，很多人在一生中不只经历一种职业，在市场经济社会中，平均一个人一生的职业生涯可能会经历 4～7 种不同的职业。有些可能是同时存在的，如大学里的政治辅导员，他们就从事着行政管理人员和教师的双重职业。

2. 行业的概念

行业一般是指按生产同类产品或具有相同工艺过程或提供同类劳动服务划分的经济活动类别，如饮食行业、服装行业、机械行业等。行业是人们将要从事的工作领域，行业的环境将直接影响企业的发展状况，从而影响个人职业生涯的发展。

3. 岗位的概念

企业的每个部门都有若干个岗位。所谓岗位，是指一定的人员经常担任的工作职务和职责。岗位具有以下三个要素。

（1）任务：指岗位规定所担任的工作或为实现企业的某一目的而从事的明确的工作行为。

（2）职权：指企业赋予该岗位的某种权利，用来保证该岗位人员能够履行职责，完成工作任务。

（3）责任：该岗位任职人员对完成任务的承诺。

任何岗位的内容都由以上三个要素组成，是任务、职权和责任的统一体。这三个要素就像一个凳子的三根支柱，缺少其中任何一根凳子都不能站立。没有任务的岗位是多余的，没有职权的岗位是完不成任务的，没有责任的岗位是不能保证工作的质量和效益的。

4. 职业、行业、岗位之间的联系

职业、行业、岗位均与工作有关。岗位就是工作的职务与位置；行业是大概念，包括职业与岗位；职业就是专门知识、技能与工作的结合。

例如，财务是职业，同样是做财务方面的工作，财务经理、会计、出纳是不同的岗位。如果在一家制药厂做财务，就是在医药行业工作。

二　职业的意义和功能

1. 职业的意义

职业在实质上实现了劳动者与生产资料的结合，体现着人与人的社会关系，人们通过职业不仅满足了自身的需要，而且通过各自劳动成果的交换，也满足了彼此的需要。职业活动在人们社会生活中是居首要地位的活动，解决好职业问题，对促进人的社会化乃至人的一生的顺利发展，具有重要意义。

（1）职业是经济性和社会性的统一。生产劳动是人类社会发展中最重要的活动，而人们的职业和生产劳动是紧密相连的，这是因为人们总是通过一定形式的职业来进行劳动，以获取生存和发展所必需的生活资料，维持个人和家庭生活的基本需要。在现实生活中，人们从事职业活动是为了取得一定的报酬，职业活动区别于其他活动的重要标志就是：职业是以获得经济收入、取得报酬为目的的。而人们在职业活动中取得个人经济利益的同时，也为社会创造了财富，实现了社会物质财富和精神财富的积累。

（2）职业能满足人们的精神需要，促进个性的健康发展。职业是个人获得名誉、地位、权利、友谊、交往等精神需要的重要来源。同时，在人们按照一定的社会规范从事特定的职业时，由于每种职业都有不同于其他职业的活动内容和形式，必然对从业者的生理和心理产生重大影响。当这种工作能够使个人的才能得到发挥、个性得到不断发展与完善时，就成为促进个性健康发展的途径。而随着个性和才能的逐步提高，人们自我实现的需要就会得到满足。

2. 职业的功能

职业对于个人而言，具有以下五个方面的功能。

（1）职业是个人获得经济收入的来源，是个人赖以生存及维持家庭生活的手段。

（2）职业是个人从事的特定工作。

（3）职业是个人在社会劳动体系中从事具体劳动的体现，因而也是个人为社会做贡献的途径。

（4）职业是个人获得名声、地位、权利及各种便利的来源。

（5）职业生活使个人在特定社会情境中形成一定的行为模式和特定的思想观念，是进一步社会化的条件。

3. 职业对社会的作用

职业及职业活动是社会存在和发展的基础。职业对社会的作用体现在以下五个方面。

（1）职业的存在及其运动本身，构成了人类社会存在和社会运动的一项丰富内容。

（2）通过职业劳动生产出社会财富，进而为社会的存在和发展奉献精神产品奠定物质基础。

（3）职业分工及劳动是构成社会经济制度及其运行的主要部分。

（4）职业是维持社会稳定、实现社会控制的基本手段，人人安居乐业便于社会控制，促进社会稳定。

（5）职业的运动，如个人的职业转换、职业结构的变动、职业阶层间的矛盾冲突及解决等，可以成为社会进步的动力。

三　职业的特点

1. 职业的经济性

职业的经济性表现在由所从事职业的活动而获得的经济收入，这个收入必须是其生活的主要来源，并不是可有可无的，这个收入还必须是稳定的，而不是断断续续的。

2. 职业的连续性

职业的连续性表现在所从事的劳动相对来说必须是稳定的，有明显的连续性。

3. 职业的社会性

因为职业是个人在社会劳动体系中从事的一种活动，所以，职业活动的过程也是为社会提供服务的过程。

4. 职业的规范性

每一种职业都有其特定的职业规范，这是不言而喻的。这主要包括人们在就业活动中应遵守的各种操作规则及章程。

5. 职业的统一性和差异性

统一类别的职业，其劳动条件、工作对象、操作内容等都相近或相同，这就是职业的统一性。由于统一性的存在，才会出现行业规范、行业语言、行业协会等，但也会出现行业垄断。而不同职业类别之间却存在着较大的差异性，正如俗语所说，"隔行如隔山"。古代的"三百六十行"发展到今天已是上万种职业，而且随着科学技术的进步，分工的细化，职业的差异还将继续扩大，这已经是不争的事实。

从职业的特点来看，职业无论对社会发展还是个人生存都具有十分重要的意义，它既可以维持社会的运转，为社会创造财富，又对个人维持生存、发展个性和承担义务服务。

四　职业世界的维度

认识职业世界的维度，包括专业探索、行业探索和职业探索三个方面。

1. 专业探索

专业探索作为认识职业世界的一个重要维度，内涵丰富，具体介绍如下。

（1）专业探索的概念。专业探索其实就是在对本专业调研中了解专业毕业后所能从事的职业，从而有效地规划大学生活。专业分为对本专业的探索和对自己喜欢的专业的探索，其实目的都是有效且充分地利用大学时间来有针对性地为就业而学好专业。

（2）专业探索的具体内容。

1）专业调研。这是整个专业探索的核心任务，具体内容包括这个专业是什么；这个专业学什么；这个专业有哪些名校、名师；与此专业相关的专业有哪些；这个专业对社会和生活的价值；这个专业毕业后都能做什么工作；学这个专业的名人都有谁，成就怎样；在这个专业领域权威的企业有哪些；学这个专业的上几届学长的目前状况怎样；怎样才能学好这个专业，学习的圈子和资源都有什么。

2）专业选择。如果你发现自己不喜欢目前所学的专业，就要探寻自己可能喜欢的专业；充分利用相关信息，浏览专业设置目录和说明；在了解整体中确定几个专业大类（如文、理、工、法、管大类）；在了解大类和专业中确定专业小类（如管理大类中分公共管理小类、工商管理小类等）；在了解各个小类和专业中确定 10 个专业（如工商管理小类中的人力资源管理、公共管理类中的行政管理等）；针对每个专业进行"专业 10 项"的调研，最后确定三个目标专业。

3）专业学习。专业的学习有以下要求和方法：自编一本专业通论教材，明确 30 个概念，抄写一本厚厚的专业通论教材，制作一本专业学习和发展手册，拜访 50 个专业相关的人士，撰写一篇原创的专业论文，翻译一本外文的专业通论教材，一个月的专业相关工作实习。若能运用其中的三个方法坚持半年，那你一定是这个专业的小专家了，也为日后的职业探索、职业定位奠定了坚实的基础。

4）确定适合专业。专业探索的最后结果表现为，确定一个自己喜欢和适合的专业。那如何掌握和衡量呢？这里有以下几项参考：熟悉专业通论教材，能写与专业相关的文章，知道专业领域的最新活动和进展，能和专业领域对话，明确专业的毕业出路是什么，喜欢读该专业方面的书，总去听该专业的课并且很愿意发表言论，愿意和别人分享对此领域的看法和见解。如果符合其中的三条以上，就说明已经确定了自己喜欢的专业。

2. 行业探索

行业探索有助于认识职业世界，它包含丰富的内容，现予以具体分析。

（1）行业探索的概念。行业探索就是通过理论分析和实际调研的方式对一个行业进行全方位解读，行业是社会分工的大类，通过了解行业能让个人很好地认识职业世界。

（2）行业探索的具体内容。行业中有一些通用的研究因素，通过研究这些因素就可以很全面地认识一个行业。

1）这个行业是什么。100 个人对行业会有 100 个定义，这个研究就是集众家之长，包括政府、协会、个人对行业的定义。每个定义都是对行业不同层面的阐释，而定义又是很精辟、全面的介绍，所以深入仔细地收集关于行业的定义、观点是十分有益于加深行业了解的。

2）行业对生活和社会的作用及发展前景、趋势。明确行业对社会和生活的作用，每个行业在社会中都有其特定功能，在了解行业对生活和社会的影响之后，就可以在一定程度上了解它的发展前景和趋势，从而可以在选择行业和确定发展方向时有长期的准备。

3）行业的细分领域。行业是大类，在行业内部还有不同的分类。了解不同的行业分类有助于全方位地了解行业。分类的标准决定了具体的分类，可以选择政府、协会的分类标准，以此为线可以很快掌握和厘清行业发展的脉络，也是个人了解行业发展空间的重要依据，如金融业就分为银行、保险、证券、基金等。

4）国内外标杆企业的调研。在了解不同行业的细分领域后，就可以找到此领域的标杆公司了。标杆公司是此领域此行业的代表，当调研国内外的标杆公司时，我们所能把握的方向也是国际化的。同时，对比国内外不同标杆公司的差距，有利于自己了解行业的核心竞争力。需要注意的是，要对每个行业的标杆公司进行不同程度的企业探索，从而让自己的行业探索更加全面。

5）行业的人力资源需求状况及趋势。了解这个行业都需要什么样的人才，盘点完行业的需求状况之后就可以加速自己的职业选择，也为个人的职业定位（确定具体的职业）作出可能的探索，还要对行业的未来需求做一些整理和分析，便于自己站在未来的角度做选择。

6）从事行业需要具有的通用素质和从业资格证书。每个行业都有一定的入行要求，这些就表现为通用素质和从业资格证书，从业资格证书是证明素质的一种手段，如法律从业人员需要通过司法考试；会计从业人员需要会计上岗证。一般来说，通用素质是由这个行业长期发展所决定的，具备了就比较容易发展，否则就会出现问题；大学生可以通过掌握通用素质和考取从业资格证书作为入行的敲门砖。

7）哪些名人做过或在做这个行业。了解行业的标杆人物是进一步了解行业的有效手段，每个行业都有行业的代表人物，正如一说到互联网就想到马云，调研行业标杆人物的奋斗轨迹、目前状态等，可以加深对行业的了解，也为自己进入行业提供了一个参照。

8）行业的著名公司总经理或人力总监的介绍和言论。整理行业总经理、人力资源总监等的个人介绍、言论思想是职业访谈的一种高端调研，因为行业总经理左右着企业的发展，人力资源总监左右着企业人才的招募，所以从这两个层面来了解可以更全面地了解行业的发展状态和人才状况，也可以进一步拓展行业知识，同时，可以进一步扩大标杆人物的作用，此项侧重他们对这个行业的评价。

9）职业访谈，一般职员、部门职员的一天。和行业的高端人物交流是比较困难的，尤其是行业的标杆人物，但和公司的一般职员交流就会很顺畅。这个访谈也是实际调研的主要部分，可以和做过或正在做这个行业的一般职员交流，去询问他们以上的项目，在交流中验证和拓展对行业的了解，尤其是要加强对所希望从事的部门或岗位的人的访谈，这样可以有效地了解职业的具体要求。

10）校园职位及大学生的一般能力要求。在进行对行业的九项调研后，还应对能够应聘的校园职位进行盘点，因为这才是大学生可望又可即的。一些企业有校园招聘，校园招聘中所列的岗位就是面向大学生的，可以总结这个企业三年来的校园招聘岗位，在了解十家企业的招聘岗位后，就可以合并、整理那些岗位，从而在一定程度上了解行业的校园职位。每个岗位在招聘时都会列出任职资格，在整理相同岗位的任职资格后就可以在一定程度上明确一般能力要求了。在确定一个岗位（定岗）并按其任职资格去努力后，毕业时找工作就容易如愿以偿了。

3. 职业探索

相关职业探索方面的知识介绍如下。

（1）职业探索的概念。职业探索是对喜欢或要从事的职业进行理论分析和实际调研的过程，目的是对目标职业有充分了解，并在明确和职业的差距的前提下制订求职策略，从而有效地规划大学生活。

（2）职业探索的具体内容。

1）职业描述。即定义职业的内涵，具体包括职业名称、各方对其的定义。职业描述是对职业最精练的概括和总结，是透彻理解职业和调研职业的基础。在罗列和学习别人对某项职业的看法后，也要给这个职业下一个自己的定义，为自己的职业报告做好第一手准备。

2）职业的核心工作内容。每个职业都有核心的工作职责，职责背后对应的就是工作内容。了解职业的核心工作内容，有利于了解完成工作内容背后必须胜任的工作能力，这样就很容易找到职业与自身之间的差距。成熟的职业都有权威人事部门为其总结确定的核心工作内容，一些企业的招聘广告中也有对工作内容的描述。作为大学生求职者，可以请教一些行业协会，或是从事此职业的资深人士，一般企业的人事部门和直接部门经理也有对职业的具体感悟。

3）职业的发展前景及其对社会和生活产生的影响。职业的发展前景是国家、社会等对这个职业的需求程度。具体包括三个问题：第一，职业在国家阶段发展中所起的作用；第二，职业对社会和大众的影响；第三，职业对生活领域的影响。也就是说，不仅要知道这个职业对国家、对社会、对行业有价值，也要知道这个职业对大众、对生活的影响，人们对其的依存度和声望如何。

4）薪资待遇及潜在的收入空间。职业是社会分工的产物，职业根据参与社会分工的量来确定相应的报酬，在不同的行业、企业、岗位上还有一些潜在的收入空间。福利待遇是择业的关键因素之一，所以在考量职业时要重点调研职业的薪资状况。

5）岗位设置及不同行业、企业间的差别。岗位设置一般是指一个职业是有一系列岗位划分的，而不同行业、不同性质和规模的企业对岗位的划分和理解也有很大不同，可能同一个名称的工作内容完全不同。了解职业的岗位设置能加深对职业外延的理解，有针对性地与自己进行比较。一般来说，人事权威网站、职业分类大典、业内资深人士是比较了解这个职业的具体岗位设置情况的。

6）入门岗位及其职业发展道路。入门岗位是指针对应届毕业生的工作，职业中的一些中低端岗位是面向大学生开放的。作为大学毕业生，要了解一个岗位对应的职业发展道路是什么，这个岗位有哪些发展途径，最高端的岗位是什么。即使自己很看好这个职业，但最终也是要做工作的，而入门岗位就是提供给大学生的敲门砖，所以，作为毕业生应了解自己能通过哪些岗位进入这个职业。从企业的每年校园招聘里就能看到哪些岗位是针对应届毕业生的，通过一些校园招聘网站也可以找到这些信息。

7）职业标杆人物。职业标杆人物就是在这个领域做得一流的人，要研究他们是怎么做到的，都取得了什么成绩，遇到了什么困难，具备什么素质等。每个职业都有一流的人物，无论是国内的还是国外的。研究职业标杆人物可以让自己了解他们的奋斗轨迹，加深对职业的了解，也会让自己找到在这个职业领域奋斗的途径。

8）职业的典型一天。职业的典型一天，更多是在访谈中完成的，毕业生要知道这项工作的一天是怎么过来的，从早上到回家的时间是怎么安排的。了解职业的典型一天是判断自己是否适合这个职业的重要指标，如果你不想过这个职业的一天，就不用再努力去学习、去准备、去从事这项职业了，所以这个过程很关键。尤其是关注这个工作对个人生活的影响，看自己能否接受。职业的典型一天，在核心工作内容中会有涉及，但具体到个人的资料就不多了，所以更多的还是要去访谈做这个职业的人，这样也才更真实。

9）职业通用素质要求及入门具体能力。职业通用素质要求是指从事这个职业的一般的、基本的要求，主要是通用素质能力，也就是能把这个工作做好所要具备的能力。通过对职业外在素质要求的了解，对比自己是否能够胜任，还有哪些要加强和补充的能力，从而将它规划到大学生活里。其实每个岗位的岗位描述中的任职资格都有相关介绍，只是要将其整理出来，尤其要加上职业访谈中的内容，列出10项最常用的能力，然后与自己一一对照，可以促进发现和认识自我。

10）工作与思维方式及对个人的内在要求。工作方式和思维方式是做好、做精工作的保证，有些工作对人的内在要求是很高的，如态度等，这些是从内在来判断自己是否适合和喜欢一个职业的核心标准。从内在出发来判断是否喜欢是科学的，因为职业是客观的，只是因为选择了职业才会有是否愿意做、是否适合做等问题的产生，所以在对职业全方面考量之后，最后一关就是对职业所要求的内在进行盘点。岗位描述中的任职资格也会有对内在素质的要求，还有业内普遍认为的个人素质，要注意考虑不同行业、不同类型企业的差异。

五　了解职业世界的方法和途径

从不同的角度了解工作世界的核心内容之后，大学生还需要掌握一定的途径和方法来深入探索工作世界，更好地融入职场社会。

对于高等教育体制下的大学生来说，最好的了解职场社会的方法和途径就是实践，通过自我的亲身经历来感受职场，体会"人在职场"所要具备的能力和面临的挑战，从而将自己学习与探求的理念再投入实践，实现良性循环。

大学生可以通过各种形式的实践来深入探求职场社会，训练职业素养，锻炼职业能力，提升就业综合素质。

1. 积极参加课外活动，培养综合素质，适应职场需求

有人说："职场上有其游戏规则，导致职场成功的往往是非学历因素，如何对待突发事件、如何进行团队合作、如何沟通汇报工作、如何解决工作难题、如何推销自己，这些都是大学生最需要了解和亟待掌握的。"职场需要的这些使职业生涯成功的非学历因素，可以通过大学校园中的活动实践来习得。大学生借助参加大学校园丰富多彩的课外活动、形式多样的各种社团活动、各级各类的学生社会工作实践，就能获得职场社会需求的多种

能力，与工作世界更好地贴合。

2. 积极参加社会实践，增加社会阅历，提高工作能力

对于大学生而言，缺乏实际的工作经验是较为普遍的问题。但是现在的职场，很多用人单位要求应届毕业生具有一定的工作经验，看起来似乎是苛求，其实不然，工作经验也可以在大学期间培养。大学生有比较充裕的时间，如双休日、节假日、寒暑假期，可以在学习之余，利用节假日参加一些社会实践活动，了解工作世界，增加阅历，积累经验，增长才干。

现在很多企业尤其是大型企业，针对还在校园的大学生设立了很多实习职位，这些职位分布在企业的各个部门，可以锻炼学生多方面的能力，丰富学生职场的知识与信息，让企业成为学生职业素质培养的第二课堂。要想使学生掌握职业能力中的一些关键技能，没有长期的实践经验是不行的。在国外，特别是在英国和美国等重视就业能力开发的国家，企业成为学生的长期实践基地相当普遍。在我国，实习和一些社会实践活动也在这方面起着一定的作用。

大学生要善于发掘企业实习岗位的信息资源，亲身走进企业，将自己的所学运用到实际工作环境中，并且尝试找到工作实践对于自己大学学习生活的差异反馈，不断调整自己学习与探索的方式，使自己能够发现最大限度了解职场、实现自我职业期望的途径与方法。

3. 生涯人物访谈法

生涯人物访谈法方法独特，更能使大学生从榜样身上学习、了解职业世界，现具体介绍如下。

（1）职业生涯人物访谈。职业生涯人物访谈是通过与一定数量的职场人士（通常是自己感兴趣的职业从业者）会谈而获取关于一个行业、职业和企业"内部"信息的一种职业探索活动。

通过访谈，了解该职业岗位的实际工作情况，获取相关职业领域的信息，进而判断自己是否真的对该工作感兴趣，这实际上是一次间接、快速的职业体验。此外，我们还可以和生涯人物建立长期联系。

（2）进行职业访谈的步骤。开展一次有效的生涯人物访谈，一般可以按照以下流程来进行。

1）认识和了解自己。加强对自己的了解和认识，可以借助一定的工具（如霍兰德职业倾向测试、职业能力测量表、职业价值观自测量表或测评软件）分析自己的兴趣、性格、技能和工作价值观（注意：可以使用各种测评工具或软件，但不能尽信）。

2）寻找生涯人物。结合自己的兴趣、技能、工作价值观、教育背景和已掌握的职业知识列出未来可能从事的几个职业，然后在每个职业领域寻找三位以上的在职人士作为生涯人物。生涯人物可以是自己的亲人、教师和朋友，可以是他们推荐的其他人，也可以借助行业协会、大型同学录或某个具体组织的网页来寻找其他职场人士。

3）拟定访谈提纲。结合目标职业信息设计访谈问题，对生涯人物的访谈可以围绕以下要点进行：行业、单位名称、职业（职位）、工作的性质类型、主要内容、地点、时间、任职资格、所需技能、市场前景、行业相关信息、工作环境、工作强度、福利薪酬、工作

感受、员工满意度等。

4）预约并实地采访。预约方式有电话、微信、电子邮件等，其中电话效果最佳。预约时首先介绍自己，然后说明找到对方的途径、自己的采访目的、感兴趣的工作类型及进行采访所需要的时间（通常30分钟左右，确认采访的日期、时间和地点）。

5）访谈结果分析。在一个职业领域采访三个以上的生涯人物后，用职业信息加工的观点来分析，对照之前自己对该职业的认识进行比较，找出主观认识与现实之间的偏差，确定自己是否适合这个行业、职业和工作环境，是否具备该职业所需的能力、知识与品质，形成书面总结报告，进而详细制订大学期间的自我培养计划。如果访谈结果与自己之前的认识产生严重脱节，就有必要进入另一个职业领域，开展新一轮生涯人物访谈。

4. 生涯人物访谈的注意事项

（1）采访的方法，可以是电话采访、当面采访，也可以用邮件采访，效果最佳的是在被访对象所在单位（或营业场所等）面对面地采访，这样可以对自己感兴趣的职业的工作环境有实地的了解。

（2）采访前，需要做充分的准备，比如准备好提纲、录音笔（必须经过被访者同意）、记录的纸笔等。生涯人物访谈的目的主要是了解职业的具体情况，此外就是与被访者建立良好的人际关系，增加自己得到实习和工作岗位的机会。

（3）找采访对象是一个问题，但不是影响你做不做职业访谈的决定性因素，其实当你做了之后就会发现，如何得出你想要的答案才是最难的。

（4）提出的问题要经过仔细思考，不能随便漫无目的地问。

（5）最好找个合作伙伴，这样一起敲陌生人的门或访谈时会相互照应，更重要的是能鼓励自己完成此次职业访谈作业。

六　职业的发展趋势

职业是现实经济运行和社会生活中客观存在的社会现象，是随着人类文明的进步和社会劳动分工的发展而出现的。随着社会政治、经济、文化的发展，职业也在不断地发展和变化。因此，把握职业发展的趋势和职业发展的特点，有助于我们合理地规划自己的未来，获得满意的职业。

1. 影响职业变化发展的因素

（1）社会生产力的发展水平是决定职业变化发展的根本原因。生产力是人们征服自然和改造自然的能力。马克思曾经指出："一个民族的生产力发展水平，最明显地表现在该民族分工的发展程度上。"社会分工是产生职业的基础。人们通过不断改进生产工具，来开发生产资源，并使自己的劳动技能也随之普遍提高，从而推动了社会生产力的发展，促进社会分工的不断变化。每次新的产业革命，必然伴随着职业的重新组合和大批新职业的产生。

（2）科学技术的进步是职业变化发展的一个重要原因。"科学技术是第一生产力"，科学进步促进了生产力的高速发展，新技术、新工艺和新产品的不断出现，必然导致部分职业的新旧更替。如计算机发明后，就使社会有了计算机生产业、计算机运输业和计算机修理业，以及一些与计算机有关的行业部门，如计算机网络业，同时，计算机教师、硬件工程师、计算机销售、软件操作员、计算机维修等职业不断涌现。

（3）经济的发展是促进变化发展的主要原因。经济发展的根本目的是满足人们不断增长的物质和文化需要。人们物质文化生活水平的不断提高，也会促进职业的发展和变化。比如近年来，发展迅速的保健营养药品业、服饰业、旅游业等，都促进了相关职业的产生和发展。

2. 未来职业发展趋势

科技的进步给职业发展带来了前所未有的冲击，新技术、新工艺的研究、开发、应用必然导致部分职业的新旧更替。比如，电子计算机的发展使得如电话接线、机械打字等传统职业渐入末路，但随之而来的电子通信、网络服务、计算机制造、电子保安等新职业却一个个相继问世。具体来说，职业的发展趋势主要表现在以下几个方面。

（1）社会职业种类越来越多。中国古代有"三百六十行"之说，而现代社会的职业已划分为上万种了。无论在生产部门还是服务部门，新型的职业活动和职业都不断地涌现。而且过去的一个职业，现在可以细分出许多种，比如农业，现代社会农业已经发展为现代化的农业机械、育种、栽培、农产品加工等数十种职业构成的农业职业群。

（2）社会职业结构变迁的速度越来越快。随着产业结构和行业机构的变化速度不断加快，不但经常出现新的行业，而且各行业主次关系变化也越来越快。在19世纪的工业革命时期，主要行业是纺织业；一直到20世纪，钢铁、汽车和建筑业也才先后超过纺织业；而电子行业从产生、发展到成为一个主要行业，只用了几十年时间。

（3）职业专业化对人的素质要求将越来越高。随着科学技术的发展，职业的专业化越来越强，因此，若不具备一定的专业知识和业务能力，就无法满足职业的要求。如会计这一职业，随着计算机的普遍使用，以及许多财务软件的发明和使用，那些只靠打算盘而缺乏现代电子技术的人，越来越难以胜任此项职业的要求。而且职业对人的素质要求将越来越高，除了知识和技能，还需具备现代观念和意识，如时间观念、合作观念、竞争意识、创新意识等。此外，人们职业的转换也将更加频繁，而每一次转换，都会对从业人员提出更高更新的要求，这也会促使人们自觉提高自身的素质。

课堂活动　　职业探索之旅

一、活动目的

（1）帮助学生了解不同的职业领域和职业发展路径。

（2）提高学生的职业兴趣和自我认知，培养职业规划意识。

（3）促进学生之间的交流与合作，共享职业信息。

二、活动步骤

1. 引入阶段（10分钟）

（1）教师简短介绍活动背景和目的，阐述职业探索的重要性。

（2）播放一段关于不同职业领域的短视频，激发学生的好奇心和兴趣。

2. 小组分组与讨论（15分钟）

（1）学生按照兴趣或随机分组，每组4~5人。

（2）每组选择一个职业领域（如医学、科技、艺术、教育等），组内成员共同收集并整理该领域的职业信息，包括职业特点、发展前景、入行要求等。

（3）小组讨论并总结该职业领域的亮点和挑战，准备向全班展示。

3. 职业展示与分享（20分钟）

（1）每组选派一名代表上台展示本组的职业领域探索成果，可以通过PPT、海报、视频等多种形式展示。

（2）展示结束后，接受其他组成员的提问和补充，促进信息交流和共享。

（3）教师对每组展示进行点评和补充，强调职业规划的重要性和方法。

4. 职业兴趣测试与自我反思（10分钟）

（1）学生进行职业兴趣测试（如MBTI职业性格测试、霍兰德职业兴趣量表等），了解自己的职业倾向和兴趣所在。

（2）学生根据测试结果，结合之前的职业探索经验，进行自我反思，思考自己的职业目标和规划。

5. 总结与展望（5分钟）

（1）教师总结本次活动的收获和体会，强调职业规划对于个人发展的重要性。

（2）教师鼓励学生持续探索职业世界，根据自己的兴趣和优势制订合理的职业规划。

三、活动评价

1. 过程性评价

（1）观察学生在活动中的参与度和合作精神，给予积极的反馈和鼓励。

（2）记录学生在小组讨论和展示中的表现，评价他们的沟通能力和信息整理能力。

2. 结果性评价

（1）通过职业兴趣测试和自我反思，评估学生对自己职业倾向和兴趣的了解程度。

（2）通过课后作业或问卷调查的形式，收集学生对本次活动的反馈意见，评估活动的有效性和影响力。

案例分析

小陈像许多大学生一样，充满了对知识和经验的渴望，以及对未来的憧憬和担忧。作为一名即将从某知名大学编辑专业毕业的学子，她在过去的大学阶段里，不仅系统学习和掌握了编辑理论体系，还积极参与各类编辑实践项目，不断提升自己的实操技能和积累实践经验。

在校期间，小陈曾担任过校报编辑部的核心成员，负责内容策划、稿件审读、版面设计等工作。在这个过程中，她不仅锻炼了编辑实操技能，也积累了丰富的出版传播实践经验。她学会了如何挖掘新闻亮点，如何与作者沟通合作，如何把握读者需求，如何策划专题报道等。这些经验不仅让她在编辑工作中游刃有余，也让她更加懂得如何与团队成员协作，共同完成一项任务。

此外，她还投身于学生社团刊物的编撰工作，通过组织约稿、指导审稿、校对出版等环节，成功运作了多期内容丰富、质量上乘的社团杂志。在这个过程中，她不仅提升了自身的团队协作能力和对编辑工作流程的把控力，也锻炼了自己的领导和组织能力。她学会了如何调动团队成员的积极性，如何协调各方资源，如何制订工作计划等。这些经验让她在面对未来的工作时更加自信和从容。

然而，随着毕业季的悄然来临，小陈发现自己对于"职业"这个概念仍然感到有些陌生。她开始反思自己的过去，思考未来的方向，对未来的职业道路感到迷茫和不安。这是许多毕业生都会面临的问题。她需要仔细考虑自己的兴趣、能力和价值观，以便在选择职业时做出最佳决策。

案例分析：小陈作为即将毕业的编辑专业学子，拥有扎实的专业基础和实践经验，但在面对即将到来的职业生涯时，却表现出对"职业"概念的陌生和迷茫。这主要源于她对自我认知的不足，以及对未来职业方向的模糊规划。

任务二　了解专业与职业

课前引入

我们每个人都有自己的梦想和追求，但在追逐梦想的过程中，往往需要先选择一条适合自己的道路，那就是选择一个合适的专业，并为之付出努力，最终走上与之对应的职业道路。这个过程就像是一场寻找自我的冒险，需要勇气、智慧和决心。

那么，如何在这场冒险中找到属于自己的道路呢？这就需要我们深入了解各个专业，明确自己的兴趣和优势所在，同时了解各种职业的特点和要求。这样，我们才能作出明智的选择，找到那条最适合自己的道路。

本任务将探讨专业的选择、职业的规划，以及如何在这两者之间找到最佳的平衡点。我们会从专业的定义、分类、就业前景等方面入手，分析不同专业的特点；了解职业的概念、分类、发展趋势等，明确职业对个人的要求；通过案例分析和小组讨论等形式，探讨如何在专业与职业之间作出最佳选择。

一　专业的概念

对于专业的认识，现实情况表现得较为模糊和混乱。一些刚从学校走出来的大学生被有一定从业经验的人指出带有"学生气"，其原因也多源于大学生固有意识中对专业的模糊认识。

严格地说，我们通常使用的"专业"一词有着两层明显不同的含义划分，即学科专业和业务专业。作为学科的专业，它指的是在现行学校教育活动中，高等学校或中等专业学校根据社会专业分工的需要所设立的学业类别；而在科学研究和知识管理活动中，它又是根据所要研究或处理的对象性质和涉及领域的差异所做的门类划分，如物理、化学、文学、艺术、经济、法律等。作为业务的专业，它指的是人们在社会科学技术进步活动和生活生产实践中描述职业生涯某一阶段、某一人群长期从事的具体业务作业规范，是用于区分各种业务工作业绩的重要标志，如同样是从事医疗卫生活动的医务人员，五官科和心内科、研究员和麻醉师等，它们各自就表现出显著的业务专业差异。

在教育和科学研究过程中，为了更好地把握系统化的知识、进行基础性的研究探索，往往需要以学科专业的眼光来看待对象、处理问题；而在生产和生活实践活动中，又不得不结合实际的工作环境和工作对象，从业务实际的角度来规范和对待自己的工作，即运用专业的视角来处理问题、做好工作。以学科专业的意识对待实际生产或生活中的对象或业务工作，常常表现出来的就会是"学究气"或"学生气"；对待理论问题过多地牵扯实际工作环境和工作状态，又会被认为是没有理论深度和学术头脑。因此，细致区分"专业"一词的使用环境和使用状况，明确"专业"一词的差别含义，对于处理现实中存在的与专业有关的问题，是十分必要和关键的。

作为学生，在校期间，面对学习活动和知识掌握的需求，应以学科专业的眼光看待对象和解决问题。如果走出校门，且不再从事基础研究性工作，那么就要以业务专业的视角对待工作和工作对象。也只有这样，这两类活动才会各得其所、各安其道。诚然，这种转换也不是轻易就能做好的，首先需要我们对这两种专业差异有明确的认识；其次在活动中审慎判断、准确辨别；最终要在行为方式上得以过渡和表现。一旦错位，轻则造成误解，重则影响发挥和发展，需要警惕。

二　专业与职业的关系

大学生通过专业的学习和系统的指导，一方面可以掌握专业理论和技能；另一方面也可以认识自我、了解职业、准备职业、选择职业、获得职业。如何理解专业与职业的关系呢？

1. 职业能力的获得是通过专业培训来实现的

任何一个职业岗位都有相应的岗位职责要求，职业能力则是胜任职业岗位工作的必要条件。那么，应如何解决这个问题呢？首先要明确自己的特长、职业能力和胜任某种职业岗位的可能性。大学生可以到人才市场、各大门户及专业网站了解自己目标职业岗位的入职条件和要求，提早了解、认识和准备。

2. 专业实践和培训是职业能力发展的前提

专业实践是与其专业相结合的实践活动，是大学生将专业理论知识与社会工作相结合的环节。专业实践促进职业能力的发展，职业能力在实践中得到发展和提高。大学生既要了解自身的先天条件，更重要的是不要放弃自己的后天努力。专业知识、专业素养、职业技能和职业素养的提升是适应职业岗位需求的重要因素。大学阶段是大学生为自己一生的发展打下坚实的专业知识、专业素养、职业技能和职业素养基础的关键阶段。因此，必须充分利用在校学习期间的各种机会，做一些与专业相关或与目标职业有关的工作，发挥自身专业特长，把自己所学的知识运用到实际工作中，积累丰富的实践经验，全方位地提升自己的综合素质与社会适应能力。

3. 学好专业，提高职业竞争能力

很多大学生对自己的专业在社会中的需求没有一个客观完整的了解，导致了他们专业学习的盲目性，没有为自己将来更好地适应工作打下坚实的基础。就业竞争就是能力的竞争，职业能力的强弱和就业机会的多少及有没有发展机遇呈正相关。如果说，职业理想和就业目标是目的地，那么专业学习就是主要的路线图。不同的职业需要不同的专业知识、专业素养、职业技能和职业素养，而不同的知识和技能则是专业学习的主要内容。

从经济和效率的角度来看，我们所选择的专业学习，当然应该是职业目标所需要的知识和技能。然而从专业学习与职业的相关性来讲，它们并不都是一一对应的关系，而是呈现出一对一、一对多、多对一等非常复杂的相关关系。一对多就是指一个专业对应多个职业方向，这些专业一般是学习内容比较广博，发展方向比较分散的专业，如哲学、历史、中文、经济学等专业。多对一就是不同的专业可以发展成为同一个职业方向，这种职业一般技术含量不高，但要求个人在实践中自行领悟和学习，如业务开拓人员、文秘人员、企业管理人员等。一对一则一般是指技术性较强、专业分工明确的理工科专业。

4. 消除专业与职业困惑

有人说，专业决定了职业，即强调"专业对口"；又有人说，专业与职业也没有多少联系，即"专业可以不对口"，其实，这只能说明人们对二者关系认识较片面与肤浅。职业与专业之间既不像前者所说的一一对应的关系，当然也不像后者所说的一点关系都没有。学习中文的人可以成为记者、编辑和管理人员，学习新闻的人也可以成为教师或公务员。

现在许多职业对于专业的限制并不严格。同一种专业可以从事多种不同的职业，而从事同一种职业的人也可能来自许多不同的专业。相对于专业知识技能，很多用人单位在招聘时更看重个人的综合素养。

三　职业环境的基本认知

俗话说"环境塑造人"。学生综合素质的形成和培养离不开良好的教育环境。因为学生个体素质模式的建构和塑造，有赖于与之相关的各种教育环境的引导、开发和优化选择。良好的环境能使人产生积极健康的情感，不良的环境能使人产生消极的不健康的情感。教育工作者应注重对环境加以利用和改造，创造良好的、健康的环境，发挥其在素质教育过程中的积极作用，克服不良环境，限制其消极作用。

1. 宏观职业环境

每一个人都是社会的人，无论是职业生涯规划还是人生的整体规划，都受到所处的社会环境的影响。社会环境也就是宏观环境，是每个人都必须面对的环境。按照《孙子兵法》所说，社会环境就是"天"。这种影响我们的宏观环境，大致可以分为经济环境、法律政策环境、科技环境、文化环境四个方面。

客观分析所处的宏观环境，是做好职业生涯规划的基础。在现实中，我们可以看到，那些适应了社会发展的人，即使学历不高，天赋不强，甚至个人也不是特别努力，但都取得了成功。因为他们"走对了路"，或者说他们正确地认识和适应了宏观环境。

（1）经济环境分析。经济环境在这里主要指宏观经济环境。宏观经济环境主要指一个国家的总体经济状况，它包括经济的发展阶段和发展水平、经济制度与市场体系、收入水平、财政预算规模和财政收支平衡状况、贸易与国际收支状况等。宏观经济状况可以通过宏观经济指标来体现，如国民生产总值（GNP）及其变化情况、国内生产总值（GDP）及其变化情况、总投资与总消费、利率、物价指数、失业率、人口数量及其增长趋势、国民收入状况、货币供给量与需求量、国际收支、汇率等。宏观经济环境在不断变化中，如经济模式变化、经济增长率变化、经济景气度变化、经济建设方针变化、国际经营环境、经济一体化进程等，同时，宏观经济也表现出一定的周期性。

宏观经济环境变化影响着每个人的生活，影响着行业的发展，甚至影响国家的政策，当然也影响每个大学生，影响我们职业生涯的规划。当经济振兴时，百业待举，新行业不断出现，新组织不断诞生，机构增加，需求增加，为人的就业和晋升创造了条件。

在宏观经济变化的影响中，经济模式变化的影响是根本性的。在工业经济向知识经济转化的过程中，拥有高新知识的人在经济发展中的主体作用更加凸显。因此，人才的创新性、个性化、复合性、合作性成为迫切需要。同时，随着我国加入 WTO 和经济一体化的加快，国际贸易发展迅速，这对人才素质提出了更高的要求。它要求我们不仅要精通专业技术知识，还要精通外语、计算机，熟悉国际贸易法则及外国风俗习惯等。

宏观经济环境的变化是根本性的，是不随人的意志为转移的。大学生只有适应这种变化，认清这种变化的趋势，认真联系自身情况，认识经济社会对人才的新要求，全面学习社会需要的知识，培养社会所要求的能力，把它纳入职业生涯规划的范畴，并认真执行，才不会落后于时代，不会被社会所抛弃。

（2）法律政策环境分析与应对。大学生在进行职业生涯规划时，要注意国家和地区的法律规定与政策。法律规定与政策包括法律、法规、方针、政策、管理体制、人才培养开发政策、人才流动有关规定等。法规与政策是一个比较刚性的因素，尤其是法律，其制定和修改都有明确的规定，变动性小、影响大，是我们进行职业生涯规划时必须认真学习和思考的。

在法律、法规方面，要多关注民事、行政等法律、法规。例如，《中华人民共和国民法典》《中华人民共和国劳动合同法》《中华人民共和国就业促进法》《中华人民共和国著作权法》《中华人民共和国专利法》《中华人民共和国公务员法》等，对自己将要从事的行业的特别法律规定更要钻研、熟悉和理解。

在行业发展上，要了解国家提倡、优先发展的产业、行业是什么，很多行业的未来发展趋势和政府导向是密切相关的。每年的政府工作报告，每个部委的文件，行业协会所倡导的产业等都是把握行业发展趋势的途径。尤其要注意政府所支持、倡导的民生、大众产业，在新的发展形势下，一般都会有政策方面的支持甚至扶持。

特别是一些关系切身利益的规定，如子女上学、家属就业、社会保障、科研项目经费使用、政府工作观念与效率、人才流动政策等，是需要我们多加注意的。

（3）科技环境分析。科学技术的变革对人力资源的影响是根本性的。新科学理论的提出、新技术的出现，使得在某些领域招聘合格的人才变得十分困难。当然，被替代的技术和岗位则很少再需要人员。

科学技术的发展对职业模式的影响也至关重要。科技的发展必然引起产业结构的变化，产业结构的调整必然引起职业模式的变化。当今社会，变化最大的就是农业、工业向服务业的转移，也就是第一、第二产业向第三产业的转移。在第三产业中，特别是金融服务、医疗保健、运输、零售、快餐和饭店、法律、社会服务、教育、计算机领域等各行各业的岗位需求不断增多。同时，许多旧职业和从事旧职业的人在不断减少。据未来学家预测，人类职业将面临每15年更换20%的局面，而且会越来越快。我国正处于"职业大革命"时期，职业领域的重大变化每两年就会发生一次。

科技变化不仅对职业岗位产生重大影响，对人才素质的要求也产生了迫切的需求。拥有新知识、高技能的人才受到欢迎，那些知识陈旧或无实际操作技能的人将日益处于不利的境地，无论学历高低都会面临这个问题。因此，关注知识的折旧周期就很必要。近几十年来，科学技术发展日新月异，知识的折旧周期不断缩短。据专家分析：农业时代只要在7～14岁接受教育，就足以应付往后40年工作生涯的需要；工业时代，求学时间延伸为5～22岁，才能应付往后之需。到今天的知识经济时代，已经变为终身学习和教育，否则就会被社会淘汰。即使刚毕业的大学生，到毕业时，在大学所学的知识可能已经"老化"了1/5。

因此，关注科技环境的变化，关注我国发展的主要领域，特别是与自己所学专业相关的科学技术的变化，是大学生做好职业生涯规划所必需的。

（4）文化环境分析。文化是一个国家或地区长期积淀形成的影响人们价值观、行为和习惯的环境力量。我国是一个历史悠久、人力资源丰富的大国，历史悠久，文化积累丰厚；人力资源丰富，各种竞争激烈；幅员辽阔，文化形成多样。这对一个人的职业理想、职业观念、工作方式都会产生深刻的影响。

在一个追求工作安全感与稳定性的环境中，人们就会选择变化较小、稳定性较高、需要耐性的职业；而在崇尚职业的新奇与变化的环境中，人们就会更多倾向利益、发展，愿意从事具有一定风险性的职业。

在文化环境的影响下，一个人如果笃信"学而优则仕"，那么其大学学习的最终目的可能就是要成为"管理人的人"，于是，其行为方式就是管理者的行为方式，职业选择方向可能就是管理者、公务员等；如果一个人坚信"自由价更高"，那么其职业选择方向可能是自由度较高的职业，如记者、自由撰稿人、经纪人等。

随着社会经济的发展和人们生活水平的提高，职业价值观念和需求层次也会发生变化。以前可能着重考虑生计，满足生理、安全的需要，后来可能上升为自尊和自我实现的需求，着重考虑自己的发展等。

文化环境虽然很抽象，却实实在在影响着我们的职业生涯规划和发展。在进行职业生涯规划时，要认真分析这种环境对自己的影响，寻找自己实际的、可能的职业发展前景，做好相应的职业生涯规划和设计。

2. 中观职业环境

中观环境是影响我们职业生涯较为显著的环境。按照《孙子兵法》所说，中观环境就是"地"。这种影响我们的较为迫切的环境，大致可以分为就业市场、地理环境、学校与专业、朋友及其他相关人员四个方面。

中观环境是落实我们职业生涯规划的保证。在历史和现实中，即使在经济衰退、社会发展缓慢的时代，我们依然可以看到许多成功者。因为他们"入对了门"，或者说他们正确认识和适应了中观环境。

（1）就业市场分析。市场经济的特点是以市场为导向进行资源配置。毕业生就业市场为适应毕业生就业制度改革和劳动人事改革应运而生。毕业生有择业自主权，用人单位作为法人实体有择人自主权，两者通过市场连接起来。现阶段，国家积极培育和发展与市场经济体制相适应、以政府为主导、以高等学校为基础的毕业生就业市场体系。

1）大学生就业市场的一般属性。人才市场具有人的特殊属性，同一般物的市场属性有明显的区别。在人才市场交换的是人才所有的智力与能力及体力结合而形成的劳动力。一般市场是通过价格的引导，使各种资源配置到最优的组合上。人才求职受主体的利益驱动，与用人单位是双主体的交换关系。

人才市场是人才劳动力交换关系和交换场所的总和，完善的人才市场应具有统一性、开放性与制衡性的特点。完善的人才市场应具有四大服务功能，即服务于人才供需双方的信息储存和检索功能；服务于就业的培训与再塑功能；服务于用人单位的评价与推荐功能；服务于解决人事纠纷的仲裁与公正功能。

就目前我国人才市场发育程度而言，这些功能尚未完全具备，还在发展和完善之中。人才市场的发展与完善需要建立起社会环境的支撑系统，由以下四方面要素构成。

①建立社会保险制度，包括失业保险、养老保险和医疗保险。

②完善住宅商品化，使得住宅问题不再成为人才流动的羁绊。

③改革户籍制度，排除户籍对人才择业的限制。

④加快法治建设，从法律上赋予公民以迁徙权和择业权。

毕业生就业市场具有同人才市场相同的属性，是人才资源的主要组成部分。但是，由于毕业生就业的特殊性，其就业市场同一般的人才市场在组织方式等方面存在着差异。

2）大学生就业市场的类型。人才市场按市场形态来分可分为有形市场和无形市场，有形市场是指有固定的场所，具体的时间和地点，特定的参与对象等；无形市场主要是指毕业生联系工作不受特定的时间和空间的限制，依据个人意愿，自行选择，其外在表现是没有具体的时间、地点，没有固定的场所，它是无形的，但又是客观存在的。

目前，有形的毕业生就业市场主要有以下几种形式。

①高等学校举办的毕业生就业市场（或叫作"招聘会""洽谈会"）：是指针对本校毕业生的特点，邀请与其密切相关的用人单位参加，主要是为本校毕业生就业服务的市场。

②学校联办的毕业生就业市场：是指两所或两所以上高校联合举办的毕业生就业市

场，主要是克服单个学校的就业市场规模小、单位少、效能差的问题，实行弱弱联合、强弱联合或强强联合。

③分科类毕业生就业市场：主要是地方毕业生就业主管部门从用人单位和高校两方面考虑，从市场细化的角度出发，把理、工、农、医、师范等科类的毕业生分别集中起来，与相应的用人单位双向选择。

④层次性毕业生就业市场：以区域或省市为基地分别举办的研究生就业市场、本科生就业市场、专科生就业市场。

⑤区域性毕业生就业市场：为区域性毕业生和用人单位服务的毕业生就业市场，区域市场辐射性强，对周围省市的用人单位和毕业生都有较大的吸引力。

⑥行业性毕业生就业市场：是指由中央部委主管毕业生就业部门主办的主要为本系统、本行业毕业生和用人单位服务的就业市场。

⑦企业毕业生就业市场：是指由大型企业和企业集团举办的以招聘到本企业就业的毕业生为主的就业市场。

⑧国际性毕业生就业市场：随着我国改革开放的深入，毕业生就业的国际化趋势已显端倪，国外企业在中国招聘毕业生，中国企业招聘外国留学生或直接在国外招聘就职于国外分公司的毕业生的情况已有所发展。加入 WTO 后，这种状况将更加明显。

有形市场的作用是显而易见的，但无形市场尤其是网络市场的作用也越来越大。网上招聘、网上求职的快捷、灵活已被越来越多的单位和毕业生所认同并进行实践，而且随着网络技术的进一步发展，可从一般的信息交流扩展到网上面试等考核的更深层面。国家在积极扶持以高校为基础的有形毕业生就业市场建设的同时，正在加快无形市场的建设。国家投入了大量的人力、物力和财力，研制出台了高校毕业生就业信息管理决策支持系统。无形市场的当务之急是尽快建立毕业生就业信息网络，加强网上信息交流，实现信息共享。

3）大学生就业市场的特点。

①群体性。每年将有大批的毕业生走出校门，走向社会，具有鲜明的群体性。

②时效性。毕业生离校一般集中在 7 月份，在此之前，毕业生一般应落实到具体单位，时间紧、任务重且相对集中，具有很强的时效性。

③需求多变性。毕业生就业市场受整个社会政治和经济的影响较大，其需求与经济和社会发展的好坏成正比，供求关系靠自身不能调节。

④形式多样化。毕业生就业市场形式灵活、多样，既有有形的，也有无形的；既有公开的，也有不公开的；既有规模大的，也有规模小的；既有综合的，也有分类的；既有区域的，也有部门的。

⑤高层化。大学毕业生是国家按计划培养的专门人才，学有所长，层次较高，素质较好，能力较强。

⑥年轻化。不单是年龄较轻，而且知识也"年轻"；年龄和知识均有蓬勃的朝气和锐气，是社会急需的新生力量。

⑦初级市场和初次就业。毕业生就业市场是劳动力市场的重要组成部分，它正在探索和发育阶段，尚不成熟。毕业生初出校门，没有实践经验，多为第一次就业。

根据毕业生就业市场的特点，毕业生可以从自己的实际出发，选择不同的市场就业。市场是变化的，毕业生就业策略也应该是变化的。当市场需求大时，毕业生可提高期望，好中选优；当市场需求小或无需求时，毕业生应降低期望值，低中选高。

毕业生在就业市场中择业，必须明确自己的权利和义务，而其最基本的权利就是选择权，最基本的义务就是服从国家的需要，遵守市场的规则。

（2）地理环境分析。大学生在进行职业生涯规划和择业时，往往受成长环境、个人喜好，或者是经济发展的情况、职业发展前景等的影响，选择地理环境好或特定的一些城市，这是可以也是应该理解的。

不同区域的经济情况、人文环境、政府管制、生活特色、气候，甚至饮食习惯等可能都不一样。即使在同一地区，不同的城市其城市发展定位和发展战略也是不一样的，这对人的生活、工作、学习都会产生影响，对于大学生职业规划和择业而言，直接影响表现为两个方面：一是所选择的行业；二是生活。

北京的文化产业和上海的金融产业的影响表现较为突出。由于历史原因，北京文化产业历史积淀深厚，而上海的金融产业在 20 世纪初已具有一定规模。或许，由于生活理想不同、生活适应能力不同及各自的具体情况存在差异，大学生在选择职业时会作出不同的选择。但无论如何，一个城市的行业基础不同，重视程度不一样，发展战略不同，就会直接影响大学生将要选择的企业的发展，而企业发展的好坏又直接影响大学生的事业和将来。这就是城市影响行业发展的道理。

另外，城市的文化和品位、城市居民的素质、城市市政环境的建设等都直接影响着人们生活的舒适度和满意度，这里尤其要注意的是公司所在的周边环境对人的影响也是巨大的。考虑城市对大学生择业影响的意义在于：结合自己所要从事的行业和自己对生活的要求而综合地选择是否去大城市工作，而不是盲目做决定。

大学生在做职业生涯规划时，一方面要考虑地理环境，另一方面又要从国家战略发展的角度认识职业对社会的发展，特别对我国经济发展的重要意义，树立崇高的职业理想，到祖国最需要的地方去，把职业理想与祖国发展密切结合起来。例如，积极参与国家"志愿服务西部计划"，以实际行动参加国家经济建设，加入西部大开发的滚滚洪流中，实现自己的理想和抱负。

（3）学校与专业分析。学校与专业是在做职业生涯规划和择业时必须考虑的因素。很多人在报考大学时就是冲着某个大学的名气而进入该大学的，认为只要进入某著名大学，就业就没有问题。同时，学生也往往根据社会需求，报考所谓"热门"专业。其实，在就业时，每一个人都是独特的，简单地认为名牌大学、热门专业就必然好就业，实际上是一个认识误区。在比较科学和公正的就业单位选才时，"学校无高低，专业无冷热"。因为没有哪个用人单位会认为你代表了你的学校或你的专业。如果你能力强，别人只会肯定你一个人，不会说你们学校的学生的能力都很强；如果你能力不强，别人只会对你一个人否定，绝不会否定你们专业所有人的能力。所以，无论是什么学校什么专业，不要以为自己学校有名或专业热门就自以为是，也不要因为自己学校不好或专业冷门而心灰意冷。

我们在做职业生涯规划时，应有这样的指导思想：不可一业不专，不可只专一业。所谓"不可一业不专"，就是在我们选定一个专业时，我们一定要有做"精"的精神和毅力，把专业变成专长。所谓"不可只专一业",就是我们在规划实践时,必须关注社会的发展变化。任何人的"专长"都是有有效期的,只有不断关注社会发展,不断"充电",才能拥有新"专长",才能长期保持专长。

(4)朋友及其他相关人员。朋友及其他相关人员主要指大学同班同学、校友及其他可以作为参照对象的人。由于大部分大学生并未真正体验过工作,一般喜欢与其他人做比较,特别是拿一些成功案例作参照。客观的比较有时能激发一些学生的内在动力,推动其走向成功。但是由于对现实了解不深,加之不服输的心态,一些学生就容易进行不切实际地攀比,制订的职业生涯规划不符合实际,"高不成,低不就",往往错过一些很好的就业与发展机会。

课堂活动 　职业探索之旅

一、活动目的

(1)帮助学生深入了解不同专业与职业的特点和要求。

(2)激发学生的职业兴趣和规划意识。

(3)提升学生的职业规划能力和自我认知能力。

二、活动步骤

1.引言与分组

(1)教师简要介绍活动目的和流程。

(2)学生按兴趣或专业倾向分成若干小组,每组选择一个想要探索的专业领域。

2.资料收集

(1)学生利用图书馆、网络资源或联系相关从业人员收集所选专业领域的职业信息,包括职业特点、技能要求、就业前景等。

(2)学生整理收集到的资料,准备在小组内进行讨论。

3.小组讨论

(1)小组内分享各自收集到的资料,讨论所选专业领域的职业发展趋势和就业机会。

(2)每组选出一位代表,准备在全班进行汇报。

4.班级汇报

(1)每组代表向全班展示所选专业领域的职业信息,并分享自己的理解和感悟。

(2)其他组的学生可以提问或发表自己的观点。

5.模拟职业体验

(1)教师设计模拟职业场景,让学生体验所选专业领域的工作内容。

(2)学生通过角色扮演、案例分析等方式,感受职业氛围和技能要求。

6.反思与总结

(1)学生根据模拟体验,反思自己是否对所选专业领域保持兴趣,并考虑自己是否具备相应的能力。

（2）学生填写活动反思表，总结自己在活动中的收获和不足之处。

7.教师点评

（1）教师对学生的表现进行点评，肯定他们在活动中的努力和进步。

（2）教师提供个性化的职业建议，帮助学生明确职业方向和目标。

三、活动评价

（1）参与度评价：观察学生在活动中的参与度，包括是否积极收集资料、参与讨论和模拟体验等。

（2）信息整合能力评价：评价学生是否能够有效整合收集到的信息，形成对所选专业领域的清晰认识。

（3）团队合作能力评价：观察学生在小组内的协作情况，评价他们的团队合作精神和能力。

（4）展示能力评价：对小组代表的汇报进行评价，包括内容的完整性、逻辑的清晰度、表达的流畅度等。

（5）反思总结能力评价：评价学生是否能够认真反思自己在活动中的表现，提出具体的改进措施。

（6）个性化职业建议评价：根据学生提交的反思表和教师的个性化职业建议，评价是否对学生的职业规划产生积极影响。

案例分析

小李是一名即将从某知名大学毕业的文秘专业学生。在过去的几年里，她认真学习了包括公文写作、办公室管理、档案管理、会议组织等一系列文秘相关的课程。然而，随着毕业的临近，小李开始感到迷茫和不安。虽然她在课堂上掌握了大量理论知识，但实际工作环境与她想象的大相径庭。其困境主要表现在以下几个方面。

（1）职业认知不足。小李对文秘职业的理解还停留在传统的文书处理和行政支持层面，没有意识到现代文秘工作已经逐渐演变为综合性、战略性的职位，涉及项目管理、团队协作和沟通协调等多方面技能。

（2）实践经验缺乏。在校期间，小李虽然有过一些实习经历，但多数为短期、零散的实践，没有机会深入了解一个公司的运作模式和文秘岗位的实际工作内容。

（3）技能短板。尽管小李在专业知识上有所积累，但在实际应用中，她发现自己还缺乏一些必要的技能，如高级办公软件的应用、快速学习和适应新环境的能力等。

（4）职业定位模糊。小李对自己的未来职业规划没有明确的方向，不清楚自己更适合在哪个领域或行业从事文秘工作。

案例分析：小李面临的问题主要集中在职业认知不足、实践经验缺乏、技能短板和职业定位模糊等方面。这些问题导致了她在职业规划上的迷茫和不安。本案例对于即将步入社会的大学生来说具有一定的启示意义。首先，要提前做好职业规划，明确自己的职业方向和发展目标；其次，要积极参加实践活动，提升自己的综合能力和竞争力；最后，要保持学习的热情和动力，不断提升自己的专业技能和知识水平。只有这样，才能在激烈的就业市场中脱颖而出，实现自己的职业价值。

任务三　探索职场的内涵

课前引入

职场不仅是一个工作的地方，更是一个成长、学习、展现自我价值的平台。通过深入了解职场的运作规则、文化特点及所需的能力素质，我们可以更好地适应职场环境，提高工作效率，实现职业目标。

职场是一个需要不断学习和提升自己的地方。在这里，我们不仅要掌握基本的职业技能和知识，还要不断学习和掌握新的知识和技能，以适应不断变化的市场需求和职场环境。同时，我们还需要具备良好的自我管理和自我激励能力，以保持持续的学习和进步。

本任务将通过案例分析、小组讨论、角色扮演等多种形式，探索职场的内涵。我们将从职场的各个方面入手，深入剖析职场的运作规则和文化特点，同时探讨如何在职场中建立良好的人际关系，如何提升自己的职业能力和素质。

一　职场内涵的多样性

1. 职场的定义与分类

职场是一个包容性极强且多元并存的概念，它不仅包含了物理空间层面的工厂车间、办公室场所等实体环境，更涵盖了人们在工作活动中的行为规范、互动模式，以及由此衍生出的错综复杂的人际关系网络。在职场这一环境下，个人或团队根据行业属性、职能分工参与到劳动过程中，通过智力或体力的付出创造价值，而这些工作又可以进一步细分为多种类型和层次，以满足社会经济发展的多元化需求。

在职场划分的过程中，首先需要考虑的是行业特点。不同的行业决定了职场的环境、职责和工作内容。例如，在企业职场中，员工们的工作内容主要围绕着生产、研发、市场等方面展开。在企业职场的一线生产部门，员工们需要具备高度的操作技能和实践经验，他们的工作内容主要是按照既定流程进行生产作业，确保产品质量和生产效率。而在研发部门，员工们则需要具备深厚的专业知识和创新能力，致力于新产品、新技术的研究与开发，推动企业技术进步和产业升级。市场部门则负责企业的市场拓展、品牌宣传和客户关系管理等工作，员工们需要具备良好的沟通能力和市场营销策略，为公司带来新的业务机会和增长点。

政府职场则存在于政府机关与公共事业单位中，公务员或其他公职人员在此类职场中履行行政管理、公共服务等职责。他们的角色更多的是为社会提供公共服务，管理社会事务，维护公共秩序，保障公民权益。

非营利组织职场如学校、医院、慈善机构等，其员工致力于社会公益事业，提供公共服务。相较于企业和政府职场，非营利组织职场的氛围可能更加注重人文关怀和服务质量。在这里，员工们需要具备高度的职业道德和责任感，以奉献精神为宗旨，为受益者提供优质的服务。

自由职业者职场则是由如作家、设计师、独立顾问等自由职业者组成的松散型群体。这个群体的成员通常不固定在某一个特定的办公环境，而是通过自身的专业知识或技能服务为社会作出贡献。自由职业者职场的特点是灵活性和自主性较强，成员之间可能缺乏直接的隶属关系和层级管理，但他们需要通过持续学习和提升自身能力来适应市场的变化和需求。

2. 职场的结构组成

职场结构是指在职场这一特定环境中，各角色及其之间的相互联系、互动模式和权力结构所形成的整体框架。这些角色错综复杂又相互依存，涵盖了从上至下的各级管理者、执行者和同级的合作伙伴，乃至外部的合作伙伴如客户、供应商等。他们在实际工作中相互协作又各有分工，共同推进项目的进程和实现组织的战略目标。

在职场运营体系中，正式规则发挥着至关重要的作用，它们以明文规定的法律法规、公司章程、规章制度、合同协议等形式出现，对职场中的行为进行了规范和约束。这些规定详细说明了各个职位的职责权限、工作流程、行为准则和奖惩机制等，为职场中的一切活动提供了标准和指导。正是这些严谨的正式规则，确保了职场秩序的稳定和公正，避免了混乱和随意性，使得组织运作更为高效、有序。

然而，在职场实践中，非正式规则同样具有不可忽视的影响力。非正式规则往往源于历史遗留的习惯做法、行业内的文化传统或基于共同认知的惯例。这些规则虽然没有被明确写入成文规定之中，却对职场行为产生了深远的约束力和塑造作用。例如，一个公司中良好的工作态度、诚信互助的精神、尊重他人的职业道德等，都是非正式规则的重要组成部分。这些规则潜移默化地影响着每位职场人的行为和价值观取向，有助于营造积极向上的工作氛围和企业文化。

3. 职场文化与价值观

职场文化是指在长期的工作实践中积淀形成的、具有鲜明行业特色和价值导向的精神财富和物质形态，它犹如一面镜子，映射出该职场独特的氛围和风格。比如，在某些职场中，合作精神被视为成功的关键，强调团队成员之间默契配合、共同进退；而在另一些职场中，竞争意识则被推崇，鼓励员工通过努力达成个人目标，推动组织创新发展。这些文化元素共同塑造了职场的精神风貌和行为规范，为员工提供了行为准则和价值导向。

价值规则是职场文化的核心载体，它代表了职场对真善美的判断标准和追求方向，决定了在职场中什么是正确的、有价值的，是全体成员共同持有并矢志不渝追求的目标信念。职场价值观不仅体现在对工作效率、工作质量等硬性指标的重视上，还体现在对团队合作、创新等"软实力"的渴求上。同时，职场价值观也规定了企业对员工行为的期望和要求，如积极进取、勇于担当、持续学习等积极向上的态度和行为模式。

二　职场中的个人成长策略

1. 职业发展路径规划

在职场个人成长的过程中，明确自身的职业定位和长远发展目标是至关重要的第一步。这意味着要对自我进行深刻认知和精准定位，通过分析个人兴趣所在、专业技能优势，以及行业发展趋势、市场需求变化等因素，确立自己在职业生涯中的发展方向和想要达成的职业成就。在此基础上，制订长期和短期的职业发展计划，明确各个阶段的任务和目标，如获取特定资格证书、担任特定职务或实现特定的业绩指标等。同时，要不断关注行业动态，及时了解最新的职位需求和技术趋势，以确保自身发展方向始终与市场保持高度契合。

2. 职业技能精进

在职场竞争中立于不败之地，核心在于专业能力和管理能力的持续提升。这就要求个体不断地深化专业学习，紧跟行业前沿。例如，参加专业研讨会或者取得更高的学位等；实践锻炼业务能力，包括技术技能、问题解决能力、创新能力等；同时，也要注重培养自身的基础管理能力，如团队协作、沟通协调、领导力等。只有不断充实自我、提升技能水平，才能在工作中更好地应对各种挑战，提高工作效率，创造更大的价值。

3. 跨界融合与拓展

在科技迅猛发展和社会变革的时代背景下，职场中的跨界融合日益成为一种常态。个体必须保持开阔的视野和敏锐的洞察力，主动去了解并尝试掌握不同领域的知识和技能，培养自己的跨界竞争力。这包括积极参与各类研讨会、培训课程和在线学习，以拓宽视野、了解行业前沿动态；通过跨部门、跨领域的合作项目或实习经历来锻炼自己的适应能力和创新能力，提升自己的综合素质。

4. 调整职场行为模式

在职场成长的道路上，很多时候瓶颈和障碍并非完全由技能或经验不足引起，而是由不当的行为模式导致。例如，沟通不畅、合作不力、缺乏主动性等都可能成为职业发展的阻碍。因此，个人需要不断反思自己的行为模式，并加以调整和完善。具体来说，可以通过学习职场沟通技巧、合作原则和主动管理的方法来改善自己的行为习惯。同时，也要关注团队文化和公司战略，以更符合职场规则和团队期望的方式行事。

三　职场中的团队协作

在职场中，团队协作与团队建设是提升整体工作效率、达成组织目标的关键要素之一。在当今商业环境中，高效的团队合作不仅能够增强企业的竞争力，对于员工的个人成长和职业发展也具有深远的影响。构建高效合作的团队，离不开良好的团队建设氛围。团队建设涵盖了明确的目标设定、详尽的计划制订、合理的任务分工、有效的沟通机制、融洽的氛围营造等多个方面。

每个成员都应对团队目标有清晰的认识，并围绕这一目标制订出翔实可行的工作计划。在团队协作中，分工明确是基础，每个成员要明确自己的职责范围，根据自己的优势和擅长领域承担相应的责任，充分发挥每个人的专长。团队成员间应建立互信，尊重彼此的差异，通过高效的沟通协调解决冲突，共享信息资源，共同攻克难关。

团队决策与执行力是提升团队绩效的核心环节。团队决策时，应鼓励所有成员积极参与，发表建设性意见，通过民主集中制或专业评估等方式确定最优方案。而执行力体现在每个成员对既定决策的快速响应和坚决贯彻上，确保每项任务都能按时按质完成。提升团队影响力需要内、外部的双重努力。内部影响力主要通过提升团队成员的专业素质、增强团队协作精神、树立共同价值观等方式来扩大；而外部影响力可通过优质的工作成果展示、良好的客户服务表现及积极的行业参与度来塑造和提升。

四　职场中的领导力与影响力

1. 领导力维度解析

领导力作为一个复杂而多维度的概念，它不仅涵盖了一系列具体的技能和能力，如决策能力、团队建设、沟通技巧、战略规划等，还涉及领导者的个性特质、价值观、道德标准。这些元素共同构成了领导力，帮助领导者有效地指导和激励团队成员，实现组织目标。

在技能和能力层面，领导力包括但不限于：决策能力，即面对复杂多变的内、外部环境，能够作出明智且及时的决策；团队建设，指领导者能有效地构建和优化团队结构，激发团队成员间的协同效应，提升团队的整体效能；沟通技巧，指领导者将自己的想法和愿景清晰地传达给团队成员，并确保信息在传递过程中不被曲解或丧失；战略规划，指领导者需要具备长远眼光，制定切实可行的战略目标，以引导组织稳步向前发展。

在个性特质方面，一个优秀的领导者需要具备自信与谦逊的平衡、决心与耐心的统一，以及对自身及团队的高标准严要求。自信使领导者敢于承担风险、勇于挑战现状，谦逊则让他们能够倾听他人的意见，尊重不同的观点；决心让领导者坚定地推动变革，耐心则让他们能够持续关注短期和长期的目标；高标准严要求不仅是对自己的鞭策，也是对团队成员的激励。

价值观是领导者的内在指南，它决定了领导者行为的取向和优先级。一个具有高尚价值观的领导者，更有可能在面对困难时作出符合组织长远利益的决策，而不是只考虑短期的个人得失。同时，道德标准是领导者必须坚守的底线，它关乎领导者的信誉和形象，影响组织内部成员对领导者的信任程度。

2. 影响力的实现方式

影响力作为领导力的核心要素之一，关乎如何有效地让他人接受并认同领导者的观点、行为及所作出的决策。其实现方式呈现多元化特点，例如，领导者可以通过精练且具有说服力的沟通技巧，将自身的观点准确地传达给他人，使其理解并赞同这一观点的合理性和正确性；通过展示深厚的专业知识和卓越的技能，使得他人对自己产生敬意和信任，从而愿意遵循和实施相关决策；建立坚固的人际关系网络也是至关重要的，与团队成员保持良好的互动和合作，能大幅提升彼此间的信任程度与合作意愿，进而营造出一个和谐且高效的团队环境，共同推动组织目标的实现。

3. 情商与领导力的关系

情商（Emotional Intelligence）在领导力领域中扮演着至关重要的角色。高情商的领导者能够更为精准地认识自我，深刻理解自身的优势与不足，这使他们能够根据个人特点和风格有效调整领导策略，更好地与团队成员建立信任关系。

在人际交往方面，高情商领导者擅长倾听、理解和关心他人，能够站在团队成员的角度思考问题，从而有效沟通并化解矛盾冲突，营造和谐的工作氛围。此外，他们在面对压力和挑战时，能够保持冷静，灵活应对各种复杂情况，这种应变能力对于领导者来说至关重要。

情商与领导力之间存在着密不可分的关联。高情商的领导者更有可能发挥其影响力，引领团队取得成功。

4. 构建有效领导风格

构建有效领导风格是领导者影响力与技能的重要体现，它涵盖了多种领导方式和策略。

（1）情境领导：是一种根据团队成员的具体情况和组织战略目标的需求，灵活调整自身领导行为以适应不同情境的领导方式。这种领导风格强调对环境的敏锐洞察力及策略性的适应，要求领导者具备高度的同理心和精准的判断力，能够准确把握团队成员的特点和需求，并据此作出及时、恰当的领导决策。

（2）变革型领导：是一种通过描绘愿景、设定高标准、提供支持和鼓励，以及在必要时提供指导和支持的领导方式。这种领导风格旨在激发团队成员的内在潜力，调动他们的积极性，鼓励他们勇于挑战和创新。变革型领导者擅长利用自身的魅力、智慧和影响力，引领团队突破困境，获得突破性的成果。

（3）仆人式领导：是一种以服务为导向的领导方式，领导者如同仆人一样，致力于为团队成员创造良好的工作环境，提供必要的资源和支持，以促进整个团队的成长和发展。这种领导风格强调谦逊、尊重和关爱，要求领导者深入了解团队成员的需求和困扰，并积极帮助他们解决问题，提升其能力和素质。

五　职场中的变革与创新

1. 变革意识与心态

变革意识，在职场中，是一种对工作方式、流程或制度改进与创新持有的敏锐洞察力。它要求个体时刻保持对问题的关注，勇于挑战现状，追求更高效、更优化的解决方案。这种意识是职场竞争力的重要组成部分，它能够帮助员工更好地适应职场的发展需求，不断提高自己的工作能力和水平。

变革心态则涵盖了接纳、适应、积极应对等方面。它要求员工在面对变革时，能够保持开放的心态，愿意尝试新事物，并主动调整自己的工作模式以适应新的环境和要求。这种心态能够帮助员工更好地适应职场的变革需求，不断提高自己的适应能力和应对能力。

2. 创新思维与工具

创新思维在现代职场中扮演着至关重要的角色，它是驱动职场变革的核心引擎，是一种能够引发颠覆性突破和持续优化的力量。这种思维模式涵盖了多种形式，其中包括但不限于逆向思维、侧向思维、多元思维等。逆向思维鼓励员工挑战既有观念，对问题进行反向思考，从而发掘新的可能性和解决方案；侧向思维则启发员工从问题的侧面或相关领域寻找灵感，实现跨领域知识的融合与创新；而多元思维强调在解决问题时包容并蓄多种观点和方案，通过多元性的碰撞与交融催生最优解。

在现代科技日新月异的背景下，创新思维与先进技术的结合为职场变革提供了强大的助推力。各类信息化工具如设计软件、项目管理工具、人工智能助手等的应用，能够极大地提高工作效率，推动职场变革的落实与执行。这些工具不仅可以协助员工完成复杂的任务，还能通过自动化和智能化手段减轻工作负担，使员工有更多的精力投入更具创造性和策略性的工作中。同时，这些信息化工具还能帮助员工更好地管理和协调工作，通过优化流程和提升协同效率，实现工作质量和效率的双重提升。

3. 创新对职场的影响

创新使得新技术、新工具、新手段层出不穷，同时也深刻重塑了职场生态系统的面貌。它颠覆了传统的工作模式，打破了固有的行业壁垒，引领着工作效率和质量的飞跃式提升。在创新的推动下，各行各业焕发出新的生机，企业和社会不断探索未知领域，开疆拓土，实现着从理念到实践的完美跨越。创新的力量更体现在对产业结构的优化升级上，它能够带动产业的发展，促进经济的转型升级，使经济在风雨中屹立不倒、蓬勃发展。

4. 如何在职场中实现创新

在职场环境中实现创新，员工扮演着至关重要的角色。员工不仅是创新思想的执行者，更是推动企业持续发展的核心动力。要实现这一目标，员工需要不断学习和提高自己的技能和能力。

不断学习和提高自己的技能和能力是创新的基础。无论是专业知识、沟通技巧，还是团队协作、时间管理，这些能力的提升都能为员工在工作中提供更大的发挥空间。同时，为了适应职场的发展需求，员工还需要具备开放的心态和愿意尝试新事物的精神，这意味着他们愿意放弃固有的思维模式和工作方法，勇于接受新的挑战和机会。只有这样，员工才能在不断变化的工作环境中保持竞争力，为企业带来更多的创新和价值。

愿意尝试新事物也是创新的重要品质。员工需要不断探索新的工作方式和方法，以更好地适应职场的发展需求。这包括对新兴技术的掌握和运用，对新工作模式的了解和实践，以及对新理念的接受和消化。只有不断地尝试和学习，员工才能将新的元素融入自己的工作中，从而推动企业的创新和发展。

六 职场中的社会责任

1. 企业社会责任的意义

企业社会责任是企业在追求经济效益的核心目标之外，对社会进步、环境保护及公众福祉所主动承担的义务和责任。它要求企业在经营活动中不仅要关注自身利润的增长，还要关注其行为对员工、消费者、社区及整个社会的影响，并积极采取措施减少负面影响，推动社会进步。企业履行社会责任不仅有助于提升企业形象和公信力，增强品牌价值和社会认同感，还能促进企业内部凝聚力和员工的工作满意度，提高企业的长期竞争力和持续发展能力。

2. 职业道德与规范

职业道德是所有职场人士应遵循的基本行为准则，它涵盖了诚实守信、尊重他人、公正公平、遵守法律法规等基本原则，旨在确保所有员工在履行职责时，不仅追求个人工作目标的完成，更注重维护行业秩序和社会公共利益。职业规范不仅对员工的行为举止有硬性约束作用，更能引导员工树立正确的价值观和职业操守，使他们在面对各种利益诱惑和挑战时，能够坚守原则，拒绝违规、违法行为，从而营造出一个和谐有序、诚信互助的职业环境。

3. 可持续发展理念在职场中的应用

可持续发展理念在现代企业管理及决策中具有举足轻重的地位，它主张企业在追求经济效益的同时，兼顾环境资源的保护和社会责任的履行，努力实现经济、社会和环境三方面的协调统一。这一理念鼓励企业采用绿色生产技术和管理手段，推行循环经济模式，降低对环境资源的过度消耗，并致力于解决社会问题，如公平就业、社区发展等。通过这种方式，企业不仅能够赢得市场和消费者的信任与支持，还能为子孙后代留下一个可续存的美好环境。

4. 社会责任对组织及个人的价值

履行社会责任对于企业和个人来说都具有重要的价值。对于组织而言，积极履行社会责任有助于提升企业的社会形象和声誉，增强品牌的公信力和影响力。这不仅可以吸引更多的消费者和投资者，还可以促进组织的可持续发展。对于个人来说，遵守职业道德规范和践行社会责任可以提升个人的职业素养和道德水平。它可以让个人在工作中更加注重他人的需求和社会利益，从而更好地履行自己的职责。

课堂活动 模拟职场体验

一、活动目的

（1）帮助学生深入了解职场的运作规则和文化特点。

（2）提升学生处理职场中人际关系的能力。

（3）培养学生解决实际职场问题的能力。

（4）增强学生的团队协作和沟通能力。

二、活动步骤

1. 分组与角色分配

（1）学生根据人数分成若干小组，每组 4～6 人。

（2）每个小组内部分配不同的职场角色，如项目经理、团队成员、部门经理、客户等。

2. 情景设置

（1）教师提供一个模拟的职场情景，如一个即将启动的项目、一个需要解决的客户问题、一次重要的团队会议。

（2）学生根据角色和情景准备相应的台词和行动方案。

3. 模拟体验

（1）每个小组根据设定好的情景进行模拟职场体验。

（2）学生需要按照职场规则和文化特点，与组内成员和其他小组进行互动。

（3）教师可以根据情景的进展，适时提出挑战和问题，考验学生的应变能力和解决问题的能力。

4. 总结分享

（1）每个小组在模拟体验结束后，进行内部总结和反思。

（2）每组选出一名代表，向全班分享他们在模拟体验中的收获和感受。

（3）教师对学生的分享进行点评和总结，强调职场中的关键能力和素质。

5. 反思与讨论

（1）学生就模拟体验中遇到的问题和挑战进行讨论，分享自己的见解和解决方案。

（2）教师引导学生思考如何将这些经验和教训应用到实际的职场环境中。

三、活动评价

1. 参与度

观察学生在活动中的参与程度，包括是否积极准备、是否主动发言、是否与其他同学有效互动等。

2. 角色扮演

评估学生是否准确理解并扮演了所分配的角色，是否按照职场规则和文化特点进行互动。

3. 问题解决能力

考查学生在面对职场挑战时，是否能够冷静思考、灵活应对，并给出合理的解决方案。

4. 团队协作与沟通能力

评价学生在团队中的协作能力和沟通能力，包括是否能够积极听取他人意见、是否能够有效传达自己的观点和想法等。

5. 总结反思能力

观察学生是否能够从模拟体验中提炼出有价值的经验和教训，并进行深入的反思和总结。

案例分析

李明是一家跨国科技公司的项目经理，负责一个涉及多个部门、跨地域合作的重大项目。在项目初期，团队成员来自不同的文化背景和专业领域，彼此之间缺乏默契和信任，导致项目进度缓慢，团队氛围紧张。面对这一挑战，李明展现出了卓越的领导力和影响力，成功带领团队走出困境，最终实现了项目的成功交付。领导力不仅仅是一种理论知识和抽象概念，更是需要在实践中不断磨砺和提升的实际能力。作为项目经理，李明的领导力显得尤为重要。

（1）明确目标，制订计划。李明首先与团队成员进行了深入的沟通，明确了项目的整体目标和各个阶段的关键节点。他根据团队成员的特长和优势，制订了详细的工作计划，确保每个人都有明确的职责和任务。同时，他定期组织团队会议，及时跟进项目进度，调整工作计划，确保项目能够按照预定计划顺利进行。

（2）建立信任，促进沟通。为了打破团队成员之间的隔阂和误解，李明积极营造开放、透明的沟通氛围。他鼓励团队成员之间互相交流、分享经验和知识，并定期组织团队建设活动，增强团队凝聚力和向心力。在沟通中，他善于倾听团队成员的意见和建议，积极寻求共识和解决方案，使团队成员之间建立了深厚的信任和友谊。

（3）激励团队，追求卓越。李明深知团队成员的积极性和动力对于项目的成功至关重要。因此，他时刻关注团队成员的工作状态和心态变化，及时给予鼓励和支持。他设立了一系列的激励机制和奖励制度，表彰在工作中表现突出的团队成员，激发大家的积极性和创造力。同时，他不断强调追求卓越、持续进步的理念，鼓励团队成员不断挑战自我、超越自我。

影响力是一种能够左右他人思想、行为或态度，从而对环境产生显著影响的力量。它不仅是个体魅力、知识水平、社会地位的体现，更是个人品牌、领导力及公共影响力的核心要素。一个人、一个组织或一个国家，其影响力的大小直接决定了他们在社会关系网络中能够调动资源的能力及对他人的影响程度。李明作为项目经理，其影响力展现主要体现在以下几点。

（1）以身作则，树立榜样。李明在工作中始终以身作则、严于律己。他严格遵守公司的规章制度和职业道德规范，对待工作认真负责、一丝不苟。他的工作态度和职业素养赢得了团队成员的尊重和信任，成了大家学习和效仿的榜样。

（2）展现专业，赢得信任。李明具备丰富的项目管理经验和专业知识。在项目中，他能够迅速识别问题、分析原因、提出解决方案，并能够有效地协调各方资源推动问题的解决。他的专业能力和高效执行力赢得了团队成员的认可和信任，使大家愿意跟随他的领导共同完成项目任务。

（3）关注他人，建立情感联系。李明深知领导力不仅仅是权力和地位的象征，更是一种情感和关系的体现。他关注团队成员的个人发展和成长需求，积极为他们提供学习和发展的机会。他善于与团队成员建立情感联系，了解他们的生活和工作状况，提供必要的帮助和支持。这种关心和关注使团队成员感受到了温暖和归属感，从而更加愿意为团队和项目的成功付出努力。

　　案例分析：通过李明的领导实践我们可以看到，在职场中领导力和影响力是密不可分的。领导力体现在明确目标、制订计划、建立信任、促进沟通、激励团队等方面；而影响力通过以身作则、展现专业、关注他人等方式展现出来。在领导团队时，我们需要不断学习和实践，提升自己的领导力水平和影响力能力，从而更好地带领团队实现目标、取得成功。同时，我们也需要认识到领导力和影响力并非一蹴而就的，需要我们在工作中不断积累经验、总结教训并持续进行自我反思和改进。

任务四　获取与分析就业信息

课前引入

　　我们常说"知己知彼，百战不殆"，在职业规划的战场上，了解就业信息就如同掌握了情报，能帮助我们更加准确地制定策略，更高效地实现目标。

　　在信息爆炸的时代，各行各业都在不断变化和发展。如果我们不及时了解最新的行业动态、职位需求、薪资水平等信息，就很容易在职业道路上迷失方向，甚至错失良机。因此，获取就业信息不仅能够帮助我们了解行业的现状和未来发展趋势，还能够让我们更加清晰地认识到自己的职业兴趣和优势，从而作出更明智的职业选择。

　　获取就业信息的途径有很多，包括互联网搜索、浏览招聘网站、参加行业展会、与业内人士交流等。每一种途径都有其独特的优势和局限性，需要根据自己的需求和实际情况，选择合适的获取方式。同时，我们也要注意信息的真实性和时效性，避免被虚假信息误导。

　　在获得大量的就业信息后，还需要对就业信息进行分析和筛选。这就需要我们具备一定的信息处理能力。我们可以从职业需求、薪资水平、发展前景、工作环境等多个维度进行分析，比较不同职位的优劣势，从而选择最适合自己的职业方向。此外，我们还可以结合自己的兴趣爱好、专业背景、个人能力等因素，进行综合评估和选择。

　　本任务将深入探讨如何获取和分析就业信息，并通过案例分析、小组讨论、角色扮演等多种形式，帮助大家掌握获取就业信息的有效方法，提升信息处理能力和职业决策能力。

获取和分析就业信息是一个持续不断的过程。随着个人和行业的不断发展变化，需要不断更新和调整自己的职业规划和策略。因此，学生应保持对就业信息的敏感度和关注度，通过不断学习和进步，为自己的职业发展打下坚实的基础。

一　就业信息的基本概念

就业信息在求职过程中扮演着至关重要的角色，它是指求职者通过各类渠道获取并经过筛选、整合后，能够被其理解和掌握的对职业选择有价值的新消息、知识、资料和情报。这些信息涵盖了各行各业的工作空缺、职位需求、薪资待遇、发展空间及企业文化等诸多方面，对于大学生群体来说，这些信息是他们进行职业规划、择业决策的重要依据。

大学生成功就业的能力不仅受制于整个社会的政治稳定度、经济发展态势及产业结构布局等宏观因素，同时，也直接取决于他们能否充分获取并有效利用就业信息。在当今竞争激烈的就业市场中，及时、准确、全面地掌握就业信息，对于大学生顺利实现从学校到工作岗位的无缝对接具有重要意义。

二　就业信息的作用

就业信息在毕业生择业的过程中发挥着至关重要的作用，具体表现在以下几个方面。

1. 有助于找准自己的位置

不同时期、不同地域，就业政策会有一定的差异，社会对不同专业毕业生也有不同的需求状况，大学生必须根据国家及地区的就业政策和社会需求状况适时调整自己的就业期望，并制订有针对性的择业计划。就业信息能帮助大学生在择业过程中有的放矢，有效地减少就业盲区。

2. 有助于顺利解决就业中遇到的问题

毕业生在择业过程中可能会遇到各种各样的问题：如何签订就业协议，如何办理毁约手续，如何办理出国手续，毕业离校时还没有找到接收单位该怎么办，如何办理改派手续……对于这些问题和可能发生的情况，各省毕业生就业主管部门和各高校制定了一些相关的文件规定。毕业生熟悉或了解这些信息，就能清楚地知道在各种情况下自己应该如何应对，从而避免事到临头不知所措或想当然应付的情况。

3. 有助于以最小的代价找到最理想的工作

在择业的过程中，毕业生通过各种渠道收集需求信息，从中筛选出符合自身条件并且自己满意的用人单位，再通过多种渠道与单位联系，从而达成意向，最后签订就业协议。这种落实就业单位的方式与毕业生漫无目的地到处递送推荐材料比较起来，具有针对性强、成功率高、省时、省力、花销少等优点。

4. 有助于适时调整自己的知识技能

毕业生可以通过收集就业信息来发现自己的不足，及时调整自己的知识结构，提高自己的能力水平。一旦发现自己在哪个方面存在技能欠缺，就去参加必要的补习，进行相应的训练，主动学习和掌握相应的技能，从而使自己在择业中拥有更强的竞争力。

除了在毕业生就业方面发挥重要作用，就业信息还对高校的学科、专业建设有着重要的参考价值。在毕业生就业市场竞争日益激烈的情况下，高校各学科、专业毕业生的就业形势直接与市场需求挂钩。各专业毕业生的就业落实率和就业层次与该专业的社会需求量密切相关。一般来讲，就业率和就业层次高的专业，社会的需求量就大。因此，就业需求信息可以直接反映出市场和社会对各专业的需求度与认同度，反映出专业的"冷"与"热"。

三 就业信息的收集、筛选与应用

1. 就业信息的收集

（1）就业信息收集的原则。

1）"早下手"原则。"早下手"原则是指要及早做好收集就业信息的准备，并且要对收集到的信息及时处理。越早开始做准备，越能掌握就业的主动权。千万不要被动地等待机会的降临，要知道，找工作不是一朝一夕就能解决的，而是一个需要付出努力的过程。所以要主动出击，先下手为强。

2）广泛性原则。广泛性原则是指收集就业信息的渠道要广。同时，要注意不要将就业信息仅仅局限在自己预期的目标上，而忽略了其他与目标有关联的就业信息。目前，大学生求职的一大误区是只注意那些符合自己预先设定的某些行业、某些岗位，这种做法是不科学的。大学生应注意广泛收集信息，将视野变得开阔一些。

3）具体性原则。具体性原则是指收集的信息要具体，避免空泛。对于用人单位的基本情况要了解清楚，包括用人单位的情况和对应招聘岗位的要求。用人单位的情况包括用人单位的名称、性质、生产经营方式、管理理念、未来发展、用人制度等。对于招聘岗位的具体要求，包括用人单位所需人才的学历、生源所在地、性别，专业、外语、计算机能力，专业知识、相应技能、职业资格证书等方面的要求。其中，还要注意的是，就业信息具有很强的时效性，大学生一定要保证自己收集的信息是在有效时间内，否则会浪费个人的时间和精力，错过其他的好机会。

4）真实性原则。真实性原则是指所收集信息的真实可靠性。就业信息传播的渠道和媒介多种多样，存在着信息不对称的客观事实，即求职者与用人单位之间存在信息不对称的现实情况。从求职者角度来说，很难掌握用人单位所有的信息，而且目前我国人才市场机制并不十分健全。这两方面原因使一些企业有机可乘——对外发布不实的信息，这些虚假信息在目前的就业市场上大量存在。最近几年，常有一些大学生被虚假信息所蒙蔽，被培训费、违约金等形式骗取了钱财；还有的误入非法传销公司，导致人身自由受限制。因此，对就业信息要认真分析、客观对待。对于那些从非正规渠道获取的信息要抱着怀疑的态度，认真考察、求证，对于模糊的就业信息要与用人单位及时联系或向别人请教，避免上当受骗。

（2）就业信息收集的渠道。

1）招聘会。为了更好地帮助毕业生落实工作问题，每年各省、市人才市场及高校都会举办不同规模、针对不同专业的人才招聘会。在人才招聘会上，企业提供的信息量比较多，同时提供了毕业生与用人单位直接接触的机会。人才招聘会是大学生求职的重要途径之一，但其效果并不理想。因为几乎每一场招聘会都是人山人海，用人单位收到的简历很多，有时候根本不能完全看完简历再做筛选，也没有办法和求职者在短时间内充分沟通。甚至一场招聘会之后，有的用人单位直接将简历留在现场，不带回单位，导致很多毕业生投出去的简历如石沉大海一般，毫无音讯。

目前，专场招聘会越来越受到毕业生的欢迎，"专场"可以根据所招聘的岗位划分，如"文秘、营销类招聘会"；也可以根据所招聘的对象划分，如"中高级人才洽谈会""应届毕业生双选会"等。这种专场招聘会专门面向某一类求职者，针对性较强。同时，各高校举办的校园招聘会也受到了毕业生的青睐。在校园招聘会上，用人单位主要针对本校的毕业生选拔人才，学校在举办招聘会之前，会对用人单位进行筛选，相对于其他形式的招聘会，校园招聘会所发布的就业信息比较安全、可靠性高。同时，这种招聘会成本较低，毕业生的投入较少，节省了费用。

2）学校就业指导中心。学校就业指导中心是负责毕业生就业的主管部门，也是毕业生获取就业信息的主要渠道之一。学校就业指导中心是联系单位和学生之间的纽带与桥梁。用人单位在决定到学校招聘人才后，就会与学校就业指导中心进行联系。学校就业指导中心会通过网络、张贴信息、通知的方式公布用人单位的需求信息。同时以电话、网络等方式征集应聘单位的信息。相对来说，学校就业指导中心收集的就业信息数量多，针对性、可靠性都要优于其他渠道。同时，毕业生也可以通过就业指导中心了解到宏观的就业信息，包括就业形势、就业政策等。可见，就业指导中心在毕业生求职方面起到的重要作用是其他任何一个部门都无法达到的。

目前，在对待学校就业指导中心的态度上，大多数毕业生存在着一种误区，即宁可到社会上参加那些针对性差的招聘活动，也不愿意到就业指导中心去寻求帮助和查找信息。这部分学生没有意识到学校就业指导中心在自己求职、择业方面的重要作用。在目前就业竞争日趋激烈的环境下，学校就业指导中心从信息收集和公布、提供咨询、就业指导等方面入手，热忱地为大学生提供咨询意见、指导和帮助。因此，毕业生要更多地依靠学校的就业指导中心。

3）媒体渠道。媒体的传播特点是涉及范围广、速度快。在就业信息收集的渠道中，媒体是一个包含巨大信息量的正规渠道。媒体渠道包括广播、电视、报纸、杂志、网络等。现代人力资源管理中，企业招聘的重要手段之一就是媒体。通过媒体，可以公布企业的基本信息、发展前景和招聘需求等。

另外一种渠道就是网络求职。随着互联网的发展，网络已成为重要的供求信息交流平台，网络求职是一种非常方便的求职方法，毕业生要充分利用网络将自己的简历挂放到人才网站上，并通过电子邮件投递简历，同时也可以通过企业网站获取招聘信息，直接投递简历。

网络求职的优点是成本低、信息量大、方便快捷。在网上求职时要注意，由于计算机病毒的流行，建议不要把简历放在附件里。对于感兴趣的企业和职位，可以多发几封E-mail。目前还有一种网络求职方法，即制作一个个人主页，从而引起用人单位的注意，可能会有意想不到的效果。

4）社会关系渠道。在毕业生求职的过程中，社会关系渠道也是不容忽视的。这里所说的"社会关系"不能简单理解为"托关系""走后门"，即利用家人、朋友的特殊身份，采用不正当、不光明的手段去进行求职，而是指一种有可能收集到信息的渠道，这也是企业招聘人才的手段。通过内部员工推荐，可以减少企业招聘的成本。还有一些世界级的大公司鼓励员工推荐优秀的人，并设有奖励。通过社会关系求职，可能会多一些机会，避免出现简历被直接丢弃的情况发生。与毕业生求职有关的社会关系包括家庭成员、亲戚、邻居、朋友、同学、教师、科研伙伴、校友等。在就业过程中，可以多和这些社会关系联系，更多地了解企业。一般来说，这种渠道得到的信息相对比较准确。

通过社会关系渠道求职时，要注意对于别人提供的就业信息要表示重视和感谢，这样才能得到更多的信息。同时，要尽量向社会关系阐明求职意向，并且当你得到对方的推荐时，要问清楚去单位时是否方便提及推荐人。

5）个人主动渠道。个人主动渠道是指求职者对于感兴趣的公司和职位主动进行直接联系。这种渠道要求个人有较强的主动性，并且对目标单位和企业有大致的了解。

个人主动渠道的具体方式为打电话或登门拜访。毕业生可以通过网络、黄页等方式找到联系电话，从而与目标单位取得联系，询问他们是否招聘你这样的人员。打电话时要注意条理清楚，力求音量适中、语速适中，显示出诚意，表示希望得到见面的机会。登门拜访也是一种方式，可以通过其他方式了解到企业的地址，然后登门拜访。但是这种方式对那些明确表示谢绝来电、来访的企业不适用，如果强硬地使用这种方式，效果会适得其反。

6）实习单位渠道。实习单位渠道是指大学生通过在实习单位实习锻炼，获得实习经验，最后被实习单位录用或凭借实习经验被其他单位录用。这种渠道需要毕业生早做准备。在当今就业竞争如此激烈的环境下，企业非常喜欢那些有实习经验的应届毕业生，因为有实习经验的毕业生相对来说更加懂得如何工作，如何与人相处、沟通、交流。同时，招聘有实习经验的毕业生可以降低企业在培训方面的成本。因此，建议大学生及早投入社会实践和专业实习。在实习期间，如果与用人单位相处愉快，他们能够肯定你的工作能力、工作态度，很有可能直接把你作为正式员工录取。即使他们不录用你，这份实习经验也可以帮助你在其他应聘岗位上赢得更好的筹码。

2. 就业信息的筛选

广泛收集就业信息仅仅是择业工作的第一步，收集的信息越多，机会就越多。但是对这些大量的相关信息进行一番去伪存真、去粗取精的鉴别筛选更是一项必不可少的工作。后一项工作处理好了，有用的信息才会对一个人的求职活动真正发挥积极推动作用，起到事半功倍的效果。

在对信息进行筛选时应当遵循求真、求新和求专的原则。

（1）求真就是要了解信息的真实程度。外界的信息可谓真假难辨，有的求职信息纯粹是子虚乌有、空穴来风；有的信息则仅仅是单位出于一种宣传的目的，而非真心实意地想录用新人，这样的招聘广告含有大量的水分；有的则是一些非法机构发布的具有欺骗性、欺诈性的聘用信息，它们常通过收取报名费、中介费和面试费等达到骗取学生钱财的目的。信息的虚假常会导致求职者的决策失误，给就业工作带来多方面的麻烦和损失。因此，求职者一定要对那些值得怀疑、可信度低的用人信息多加以了解、考察、分析和核实，及早将虚假性或欺骗性的信息排除在外。

（2）求新就是要求自己掌握的就业信息具有时效性。一般而言，就业信息具有一定的有效期，越是新近发布的信息，越具有较高的使用价值，这对于单位招聘计划、相关就业政策等尤其如此。过时的信息、政策常会干扰或误导当事人的求职活动。因此，对求职者来说，及时拥有新的职位信息，或许就多了一份胜算的把握。

（3）求专就是要有的放矢，缩小范围，从所有接触的信息中找到适合自己具体情况的有限信息。就业信息并非数量越多对一个人的求职进程越有益处。因为人们接触的信息往往同时包括高相关的、低相关的、无关的、错误的几类。如果无关或错误的信息过多，它们反而会成为就业决策中的负担和额外的干扰源，对合理决策的作出会产生消极影响。毕业生应当格外关注那些与自己的专业、性格、兴趣、能力和特长相符的职位信息，因为它们更适合自己的发展，成为自己未来职业的可能性更大。

对于一份职业招聘广告来说，真实性、有效性和适合性只是评判其使用价值的一般原则，好的用人信息还应当包括以下几个方面的具体要素：单位情况的简单介绍，包括单位名称、性质及上级主管部门；单位的发展历史、现状及远景规划，在本行业中的实力或排名等，单位的整体发展状况为应聘者提供了一个实现自我价值的大环境；对应聘人员的具体要求。这包括对当事人思想政治、人品修养和职业道德等内容的要求，对年龄、身高、体重、相貌和体力之类生理内容的要求；对学历、专业方向、学习成绩和职业技能的要求；有的单位还可能对个人的职业兴趣、职业能力、性格和气质等心理特点提出要求；招聘职位情况的介绍，包括所设立职位的收入福利、工作地点、工作时间、工作环境和发展前途等方面的具体内容。这方面的信息与毕业生切身利益的关系最为密切，也最能够吸引他们关注的目光。毕竟，现在对该职位感兴趣的毕业生来说不一定就会成为该单位未来的正式员工。

通过筛选这一程序，广而杂的就业信息就只剩下最重要、最有价值的部分。要发挥它们的价值，求职者就需要立即行动，及时使用这些"财富"，及时向用人单位发出反馈，以免坐失良机。

对就业信息要提高警惕。要对信息的真实性、可信度进行判断，警惕虚假信息和"就业骗局"。现在市场上经常出现试用期陷阱、收费陷阱、传销陷阱、非法中介陷阱等。应对各种陷阱，毕业生首先要确定一个合理明确的择业目标，使整个就业过程有条不紊，避免虚假信息乘虚而入；其次在求职过程中要把握正规渠道求职、实地考察单位、"不付钱"等原则，尽可能降低上当受骗的可能性。

要注意个人资料的隐私保密。现在很多高校毕业生都通过网络找工作，但有些专业人才网络缺乏严格的审查制度，容易出现违法招聘。毕业生应该进入信誉度高的招聘会和专业人才网站应聘，填写个人信息的时候，要对自己的一些个人数据做必要的保留。当今社会瞬息万变，及时、广泛地掌握和了解就业信息，并具有鉴别和处理运用信息的能力对于高校毕业生来说尤为重要，它可以帮助毕业生确定就业意向，有针对性地、正确地选择就业单位。因此，作为高校的就业指导者要想使学生顺利就业、择业，就应该运用各种方法和途径让学生把握一切机会，通过各种渠道，主动、广泛地搜集各种就业信息，并能够鉴别真伪，使之为己所用，避开信息带来的各种误区，为未来的职业生涯和人生奠定坚实的基础。

毕业生对于收集到的需求信息，应结合自己的实际情况，加以筛选、处理，去粗取精，去伪存真，有目的、有针对性地进行排列、整理和分析。筛选需求信息应注意以下几点。

（1）善于对比。通过多种途径获得的需求信息可能会显得杂乱无序，这就需要科学地进行排序。首先需要注意的是识辨真伪，剔除过时的、虚假的信息；其次是将与自己的专业及兴趣有关的信息提取出来。

（2）把与自己有关的信息按重要程度排队，标明并注意留存，一般的信息则仅供参考。信息具有明显的时效性，谁赢得时间，谁就可能抢占先机。

（3）对于重要信息，毕业生要注意寻根究底，争取对该单位和职位有较为深入的认识。一方面要核实用人单位的性质、隶属关系、工作条件、发展前景、管理状况、地理环境等基本情况及有无进人权、主管部门的进入规定、户口要求等；另一方面要查实用人单位对求职者的要求。详细掌握这些材料，就能在随后进行的面试中处于主动，让主考官在面试时拿你当"自己人"，在情感上首先予以接纳，这一点对求职很重要。

（4）人职匹配。在信息选择中，要把握"适合自己的就是最好的"原则，这一点应是筛选信息的核心。要结合自己的兴趣、爱好、能力等条件，决定自己能够适应和胜任的职业，不要好高骛远、人云亦云、迷失自我。不顾自己的专长，以待遇、地点作为首选原则的毕业生，即使侥幸在求职中取得"成功"，在未来的发展中也会逐渐暴露出自己的弱势，发展后劲也不足。

3. 就业信息的应用

大学毕业生在对就业信息进行筛选之后，还应尽快应用就业信息，及时与用人单位联系，向用人单位递交本人的简历，到用人单位去面试。因为求职信息不仅有时效性的特点，而且就业信息一般都是公开的，如果你动作慢，别的毕业生就有可能会捷足先登。所以，毕业生在使用就业信息时要当机立断。

课堂活动　**职场探秘：就业信息的获取与分析**

一、活动目的

（1）使学生了解就业信息的来源和重要性。

（2）培养学生获取、筛选和分析就业信息的能力。

（3）增强学生的就业规划意识和职业决策能力。

二、活动步骤

1. 引入阶段（5分钟）

（1）教师简要介绍本次活动的内容和目标。

（2）分享一个与就业信息分析相关的案例，激发学生兴趣。

2. 分组与讨论（10分钟）

（1）学生分成若干小组，每组4～5人。

（2）每组选择一个感兴趣的就业领域（如IT、金融、教育等）。

（3）小组内讨论该领域的就业信息来源（如招聘网站、校园招聘会、社交媒体等）。

3. 信息获取（10分钟）

（1）学生利用已有资源（如手机、计算机等）查找所选领域的就业信息。

（2）每组整理出5条以上与所选领域相关的就业信息。

4. 信息分析（15分钟）

（1）小组讨论所获取的就业信息的可靠性、时效性和相关性。

（2）分析信息中提及的职位要求、薪资水平、工作地点等关键信息。

（3）结合自身情况，讨论这些信息对职业规划和求职策略的影响。

5. 成果展示与讨论（10分钟）

（1）每组选出一名代表，向全班展示他们的就业信息分析结果。

（2）其他组可以提问或发表意见，进行互动讨论。

6. 总结与反思（5分钟）

（1）教师总结本次活动的重点内容和学生的表现。

（2）学生反思在获取和分析就业信息过程中的经验和教训。

三、活动评价

1. 过程性评价（小组内互评）

（1）评价团队成员在获取信息、分析信息和讨论过程中的参与度和贡献度。

（2）评价团队成员之间沟通协作和解决问题的能力。

2. 成果性评价（教师评价）

（1）评价小组展示的就业信息分析结果的准确性和全面性。

（2）评价学生在互动讨论中提出的问题和观点的质量、深度。

3. 自我反思性评价（学生自评）

（1）学生反思自己在活动中的收获和不足。

（2）学生提出改进自己在获取和分析就业信息方面能力的建议。

案例分析

在某大学学生宿舍，小赵几乎整个白天都守在计算机前，全神贯注地盯着屏幕，不停地在各个 HR 网站之间切换，如智联招聘、前程无忧等，他的眼神在海量招聘信息中穿梭，仔细筛选着每一个可能适合自己专业和兴趣的岗位。而他的室友小扬则显得从容不迫，手中把玩着几份不同单位的就业意向书，从国企到民企，他似乎在权衡着各种因素，脸上却始终挂着一种自信且兴奋的笑容。

是什么让同一个专业、同一个宿舍的他们，在即将迈入社会的关键节点，面临着如此不同的境遇呢？经过深入采访记者发现，症结所在正是他们对就业信息的掌握程度和利用效率上的巨大差异。

小赵更多的是采取传统的求职方式，即通过各大招聘网站来获取就业信息，他虽然也付出了大量的时间和精力，不断地刷新、搜索、投递简历，但这种单一的信息来源渠道使他的求职战线显得较为被动，也限制了自身选择的范围和灵活性。

小扬则表现出更为积极主动和多元化的信息获取与利用能力。他不仅充分利用了学校就业指导中心提供的各类就业信息，包括但不限于校园招聘会、实习机会及定向培养项目等。同时，他还主动出击，直接前往心仪企业的官方招聘网站或社交媒体平台收集和分析最新的招聘信息。这种从多渠道获取信息并结合自身实际情况进行精准定位的做法，使小扬能够在求职过程中占据主动权，赢在了起跑线上。

小扬深知，手中的就业意向书不仅仅是一张纸，更是他赢得未来职场竞争的资本。他利用自己的智慧和努力，提前布局，多方出击，使得自己在众多应聘者中脱颖而出。而小赵则显得较为保守和被动，他更多地依赖于招聘网站提供的信息，缺乏主动出击的精神。这使得他在求职过程中处于劣势。

案例分析：本案例展示了小赵和小扬在求职过程中的显著差异。小赵依赖传统招聘网站，花费大量时间却收效甚微，反映出他的被动和单一的信息获取方式。而小扬则积极利用多种渠道，不仅关注学校资源，还主动收集企业信息，展现了他的主动性和多元化策略。小扬通过精准的自我定位和多元化的信息收集，成功为自己赢得了更多选择机会和竞争优势。该案例揭示了信息获取与利用效率对求职成功的重要影响，以及积极主动的态度对于职场成功的重要性。

任务五　认知土建企业

课前引入

我们每天行走在路上，看到的那些高耸的楼房、宽阔的道路、气势磅礴的桥梁，都是土建企业辛勤工作的成果。那么，什么是土建企业呢？它又是如何在我们这个社会中扮演着重要的角色呢？

土建企业，简而言之，就是从事土木工程建筑的公司。它们是我们城市建设的"主力军"，负责设计、施工、监理等各种建筑工程项目。从居民楼、办公楼到商场、公园，从高速公路、铁路到桥梁、隧道，甚至包括我们脚下的每一寸土地，都离不开土建企业的努力。

作为一个学习建筑或土木工程的学生，了解土建企业的运营模式、组织结构、发展前景，以及其所面临的挑战和机遇，对于我们未来的职业发展具有重要意义。因为只有深入了解这个行业，我们才能更好地适应它、融入它，并最终在这个行业中找到自己的位置。

本任务将探讨土建企业的方方面面，将学习它们是如何组织施工、如何管理项目、如何与各种利益相关者进行沟通和协调的；了解它们如何适应市场的变化、如何抓住机遇、如何面对挑战。

一　土建企业的基本含义

1. 土建企业的定义与领域

土建企业，作为土木建设工程和装饰装修工程等领域的核心施工企业，承担着为城市建设和社会发展提供全方位服务的重要职责。在我国，土建企业的业务范围广泛，涵盖了房屋建筑、市政设施、交通设施、水利设施等建设工程的设计、施工、监理及技术服务等全方位服务。这些企业不仅承担着城市基础设施的建设任务，还延伸至高端住宅、写字楼、商业综合体及各类公共建筑物的建设。

从工程设计阶段开始，土建企业就深度参与，确保建筑的安全性、功能性和艺术性的完美结合。它们负责施工过程的组织与管理，严格遵循国家相关规范和标准，对工程质量、进度和成本进行全面控制。在施工过程中，土建企业还需配合监理单位对施工过程进行全程监控，确保工程各项指标达到预设目标。

此外，随着科技的发展和行业的进步，土建企业也开始大量应用智能化、数字化技术，提供绿色建筑、智能建筑等新型建筑业态的设计、施工一体化服务，进一步提升了建筑行业的整体竞争力。

随着经济的发展和社会的进步，土建企业所面临的市场竞争压力也越来越大。为了在激烈的市场竞争中立于不败之地，土建企业需要不断加强自身的技术创新和人才培养。这些企业通过不断引进和研发新的施工技术、材料和设备，提高施工效率和质量，降低成本，从而提高自身的核心竞争力。

在人才培养方面，土建企业需要注重人才的引进和培养，建立一支高素质、专业化的施工队伍。通过加强员工培训和教育，提高员工的专业技能和综合素质，增强员工的企业凝聚力和归属感，从而为企业的发展提供强有力的保障。

除了技术创新和人才培养，土建企业还需要加强与其他行业的合作与交流。通过与设计、监理、材料供应等领域的优秀企业建立战略合作关系，实现资源共享、优势互补，共同推动城市建设和社会发展。

2. 土建企业的特点

（1）户外作业为主，劳动强度大。土建企业的施工工作大多在户外进行，涵盖了一系列基础设施建设的方方面面，如房屋、商业建筑、公共设施、道路、桥梁、隧道及各类工程项目的建设与维修。这些工作不仅涉及的内容广泛且复杂，对从业者的要求也尤为严格。员工们需要具备扎实的专业知识和技能，从设计、施工到验收，每一个环节都必须严格遵循国家相关标准和规范，以确保建筑物的安全、可靠。

在具体的施工过程中，土建企业员工面临着多种挑战。体力上是必不可少的支撑，因为工地上的劳动强度大，从挖掘、搬运到浇筑混凝土等，都需要有强健的体魄和坚韧不拔的精神。如果缺乏足够的体能储备，很难适应高强度的劳动，从而影响工作效率和工程质量。技术水平也是至关重要的因素，土建领域涉及众多专业技术知识，包括但不限于土力学、建筑结构、建筑材料、施工工艺等。

在恶劣环境下进行高强度劳动是土建企业员工的常态。无论是炎炎夏日下的暴晒，还是寒风凛冽中的坚守，他们都需要保持高度的工作热情和专业水准。对于工程中出现的新情况、新问题，他们应具备随机应变的能力，采取科学、合理的解决方案，以确保工程质量和进度不受影响。

（2）工程项目周期长，资金占用大。土建企业的工程项目具有其固有的周期性和资金占用特点。从设计阶段开始，土建企业就需要投入大量的人力、物力和财力，进行详细的地质勘察、方案设计、施工图设计等工作。这个阶段虽然不直接产生经济效益，但直接决定了后续施工阶段的质量和进度，因此，企业必须高度重视设计阶段的工作，确保设计方案的合理性、经济性和可行性。

施工阶段是工程项目周期中时间最长，也是资金占用最大的环节。在这个阶段，土建企业需要采购各种建筑材料，组织施工队伍，进行土建施工、设备安装、管线敷设等工作。这个阶段的风险控制尤为重要，企业需要密切关注市场动态，合理安排施工计划，加强施工现场管理，确保工程质量、进度和安全。

竣工验收阶段是工程项目的最后一个环节，也是确保企业回收投资、获取经济效益的关键步骤。在这个阶段，企业需要按照相关规定，提交验收申请，配合相关部门进行竣工验收。同时，企业还需要对发现的问题及时整改，以确保顺利通过验收并交付使用。

在工程项目实施过程中，土建企业还需要关注宏观经济形势、行业政策变化等因素带来的影响，合理安排资金使用计划，加强现金流管理，以应对可能出现的资金短缺风险。此外，企业还需要加强合同管理、变更管理等工作，以降低项目成本风险和市场价格波动带来的不利影响。

（3）施工技术要求高，专业性强。在当今这个日新月异、竞争激烈的市场环境中，土建企业面临着多重挑战。不同的工程项目涉及的技术领域各有侧重，对土建企业的专业技术要求越来越高。这就像一座摩天大楼的建设，不仅需要坚固的基石，还需要精巧的内部结构设计和先进的建筑材料。因此，土建企业必须紧跟科技发展的步伐，持续加强技术研发和创新能力的培育。

为了适应不断变化的市场需求和工程挑战，土建企业在注重技术创新和研发的同时，还要培养专业人才，引进先进技术，提高自身的核心竞争力。只有这样，才能在激烈的竞争中立于不败之地，为客户提供更优质的服务，为社会作出更大的贡献。

（4）产业链条长，涉及领域广。土建企业的产业链条之长，其涉及领域之广令人瞩目。从上游的建筑材料生产环节开始，土建企业就需要参与到诸如矿山开采、水泥生产、钢材加工、砌块制造等基础建材的提供中，这些是构建建筑物必不可少的基石。中游的建筑施工阶段是土建企业的核心领域，涵盖了房屋建筑、基础设施建设、市政工程、交通设施建设等多个细分市场。这一环节不仅需要运用大量的体力劳动和技能，还要求企业具备强大的技术实力、先进的施工设备和管理能力，以确保工程的进度和质量。

下游的装饰装修领域则是土建企业产业链的进一步延伸和服务升级，涉及对建筑内部的精细化装饰、高级定制设计，以及商业空间布置等多元化需求。这部分市场要求土建企业不仅有基础的建造能力，还需要具备创意设计、精细施工和后期配套服务等方面的综合能力。

这种从上游至下游的全方位涉及，使得土建企业在市场竞争中能够灵活地应对各种市场变化和需求波动。无论是对接不同阶段的工程项目，还是根据客户需求进行定制化服务，土建企业都能凭借其丰富的经验和资源优势，实现快速响应和高效执行。

（5）政策导向和市场需求影响较大。政策的变化和市场需求的变化，是土建行业中两个至关重要的变量，其对土建企业的发展有着深远且直接的影响。政策层面的调整，往往意味着行业规则的重塑和市场竞争格局的变迁。比如，政府如果推出有利于土建行业发展的政策，如税收优惠、贷款扶持、市场准入放宽等，将会激发土建企业的活力，促进其加大投资力度，拓展业务范围，提升市场竞争力。反之，如果政策环境趋紧，如环保要求的提高、安全生产标准的严格、招投标规定的改变等，则可能增加土建企业的运营成本，改变行业竞争态势，要求企业必须适时调整发展战略以适应新的政策环境。

市场需求的变化则是土建企业无法忽视的另一大影响因素。随着城市化进程的加快、基础设施投资的增减、房地产周期的波动，以及其他社会经济活动的发展，土建市场的需求会随之相应变化。例如，在城市化初期，基础设施建设和住宅开发需求旺盛，土建企业迎来发展黄金期；而当城市设施趋于完善，市场需求转向更新改造和精细化管理时，土建企业的业务重心也需要随之转型。

二 土建企业在社会经济发展中的作用

1. 提高对土建企业的认识和理解

土建企业作为城市建设、基础设施建设和房地产开发等领域的核心力量，扮演着极其关键的角色。它们承担着众多公共建筑和商业建筑的设计、施工、维护等任务，从住宅小区、办公大楼、商场超市，到桥梁隧道、公路铁路、港口码头，以及各类市政设施的建设和维护，都离不开土建企业的辛勤耕耘。

作为城市建设的核心力量，土建企业参与了众多城市地标性建筑的设计与施工，如高楼大厦、桥梁隧道、公路铁路等，为城市的现代化建设作出了巨大的贡献。它们不仅承担着城市基础设施的建设任务，如供水、排水、供电、燃气等，还负责着各类市政设施的维护和管理，为市民提供着便捷的生活环境。

在房地产开发领域，土建企业也是不可或缺的一环。从住宅小区到商业综合体，从高端别墅到公寓大楼，它们承担着房屋建筑设计、施工、装修等任务，为人们提供着舒适、安全的居住环境。

同时，土建企业的发展也面临着诸多挑战和机遇。国家宏观政策的调整、市场环境的变化、技术创新的推动，都将对土建企业的发展产生深远影响。因此，我们需要加强对土建企业的关注和支持，为它们的持续健康发展提供有力保障。

总之，土建企业在社会经济发展中扮演着举足轻重的角色，其不仅是城市现代化的推动者，更是社会基础设施建设的重要保障。通过提高对土建企业的认识和理解，我们能够更全面地把握这些企业在社会经济发展中的地位和作用。同时，我们也需要关注和支持土建企业的发展，为推动我国经济社会进步作出更大的贡献。

2. 促进土建企业的可持续发展

土建企业在追求经济效益和持续发展的过程中，必须将环境保护和社会责任纳入其核心发展战略。通过积极推广绿色建筑理念，采用环保材料和技术，以及深度参与社会公益事业，土建企业不仅能够提升自身的社会形象和品牌价值，还能够为社会的长远利益作出实质性的贡献，实现经济效益与社会效益的双重提升。

推广绿色建筑是土建企业履行环保责任的重要体现。绿色建筑以可持续发展为原则，通过优化建筑设计、选用低能耗材料和系统，以及安装新能源设施等手段，极大地降低了建筑在全生命周期中的能源消耗和环境污染。同时，绿色建筑凭借其环保、节能的特性，能够提高居住或使用者的舒适度，增强建筑的市场竞争力，从而带来额外的经济效益。

采用环保材料和技术也是土建企业实现绿色发展的关键步骤。环保材料如绿色混凝土、节能玻璃等，具有低能耗、低排放、易回收等特点，能有效减少建筑材料生产过程中的环境影响。先进的施工工艺和技术，如节水灌溉技术、建筑废弃物再利用等，不仅能提高施工效率，还能进一步降低施工过程中的资源消耗和环境污染。

积极参与社会公益事业，对于土建企业树立良好社会形象、提升品牌影响力具有重要意义。企业可以通过赞助环保项目，支持教育、医疗等公益设施建设，以及参与灾后重建、扶贫帮困等活动，展现其对社会责任的担当。这些举措不仅有助于土建企业塑造良好的公共关系，还能通过实际行动推动社区发展，为社会的长远利益注入正能量。

三　土建企业的核心要素

1. 组织架构与职责划分

土建企业的组织架构是企业运行的基础，它决定了企业内部各部门的职能划分和协作方式。一个高效的组织架构应与企业战略相匹配，支持企业战略目标的实现。组织架构的设置应遵循精简高效、责权对等和灵活适应的原则，避免机构臃肿和人浮于事，确保各项任务能够高效执行。

在土建企业中，常见的组织架构包括决策层、管理层和执行层。决策层负责制定企业战略和重大决策；管理层负责各业务领域的计划、组织、指挥、协调和控制；执行层负责具体业务操作和执行。各部门之间应建立明确的职责划分和协作机制，确保信息流通顺畅，提高工作效率。

2. 人力资源管理

人力资源是土建企业的第一资源，对企业的发展具有至关重要的作用。人力资源管理涉及招聘、培训、绩效管理和薪酬福利等多个方面。土建企业应注重人才的引进和培养，通过校园招聘、社会招聘等渠道吸引优秀人才，并通过系统的培训计划提升员工的专业技能和综合素质。

在绩效管理方面，土建企业应建立科学的考核体系，将员工的工作业绩与薪酬福利、晋升机会等紧密挂钩，激发员工的工作积极性和创造力。同时，企业还应关注员工的职业发展规划，为员工提供广阔的发展空间和晋升机会。

3. 技术实力与创新能力

技术实力是土建企业在市场竞争中脱颖而出的关键。土建企业应注重技术创新和研发投入，不断提升自身的技术水平和创新能力。这包括引进先进的施工技术和设备、优化施工工艺流程、提高施工质量等方面。

此外，土建企业还应加强与高校、科研机构等合作，共同开展技术研发和人才培养工作。通过产学研结合的方式，企业可以更快地掌握行业前沿技术和发展趋势，为企业的发展提供有力支撑。

4. 管理能力与运营效率

管理能力是土建企业竞争力的核心内容。一个高效的管理团队能够确保企业各项经营活动的有序进行和资源的合理配置。土建企业应注重管理人才的培养和引进，提升管理团队的整体素质和能力水平。

在运营效率方面，土建企业应通过优化管理流程、提高信息化水平等手段，提升企业的运营效率。例如，可以引入先进的 ERP（企业资源计划）系统、BIM（建筑信息模型）技术等管理工具，实现企业管理的精细化和智能化。

5. 企业文化与品牌建设

企业文化是土建企业生存与发展的灵魂。积极向上的企业文化能够激发员工的归属感和凝聚力，为企业的发展提供源源不断的动力。土建企业应注重企业文化的塑造和传播，通过举办各种文化活动、加强员工培训等方式营造浓厚的企业文化氛围。

同时，品牌建设也是土建企业不可忽视的重要方面。一个具有知名度和美誉度的品牌能够提升企业的市场影响力和竞争力。土建企业应注重品牌形象的塑造和推广，通过提供优质的产品和服务赢得客户的信赖和好评。

6. 市场战略与营销能力

市场战略是土建企业发展的指南针。土建企业应根据市场环境的变化和自身实际情况制定符合自身发展的市场战略，明确目标市场和目标客户群体，制订相应的营销策略和行动计划。

在营销能力方面，土建企业应注重营销网络的建设和维护，通过拓展销售渠道、加强客户关系管理等方式提升自身的营销能力。同时，企业还应注重品牌传播和推广工作，通过广告、公关、社交媒体等多种渠道提升品牌知名度和美誉度。

7. 财务管理与风险控制

财务管理是土建企业稳健发展的保障。土建企业应建立健全的财务管理制度，包括会计核算、财务报告、财务分析、内部控制等方面，确保企业财务管理的规范化和制度化。同时，土建企业还应注重资金筹措和调度工作，确保企业资金链的稳定和安全。

在风险控制方面，土建企业应建立健全的风险管理机制，通过制定风险管理制度、加强风险预警和监控等手段降低企业经营风险。同时，土建企业还应注重法律法规工作，遵守国家法律、法规和行业规范，确保企业的合法合规经营。

8. 安全生产与质量管理

安全生产和质量管理是土建企业的生命线。土建企业应始终将安全生产放在首位，加强安全生产宣传教育、落实安全生产责任制、加强安全生产检查和隐患排查治理等工作。同时，土建企业还应注重质量管理工作，通过制定质量管理制度、加强质量控制和检验检测等手段，提升产品质量和服务水平。

综上所述，土建企业的核心要素涉及多个方面，需要企业全面考虑和统筹安排。只有不断提升自身的核心竞争力，才能在激烈的市场竞争中立于不败之地。

课堂活动　走进土建企业：理解与合作

一、活动目的

（1）加深学生对土建企业基本含义、特点及其在社会经济发展中作用的理解。

（2）培养学生分析和评估土建企业核心要素的能力。

（3）引导学生认识到选择合适的土建企业合作的重要性，并激发其对土建行业发展的兴趣。

二、活动步骤

1. 引入阶段（5分钟）

（1）教师简要介绍土建企业的基本概念，并提问学生关于土建企业的初步认识。

（2）展示几个著名的土建企业案例，激发学生对土建企业的兴趣。

2. 知识讲解阶段（10分钟）

（1）教师详细讲解土建企业的定义、领域及特点，包括其业务范围、技术专长等。

（2）介绍土建企业在社会经济发展中的作用，包括其对基础设施建设、城市化进程等方面的贡献。

3. 小组讨论阶段（15分钟）

（1）学生分组，每组4～5人，围绕以下两个问题展开讨论。

1）土建企业应具备哪些核心要素，才能在市场上取得竞争优势？

2）在选择土建企业合作时，应该考虑哪些因素？

（2）每组选取一个土建企业的案例，对其核心要素和市场竞争地位进行分析。

4. 成果展示阶段（10分钟）

（1）每组选出一名代表，向全班展示其讨论成果和分析结果。

（2）其他组可以提问或发表意见，进行互动讨论。

5. 总结提升阶段（5分钟）

（1）教师总结学生在讨论中提到的核心观点和见解。

（2）强调选择合适的土建企业合作的重要性，并鼓励学生在未来的学习和工作中继续深入了解土建行业。

三、活动评价

（1）小组讨论活跃度评价：根据小组讨论时的积极程度和参与度进行评价，观察学生是否能够主动发表意见和观点。

（2）成果展示质量评价：对每组的展示内容进行评价，看其是否能够清晰地展示所选土建企业的核心要素和市场地位，分析是否合理。

（3）互动讨论评价：对学生在互动讨论环节的表现进行评价，看其是否能够积极参与讨论，提出有建设性的问题或观点。

（4）知识掌握程度评价：通过提问或测验等方式检查学生对土建企业基本概念、特点及其在社会经济发展中作用的理解程度。

（5）情感态度评价：观察学生对土建企业的兴趣程度和态度变化，看其是否能够通过本次活动加深对土建行业的认识和理解。

案例分析

即将大学毕业的小刘，怀揣着对土建行业的浓厚兴趣和对未来的无限憧憬，选择了一家知名土建企业作为他的实习平台。在这家企业的实习岗位上，小刘有幸得到了一位经验丰富、热心指导的实习班长的带领。

在实习的过程中，小刘不仅接触到了土建工程的各个环节，还深入了解了土建企业的运作模式和管理体系。他亲眼见证了从项目规划、施工到竣工验收的全过程，体验了团队合作的重要性，以及解决问题的挑战性。在实习班长的耐心指导下，小刘逐渐掌握了土建工程的基本知识，并且在实践中不断提升自己的专业技能。

在实习的过程中，小刘还参与了一些实际项目，与同事们共同完成了许多工作任务。他发现自己对土建行业的热爱和执着不仅仅源于对这个行业的兴趣，更是因为在这个行业中，他能够找到实现自我价值的舞台。每当他参与到一个项目中，并且成功完成，内心的成就感都让他倍感满足。

随着时间的推移，小刘越发坚定了自己在土建行业发展的决心。他深知，要在这个行业中打出自己的一片天地，需要付出更多的努力和汗水。但他也相信，只要坚持不懈、勇往直前，就一定能够实现自己的梦想。因此，小刘在实习结束后，毫不犹豫地选择了留在这家知名土建企业，继续为自己的梦想而奋斗。

案例分析：在这个案例中，小刘的经历展现了一个大学生如何将个人兴趣与职业规划相结合的过程。他对土建行业的热爱驱动他选择知名土建企业实习，这是自我认知和职业规划的重要一步。在实习期间，他得到了经验丰富的实习班长的指导，不仅学习了土建工程的专业知识，还亲身体验了项目运作的全过程，加深了对行业的了解。小刘的实习经历让他意识到团队合作的重要性，并锻炼了他解决问题的能力。更重要的是，他发现了自我价值的实现途径，增强了在土建行业发展的决心。这个案例展示了通过实践探索职业方向，并将兴趣转化为动力，不断努力追求梦想的重要性。小刘的经历激励着许多青年为梦想而奋斗。

项目四
提升职业素质

知识目标

1. 深化专业知识：致力于系统学习和深化掌握本专业的核心知识，包括但不限于理论知识、实践技能、行业规范及标准，以确保对专业领域的全面理解和应用。

2. 增强实践能力：通过参与项目实践、模拟操作、案例分析等方式，提高解决实际问题的能力，积累丰富的实战经验，为未来的职业发展奠定坚实基础。

3. 提升沟通能力：学习并掌握有效的沟通技巧，包括口头表达、书面表达、倾听与反馈等，更好地与同事、上级和客户进行交流与合作。

4. 加强团队协作：学习如何在团队中扮演不同角色，与团队成员共同完成任务，提升团队协作能力和效率，同时，培养团队领导力和团队协作能力。

5. 增强自我学习：培养自我学习和自我提升的能力，学会利用各种学习资源，如在线课程、专业书籍、行业报告等，不断更新自己的知识和技能。

6. 树立正确的职业观念：深入理解职业道德和职业责任的重要性，树立正确的职业观念和价值观，为职业发展奠定坚实的道德基础。

7. 提升职业素养：学习并遵守职场规则和礼仪，提升个人职业素养，包括工作态度、行为规范、职业素养等，塑造良好的职业形象。

8. 提高道德修养：注重个人品德的修养，遵守社会公德和职业道德，树立良好的个人品德和道德风尚，为职业发展提供强大的道德支撑。

能力目标

1. 精通专业核心知识：达到对本专业核心知识的深入理解和熟练掌握，能够在实际工作中灵活运用，解决复杂问题。

2. 独立解决问题能力：培养独立分析和解决问题的能力，能够迅速识别问题根源，提出有效的解决方案，并付诸实践。

3. 高效沟通能力：能够清晰、准确地表达自己的想法和观点，善于倾听他人的意见和建议，建立和维护良好的人际关系。

4. 团队协作能力：具备团队协作精神，能够积极参与团队工作，与团队成员共同完成任务，实现团队目标。

5. 自我学习能力：具备持续学习和自我提升的能力，能够主动寻找学习资源，不断更新知识和技能，适应职业发展的需要。

6. 职业素养：树立良好的职业形象，遵守职业道德规范，具备高度的责任感和敬业精神。

7. 综合素质：具备全面的知识结构和广阔的视野，能够适应不同的工作环境和岗位需求，展现出卓越的综合素质。

8. 道德修养：注重个人品德的修养，遵守社会公德和职业道德，具备高尚的道德情操和良好的行为习惯，为社会作出贡献。

任务一　提升专业技能

课前引入

在快速变化的职场环境中，专业技能不仅是我们的立足之本，还是我们迈向成功、实现职业梦想的强大驱动力。

提升专业技能，并非一蹴而就的易事。它需要我们不断地探索、学习和实践。在这个过程中，首先要确定自己的专业方向与目标。这就像是航行在茫茫大海中的一艘船，如果没有明确的航向，那么再大的风帆也难以抵达彼岸。因此，我们要结合自身的兴趣、特长和市场需求，明确自己想要在哪个领域深耕，以及期望在未来达到怎样的职业高度。

当有了明确的专业方向和目标后，接下来要做的就是深入学习专业核心知识。这是提升专业技能的基础和关键。我们要通过研读经典著作、参加专业培训、与同行交流等多种方式，不断充实自己的知识库，提高自己的专业技能。同时，还要保持对知识的敬畏和热爱，因为只有这样，才能在学习的道路上不断前进，不断超越自己。

然而，仅仅学习专业核心知识是远远不够的。在当今这个快速发展的时代，行业前沿技术日新月异，我们必须紧跟时代的步伐，掌握最新的技术和方法。这就需要我们时刻保持敏锐的嗅觉和好奇心，关注行业动态和技术发展趋势，勇于尝试和实践新技术。只有这样，我们才能在激烈的职场竞争中立于不败之地，实现自己的职业梦想。

本任务将围绕"确定专业方向与目标""深入学习专业核心知识"和"掌握行业前沿技术"这三个方面展开深入探讨。

一　确定专业方向与目标

在职业发展的道路上，明确自己的专业方向至关重要。这是每个人都需要深入思考和明确的问题。首先，需要深入分析自己的兴趣和擅长的领域。"兴趣是最好的老师。"只有对自己所从事的工作充满热情，才能保持持久的动力和创造力。同时，也要关注职业发展的趋势，趋势代表着市场的需求和行业的发展方向。

在选择职业方向时，不仅要考虑个人的兴趣和擅长的领域，还要深入了解市场的需求和行业的发展趋势。一个既有个人满足感又能顺应市场需求的职业方向是实现职业成功的重要因素。只有这样，才能够在工作中找到成就感和满足感，同时也可以增加自己的市场竞争力。在明确职业方向后，设定短期与长期的目标便成了下一步的关键。

短期目标可以聚焦于当前工作的具体需求，如提升沟通能力、增强团队协作能力等。这些能力的提升可以帮助我们更好地完成当前的工作，提高工作效率和质量。而长期目标应当考虑个人职业发展的长远规划，如成为某个领域的专家、担任某个高级管理职位等。这些目标的设定可以帮助我们明确自己的职业发展方向，指导我们在职业道路上不断前进。

要想在自己的职业生涯中取得成功，需要不断地学习和成长。只有这样，才能为自己的职业发展奠定坚实的基础。

二　深入学习专业核心知识

专业核心知识体系犹如构建职业生涯的坚固基石，其重要性贯穿于每个职业发展的阶段。无论是初出茅庐、踏入职场的崭新一员，还是已经在行业内摸爬滚打、渴望更上一层楼的资深专业人士，拥有一套扎实且精深的专业核心知识体系都是不可或缺的。它不仅是在工作中展现专业素养、提升工作效率和质量的决定性因素，还是在面对行业变革时能否具有敏锐洞察力、精准把握行业脉搏的关键所在。

在瞬息万变的现代社会中，行业变革的步伐日益加快，只有拥有扎实专业核心知识体系的人才能准确把握行业脉搏，紧跟行业发展趋势，并在工作中游刃有余地应对各种挑战。为了能够与时俱进，精准把握行业脉搏，我们必须积极寻找并吸收最新的专业知识和信息。在这个知识更新速度极快的时代，每天都有新的理论研究成果、技术发明和应用实践涌现。因此，必须建立一种持续学习的习惯，主动出击，通过网络、学术刊物、行业报告等多种渠道获取最新的专业知识和信息。

精读专业书籍和行业报告是打造专业核心知识的重要手段。这些权威资料经过专家学者和行业分析师的精心编撰，涵盖了从基础理论到前沿实践的丰富内容，为我们提供了全面而深入的视角。通过系统阅读，我们可以了解专业知识的最新发展动态，紧跟行业前沿，掌握核心技术和理念，从而在实践中能够运用并参考这些资料，提高工作效率和质量。

参加专业培训、研讨会等活动则是提升专业核心知识的有效途径。在这些活动中，我们可以直接与同行交流学习心得，分享工作经验，共同探讨行业发展趋势和挑战。这种互动式的学习方式不仅能够拓展思维视野，帮助发现自身的不足和差距，还能激发创新思维和提高解决问题的能力。通过以上方式，我们可以不断丰富自己的专业知识储备，提升专业素养，成为行业发展的中坚力量。同时，还要不断调整自己的学习方法和策略，以适应不断变化的市场环境和行业需求，从而在职业生涯中取得更大的成功和发展。

打造专业核心知识体系是一个持续演进的过程，需要我们不断努力和积累。通过以上方式的不断学习和实践，我们可以逐步完善自己的专业知识结构，提升专业水平，成为行业发展的有力推动者。

三 掌握行业前沿技术

在信息化时代背景下，技术革新已成为各行各业发展的关键驱动力。掌握行业前沿技术对于提升个人专业技能、适应市场需求及保持职业竞争力具有重要意义。为了更好地掌握行业前沿技术，我们需要密切关注行业动态。通过阅读专业期刊、参加行业研讨会、浏览权威技术网站等方式，及时了解新技术、新方法的发展趋势。这些前沿技术包括但不限于人工智能、大数据、云计算、物联网、区块链等。通过自学、参加培训课程或向专业人士请教等方式学习并掌握这些新技术。自学可以培养自主解决问题的能力，培训课程可以帮助我们系统地学习和掌握新技术，向专业人士请教则可以为我们提供实践经验和指导。

在学习过程中，要注重理论与实践相结合，将所学技术应用于实际工作中，以提高自己的工作效率和解决问题的能力。同时，也要保持持续学习的态度，不断跟进技术的发展步伐，确保自己始终站在行业的前沿。此外，我们还需要注重培养自己的创新思维和团队协作能力。创新思维能够帮助我们更好地应用所学技术，解决实际问题；而团队协作能力有助于我们更好地与他人合作，共同完成项目或任务。

总之，在信息化时代背景下，掌握行业前沿技术对于个人职业发展和适应市场需求具有重要意义。通过关注行业动态、学习新技术、注重理论与实践相结合及持续学习等方式，可以不断提升自己的专业技能和职业竞争力。同时，保持创新思维和团队协作能力也是必不可少的。

课堂活动 专业技能精进之旅

一、活动目的

（1）帮助学生明确个人的专业方向和发展目标。

（2）加深学生对专业核心知识的理解，提高实践能力。

（3）使学生了解并掌握所在行业的最新前沿技术。

（4）培养学生的团队协作能力和创新意识。

二、活动步骤

1. 启动会议（15分钟）

（1）教师介绍活动背景、目的及整体流程。

（2）学生分组，每组5~6人，确定组长。

2. 专业方向与目标确定（30分钟）

（1）每位学生进行自我评估，分析自己的兴趣、优势和未来职业规划。

（2）小组讨论，根据每个人的特点和市场需求，为每位成员提供初步的专业方向建议。

（3）每位学生制订个人短期（1~2年）和长期（3~5年）的专业发展目标。

3. 专业核心知识学习（90分钟）

（1）教师介绍专业核心知识体系，分发相关学习资料。

（2）小组讨论学习，对专业核心知识进行深入探讨，并尝试解决案例问题。

（3）每组选择一名代表，汇报讨论成果，其他学生提问互动。

4.行业前沿技术探索（60分钟）

（1）教师介绍当前行业的主要前沿技术及其发展趋势。

（2）学生通过网络和图书馆资源，自行查找相关资料，了解前沿技术的最新动态。

（3）每组选择一种前沿技术，制作简单的PPT或演示文稿，向全班展示并讲解。

5.总结与反思（30分钟）

（1）每组讨论本次活动的收获和不足之处。

（2）每位学生总结个人在活动中的学习和成长。

（3）教师点评活动整体效果，提出改进建议。

6.成果展示与分享（课后）

（1）学生将活动成果整理成报告或论文，提交给教师。

（2）教师选择部分优秀作品，在课堂上进行展示和分享。

三、活动评价

（1）过程评价：观察学生在活动中的参与度、团队合作能力和创新意识，记录学生的积极表现和进步点。

（2）成果评价：评价学生提交的个人发展计划、学习笔记、PPT演示文稿或论文的质量和深度，是否体现了对专业核心知识的掌握和对行业前沿技术的理解。

（3）自我评价：鼓励学生进行自我评价，反思自己在活动中的表现，提出改进意见和建议。

（4）综合评价：综合过程评价、成果评价和自我评价，对每位学生在本次活动中的表现进行总体评价，并给出相应的建议和反馈。

案例分析

在充满挑战与机遇的现代社会中，主人公小陈以其坚韧不拔的精神和持续不懈的努力，通过不断地提升专业技能，最终在事业上踏上了康庄大道。

小陈自大学毕业后便踏入了职场，初入职场的他深知自己面临着激烈的竞争和不断的挑战。因此，他下定决心要不断提升自己的专业技能，以此来增强自身的竞争力。

首先，小陈从分析自身兴趣和职业发展趋势入手，明确了自己的专业方向和目标。他深知，只有找到了真正热爱并且具有发展前景的领域，才能全身心地投入并取得成功。于是，他选择了与自己专业背景相符且前景广阔的领域作为自己的发展方向。

其次，小陈开始深入学习专业核心知识。他利用业余时间阅读了大量的专业书籍和行业报告，通过不断的学习和积累，逐渐掌握了专业领域的核心知识和技能。此外，他还积极参加各种专业培训和研讨会，与同行交流学习心得，不断拓宽自己的视野和思路。

在掌握专业核心知识的基础上，小陈开始关注行业前沿技术。他深知，随着科技的快速发展，新技术和新方法不断涌现，只有不断学习和掌握这些新技术，才能在激烈的竞争中立于不败之地。因此，他时刻关注行业动态，学习并掌握新技术和新方法，并将其应用于实际工作中，不断提升自己的工作效率和生产力。

正是凭借着这种不断学习和提升的精神，小陈在事业上取得了显著的进步。他逐渐成了公司中的佼佼者，并获得了同事和上级的高度评价。最终，他踏上了康庄大道，在事业上取得了巨大的成功。

案例分析：小陈的故事告诉我们，只有不断学习和提升自己的专业技能，才能在竞争激烈的职场中立于不败之地。只有不断努力和追求进步，才能走向更加辉煌的未来。

任务二　提升通用技能

课前引入

在当今社会，不仅需要扎实的专业知识，还需要一系列通用技能来辅助我们更好地适应和应对各种挑战。

（1）沟通技巧的修养。无论是学习、工作还是生活，沟通都是我们与他人交流、理解彼此的重要桥梁。有效的沟通技巧不仅能让我们更好地表达自己的想法和观点，还能促进信息的准确传递，避免不必要的误解和冲突。因此，学习如何有效沟通，是提升通用技能的首要任务。

（2）团队协作能力的训练。在如今这个注重团队合作的时代，一个人的力量是有限的，但一个团队的力量却是无穷的。通过团队协作，可以集思广益、互相学习、共同成长。而如何融入团队、如何与他人协作完成任务，则是需要学习和掌握的重要技能。

（3）时间管理与工作效率提升。时间是非常宝贵的资源，而如何合理利用时间、提高工作效率，直接关系到我们个人的成长和发展。学习如何制订合理的工作计划、如何分配时间和资源、如何保持高效的工作状态，是提升通用技能的必经之路。

（4）自我学习与适应能力强化。在快速发展的今天，新知识、新技术层出不穷，我们必须具备自我学习和适应新环境的能力，才能在不断变化的世界中保持竞争力。通过不断学习、不断实践、不断总结，可以不断提高自己的综合素质和能力水平。

本任务将围绕"沟通技巧的培养""团队协作能力的培养""时间管理与工作效率提升"及"自我学习与适应能力强化"这几个方面展开深入探讨。

一　沟通技巧的培养

在职场环境中，沟通技巧无疑是一项基础且关键的通用能力，它对于个人职业发展和团队协作的成功起着决定性的作用。掌握并熟练运用沟通技巧不仅能够确保我们以最高效的方式传递和接收信息，还能有效地促进人际关系的和谐，这对于营造良好的工作环境、提升团队协作效率及个人的职业晋升都具有深远的影响。

沟通技巧的核心内涵包括有效表达与倾听。口头表达能力的培养至关重要，它要求在发言时做到清晰、准确且有条理，能够简明扼要地阐述观点和想法，避免含糊不清或引起误解。与此同时，倾听的艺术同样不可或缺，它是理解他人、尊重他人的重要载体，能够使我们深入洞察对方的需求和期望，从而作出恰当的响应和支持。良好的倾听习惯还有助于减少因沟通不畅导致的误解和冲突，增进彼此之间的信任与理解。

在书面表达方面，沟通技巧同样体现在简洁明了、精准达意的写作风格上。无论是撰写工作邮件、报告，还是进行合同起草，精确的语言组织和逻辑构建都是确保信息无误传达的关键要素。避免使用过于复杂或晦涩难懂的语言，以免造成信息传递过程中的损失或产生不必要的困扰。

除言语沟通外，非言语沟通也是职场沟通技巧的重要组成部分。肢体语言、面部表情、语调变化及眼神交流等都在无声中传递着丰富的信息。例如，一个自信的微笑可以传递出积极的态度和友好的意愿，一个坚定的眼神可以表达对观点的坚定信念和对听众的尊重。非言语沟通的方式在建立信任、增强沟通效果和营造和谐氛围方面发挥着不可替代的作用。

某公司项目经理小王在与团队成员沟通时，展现出了卓越的沟通技巧。他能够准确把握每个团队成员的需求和想法，通过倾听和尊重每个人的意见和建议，激发了团队成员的积极性和创造力。同时，小王也非常注重非言语沟通的运用，他通过微笑、点头等方式表达对团队成员的认同和鼓励，从而增强了团队之间的信任和合作精神。

在这个案例中，小王成功地带领团队完成了项目，并赢得了客户的高度评价。这不仅是因为他具备扎实的专业知识和丰富的管理经验，还是因为他出色的沟通技巧使团队成员能够紧密合作、共同进步。通过有效的沟通技巧，小王构建了一个和谐、高效的工作环境，使团队成员能够更好地发挥自己的优势，共同为项目的成功付出努力。

总之，在职场中掌握并熟练运用沟通技巧对于个人的职业发展和团队的协作成功至关重要。通过有效的沟通技巧，能够更好地理解他人、减少误解和冲突、提高工作效率和团队凝聚力。因此，应该不断学习和提升自己的沟通技巧，以便在职场中更好地发挥自己的作用。

二　团队协作能力的培养

在现代职场环境中，团队协作早已不再是一个简单的口号，而是成为推动项目前进、达成目标的关键力量。团队协作不仅能够集思广益、共同解决问题，还能够在无形中提升工作效率和质量，进一步促进个人与团队的双赢。

1. 团队协作的重要性

（1）集思广益，共同解决问题。团队协作的核心价值在于汇聚集体智慧。通过跨领域、跨背景的人员组合，每个人都能从各自独特的视角出发，为同一问题提供多元思路和见解。这种多元思维的交融与碰撞能够激发出更多全新的想法和解决方案，这对于攻克复杂性问题、突破创新瓶颈具有决定性作用。例如，在企业研发团队中，不同部门的成员共同合作，可以将各自的专业知识和经验优势有效整合，从而研发出更具竞争力的产品。

（2）提升工作效率和质量。团队协作能够实现人力资源的最优配置，避免重复劳动和资源浪费，显著提高整体工作效率。团队成员在任务执行过程中互相配合、优势互补，能够形成强大的合力，共同朝着既定目标迈进。同时，团队内部的相互监督与支持有助于减少错误的发生，保证工作质量；定期的沟通与反馈机制也有利于及时调整方案，确保工作成果达到预期效果。例如，在大型项目开发过程中，各团队之间密切配合，共享资源，可以显著缩短项目周期，同时提高项目的成功率和用户满意度。

（3）培养团队合作精神。团队协作不仅是一个工作方式，还是一种价值观的体现。它强调开放共享、互信共赢的理念，通过共同应对挑战、完成任务的过程，不断拉近团队成员之间的距离，增进彼此的理解与信任。这种合作经历能够强化团队成员对集体利益的认同，催生出一种"我们是一家人"的归属感和责任感。同时，成功的团队协作可以培养出正面的组织文化氛围，鼓励更多的人积极参与到团队合作中来，共同为实现组织目标而努力。例如，在教育领域中，学生通过小组合作完成课题研究或实践活动，不仅能提升学术能力，还能锻炼他们的团队协作精神和沟通交流技巧。

2. 提升团队协作能力的方法

（1）深入了解团队成员的特点与专长。在团队协作中，了解每个成员的性格特征、专业技能和擅长领域是至关重要的。每个人都有自己独特的优势和擅长的领域，通过深入了解这些特点和专长，可以更好地分配任务，让每个人都能在其擅长和感兴趣的领域发挥最大的效能。同时，这也有助于避免不必要的冲突和分歧，使每个人都能在适合自己的位置上发光发热。

（2）积极推动并参与团队内部的沟通与协作。有效的沟通是团队协作的基石。作为团队的一员，应该主动与团队成员保持良好的沟通和互动，共同制订工作计划和解决方案。在协作过程中，要时刻关注团队成员的需求和反馈，及时调整工作计划和策略，以确保团队工作的高效推进。此外，还应积极倾听他人的意见和建议，尊重不同的观点和看法，通过开放和包容的讨论，共同找到最佳的工作路径。

（3）始终保持对团队整体目标的关注与执着。团队协作的最终目标是实现团队的整体目标，而非个人或小团体的利益。因此，要时刻关注团队的整体目标，避免因个人主义行为而影响团队的进度。当个人目标与团队目标产生冲突时，要学会调整自己的心态和行动，以团队利益为重。这可能需要我们放弃一些个人的期待和需求，但长远来看，这将有助于团队的成长和发展，同时也会让我们在团队协作中获得更多的收获。

（4）学会处理团队内部的冲突与分歧。在团队中，由于成员性格、观点等方面的差异，难免会产生一些冲突和分歧。面对这种情况，要学会以开放的心态接受不同的意见和看法，通过深入的沟通和协商找到解决问题的最佳途径。如果冲突无法调和，可以寻求第三方的帮助或上级的指导，以更好地化解矛盾，恢复团队的和谐与效率。

三 时间管理与工作效率提升

时间管理是提升工作效率的关键。通过制订合理的工作计划和设定明确的工作目标，能够更好地掌控时间，提高工作效率和生产力。要想提升时间管理能力，首先需要了解自己的工作效率高峰期和低谷期，合理安排工作任务和时间。

1. 时间管理的重要性和紧迫性

对于大学生而言，强调时间管理的重要性和紧迫性，基于以下三个方面的原因。

（1）生涯规划观念的兴起。现如今社会为人们提供了更多的机会，并且形成的机制也正变得富有弹性，人们可以根据自己的兴趣、能力和机遇更换职业或职位，以追求多彩的人生经历。认识生涯和职业发展是由片段的时间所贯穿而成的。也就是说，时间是生涯的单位。随着规划越来越受到重视，为了掌握生涯发展的各个阶段，以追求成功的人生和事业，大学生必须学会有效的时间管理。

（2）休闲意识的加强。在物质环境匮乏的时代，所有人必须每天勤于工作，以改善生活。但是随着生活水平的提高，以及工作压力的剧增，休闲时间的安排显得更加重要。而要安排休闲活动，就必须在有限的时间内，对时间做更有效的利用，把空出的时间用于休闲。休闲时间对当代大学生尤为重要，许多大学生由于压力大，一直埋头学习，不仅学习效率不高，而且影响心理健康。

（3）追求完满生活的愿望。人生除工作外，还有爱情、婚姻、亲情等，成功的人生，并非只是事业的成就，而是生活各个层面的完美结合。因此，如何分配时间，做到各面兼顾，需要有效的时间管理。

2. 时间管理的方法

大学时期正是为今后工作打基础的时期，大学生对时间进行有效的管理，可以学到更多的本领和能力，为今后自己的工作增加一些机会，而且时间管理是一种习惯，当养成了好的习惯，就会在以后的工作和生活中游刃有余，生命就会变得更加精彩。

（1）计划管理。计划包含日计划、周计划、月计划、季度计划、年度计划。时间管理的重点是待办单、日计划、周计划、月计划。

1）待办单。将每日要做的一些工作事先列出一份清单，排出优先次序，确认完成时间，突出工作重点。

2）待办单的内容。待办单的主要内容包括非日常工作、特殊事项、行动计划中的工作、昨日未完成的事项等。

3）待办单的使用注意事项。待办单的使用注意事项包括每天在固定时间制订待办单（一上班就做）、只制定一张待办单、完成一项工作划掉一项、待办单要为应付紧急情况留出时间、最关键的一项，每天坚持。

每年年末作出下一年度工作规划；每季季末作出下一季度工作规划；每月月末作出下一月工作计划；每周周末作出下一周工作计划。

（2）时间"四象限"法。著名管理学家科维提出了一个时间管理的理论，将工作按照重要和紧急两个不同的程度进行了划分，基本上可以分为以下四个"象限"（图4-1）。

1）紧急又重要（如人事危机、客户投诉、即将到期的任务、财务危机等）。

2）重要但不紧急（如建立人际关系、新的机会、人员培训、制订防范措施等）。

3）紧急但不重要（如电话铃声、不速之客、行政检查、主管部门会议等）。

4）既不紧急也不重要（如客套的闲谈、无聊的信件、个人的爱好等）。

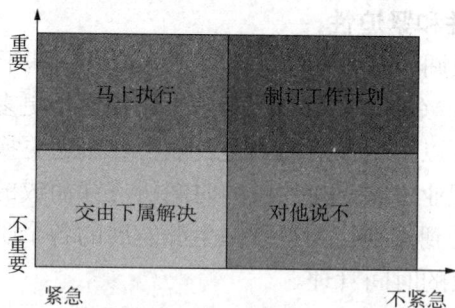

图4-1 时间四象限

时间管理理论的一个重要观念是应有重点地把主要的精力和时间集中地放在处理那些重要但不紧急的工作上，这样可以做到未雨绸缪，防患于未然。在人们的日常工作中，很多时候往往有机会去很好地计划和完成一件事情，但常常没有及时去做，随着时间的推移，造成工作质量的下降。因此，应把主要的精力有重点地放在重要但不紧急这个"象限"的事务上是必要的。要把精力主要放在重要但不紧急的事务处理上，需要很好地安排时间。一个好的方法是建立预约。建立了预约，自己的时间才不会被别人所占据，从而有效地开展工作。

（3）有效的时间管理。美国管理学者彼得·德鲁克（P.F.Drucker）认为，有效的时间管理主要是记录自己的时间，以认清时间耗在什么地方；管理自己的时间，设法减少非生产性工作的时间；集中自己的时间，由零星而集中，成为连续性的时间段。

（4）时间ABC分类法。将自己的工作按轻重缓急分为A（紧急、重要）、B（次要）、C（一般）三类；安排各项工作优先顺序，粗略估计各项工作时间和占用百分比；在工作中记载实际耗用时间；每日计划时间安排与耗用时间对比，分析时间运用效率；重新调整自己的时间安排，更有效地工作。

（5）GTD的概念。GTD是Getting Things Done（完成每一件事）的缩写，来自戴维·艾伦（David Allen）的一本畅销书 *Getting Things Done*，国内的中文翻译本《尽管去做：无压工作的艺术》。GTD的具体做法可分成收集、整理、组织、回顾与执行五个步骤。

1）收集。收集就是将自己能够想到的所有的未尽事宜（GTD中称为stuff）统统罗列出来，放入inbox中，这个inbox既可以是用来放置各种实物的文件夹或篮子，也需要有用来记录各种事项的纸张或PDA（掌上电脑）。收集的关键在于把一切赶出你的大脑，记录下所有的工作。

2）整理。将stuff放入inbox之后，就需要定期或不定期地进行整理，清空inbox。将这些stuff按是否可以付诸行动进行区分整理，对于不能付诸行动的内容，可以进一步分为参考资料、日后可能需要处理及垃圾分类，而对可行动的内容再考虑是否可以在两分钟内完成，如果可以则立即行动完成它，如果不可以则对下一步行动进行组织。

3）组织。组织是GTD中最核心的步骤，组织主要分成对参考资料的组织与对下一步行动的组织。对参考资料的组织主要就是一个文档管理系统，而对下一步行动的组织一般可分为下一步行动清单、等待清单和未来/某天清单。

等待清单主要是记录那些委派他人去做的工作，未来/某天清单则是记录延迟处理且没有具体的完成日期的未来计划、电子等。而下一步清单是具体的下一步工作，而且如果一个项目涉及多步骤的工作，那么就需要将其细化成具体的工作。

GTD 对下一步清单的处理与一般的 to-do list 最大的不同在于，它做了进一步的细化，如按照地点（计算机旁、办公室、电话旁、家里、超市）分别记录只有在这些地方才可以执行的行动，而当自己到这些地点后也就能够一目了然地知道应该做哪些工作。

4）回顾。回顾也是 GTD 中的一个重要步骤，一般需要每周进行回顾与检查，通过回顾及检查自己的所有清单并进行更新，可以确保 GTD 系统的运作，而且在回顾的同时可能还需要进行未来一周的计划工作。

5）执行。现在可以按照每份清单开始行动了，在具体行动中可能会需要根据所处的环境、时间的多少、精力情况及重要性来选择清单及清单上的事项来行动。

（6）考虑不确定性。在时间管理的过程中，还需要应付意外的不确定性事件，因为计划没有变化快，需要为意外事件留时间。有三个预防此类事件发生的方法：第一是为每件计划都留有多余的预备时间。第二是努力使自己在不留余地又饱受干扰的情况下，完成预计的工作。这并非不可能，事实上，工作快的人通常比慢吞吞的人做事情更加精确。第三是准备一套应变计划。迫使自己在规定时间内完成工作，对自己的能力有了信心，已仔细分析过将要做的事情，然后把它们分解成若干意境单元，这是正确迅速完成它们的必要步骤。

考虑到不确定性，在不忙的时候，把一般的必然要做的工作先尽快解决。

要很好地完成工作就必须善于利用自己的工作时间。工作是无限的，时间却是有限的。时间是最宝贵的财富。没有时间，计划再好，目标再高，能力再强，也是空的。时间是如此宝贵，但它又是最有伸缩性的，它可以一瞬即逝，也可以发挥最大的效力，时间就是潜在的资本。充分合理地利用时间，压缩时间的流程，使时间价值最大化。

3. 时间管理的要求

（1）不要透支你的时间储蓄。有人算过这样一笔账：如果每天临睡前挤出 15 分钟看书，假如一个中等水平的读者读一本一般性的书，每分钟能读 300 字，15 分钟就能读 4 500 字，一个月就能读 126 000 字，一年的阅读量可以达到 1 512 000 字，也就是有 10 本书之多。这个数字远远超过全球人均年阅读量，而且也不难实现。

除了认真利用闲暇时间，我们还要善于利用零碎时间。比如乘车时、等待时的零碎时间，都可以用于学习、思考、计划和总结。把零碎时间用来从事零碎事务，从而最大限度地提高效率。短期你可能没有明显的感觉，但日积月累，将会有惊人的成效。没有利用不了的时间，只有我们不会利用的时间。如果透支了自己的时间储蓄，那么，我们就会比别人晚一步。

（2）今日事，今日毕。时间管理的一项重要法则就是"今日事，今日毕"，成功者往往把"今天"看作是生命中的最后一天，从而在每个"今天"里让生命更加充实和完满。

从心理学的角度来讲，本来当初一下子就可以很愉快、很容易做好的事，如果拖延了几天，甚至几个星期之后，就会令人生厌，而且完成起来就更加困难了。在"今日事，今日毕"的过程中，我们不仅可以检查工作任务的完成情况，而且通过对当天情况的回顾与反思，可以知道一天中哪些方面做得好，还有哪些方面是可以改进的。一个只会"低头拉车",而不会"抬头看路"的人,一辈子会有"拉不完的车"。

如果希望自己成为一名行动者,那么请把自己人生字典里的"明天开始"换成"现在行动"。切勿依赖明天,如果总是把事情留到明天,那么,你将一事无成。"今日事,今日毕",在职场中会将你的行动力、执行力和胜任力完美体现,这是所有组织在招聘时、用人时最看重的能力之一。

(3)恪守时间。对于现代人来说,守时是一种美德,也是一种信誉。浪费他人的时间,无异于谋财害命。因此,当你在决定参加一个活动时,请首先明确活动的具体时间和地点,然后估计行车或步行到达活动地点所需要的时间,并将堵车或其他偶然事件可能耗费的时间考虑进去。在招聘面试中,求职者因为迟到而使自己抱憾的例子比比皆是。因此,无论要参加公务活动还是与人有约,都应该养成遵时守约的好习惯。

恪守时间是工作的灵魂和精髓所在,同时也代表明智与信用。职场中,现代组织对时间的要求已经越来越严格,一个称职的员工必须养成守时的好习惯。守时看似是一件极其简单的事情,也有人认为它实在微不足道,但是细节决定成败。因为你根本无法预料在你迟到的时间内会发生什么,也许是一个重要客户打来的电话,也许是一个重要人物来访,也许是一个紧急会议要参加等。难道这些对你都不重要吗?假如你是一名管理者,你的迟到会影响到你的团队,难道你希望自己的下属也不守时,在你紧急召唤时手下无兵吗?

回答既然都是否定的,那么从现在开始,请珍惜自己的时间,而且要特别珍惜他人的时间,这才是真正的赢取时间之道。

(4)做好时间规划。时间规划可以确保我们一生中最宝贵的财富——时间经济效益的实现。也就是说,把所有的时间都用在最有成果和成效的活动上,或用尽可能少的时间来达到所追求的目标。时间规划得越好,就越能成就个人和职业的目标。从时间管理的意义上讲,时间规划意味着为实现目标做准备,以及进行时间的结构化。

在现实生活中,我们每天所做的每种选择或决定,都有两种可能性或结果:一种是离你的目标越来越近,另一种是离你的目标越来越远。因此,时间规划是以目标为导向的,是把终点当作始点的。时间规划就是要把人生最重要的目标放在首位,然后把总体目标分解成可实现的阶段性目标,并给目标加上时间坐标和成功的标准,接下来作出行动计划,剩下的事就是马上着手行动了。

4. 时间高效利用技巧

(1)养成记事习惯,提前做好时间计划。在工作中,至少提前一天对第二天的工作做好计划,把待办事项按重要性和紧急性综合排序,同时随手记下临时事项,这样做既可以提升你的效能,也能够降低你忘记某件事情的风险。提前多日的计划可以在日历、预约簿或手机提醒事项上作出标记。

(2)专注于能够控制的事情。不要浪费时间去担忧或思考你无法掌控的事情,把你的精力花费在消极的活动上是在浪费时间。

(3)确定效能曲线图。一天之中,在自己效能最高的时间段内全神贯注做最重要的事情,你将会发现,能够在更少的时间内完成更多的工作,这必将会给你一种成就感和充实感，长此以往自我效能感也会随之提升。

（4）利用效能低迷时间。低效能时间应当被花费在一些不需要花费很多脑力和创造力的事情上，比如打些问候或致意的电话、接收电子邮件、复印材料等。

（5）一次性完成事情。在处理每项事情时，设定这样一个目标：能够一次完成的事情，绝不要浪费时间分两次去做。如果你正在阅读一份邮件，立刻回复，这样你就不需要再去重新处理这件事情。

现代职场所需要的员工，最起码要具备两个素质：一是要做应该做的事情；二是要把应该做的事情做成、做好。因此，我们需要重点研究，怎样做好应该做的事情，只有个人的努力方向是对的，才能把有限的时间转化为最大的价值。我们只有做一个有效管理时间的人，才能在不同的时候，抓住机遇，实现自己的价值。

四 自我学习与适应能力强化

自我学习和适应能力在个人职业素质的提升中扮演着至关重要的角色。在瞬息万变的职场环境中，持续不断的学习与适应能力是确保个人始终保持竞争力、紧跟行业发展趋势的核心要素。

对于自我学习能力的培养，首先要建立一种对知识渴求的内在动力机制，这要求我们要始终保持一种对未知世界的好奇心和探索欲，与时俱进，时刻关注并敏锐捕捉到行业发展的最新动态和趋势。为此，我们需要积极主动地寻找各种学习资源和机会，包括但不限于深度阅读专业书籍以构建扎实的理论基础，参与各类线上线下培训课程以掌握最新的技术和操作方法，以及利用互联网资源进行自主学习和实践。同时，理论联系实际至关重要，我们要学会将所学的理论知识有效转化为解决实际问题的能力，通过实际操作和反思总结，不断提升自身的业务水平和专业素养。

对于每一个新的工作任务或环境，我们都应以开放包容的心态去接纳和适应，勇于面对挑战，敢于创新实践。只有这样，才能在不断变迁的职场中站稳脚跟，甚至脱颖而出。总体来说，强大的自我学习和适应能力能够帮助个体在职业生涯中持续进步，不断提升自身的职业素质和竞争力，从而在瞬息万变的职场中立于不败之地。

具备强大的自我学习和适应能力的个体，在职业生涯中能够持续进步，不断提升自身的职业素质和竞争力。该个体能够通过不断学习和掌握新的知识和技能，提高自己的业务水平和专业素养，从而在工作中取得更好的成绩。此外，该个体能够通过不断反思和总结，发现自己的不足之处，有针对性地进行改进和提高。

对于每一个新的工作任务或环境，具备强大自我学习和适应能力的个体能够以开放包容的心态去接纳和适应。在工作中，该个体勇于面对挑战，敢于创新实践，能够快速适应新的环境和任务要求，从而更好地完成工作。这种能力和心态对于职场成功至关重要。

课堂活动　专业技能提升训练营

一、活动目的

通过本次训练营活动，旨在帮助学生提升专业技能，具体包括沟通技巧的培养、团队协作能力的培训、时间管理与工作效率的提升及自我学习与适应能力的强化，从而增强他们在职场上的竞争力。

二、活动步骤

1. 开场与引入（10分钟）

（1）主持人介绍活动背景、目的及流程。

（2）简短的视频或案例分享，展示专业技能在职场中的重要性。

2. 沟通技巧培养（30分钟）

（1）理论讲解：沟通模型、倾听技巧、有效反馈。

（2）角色扮演：分组进行模拟沟通场景，如客户咨询、团队讨论等。

（3）反馈与总结：参与者互相评价，教师点评并给出改进建议。

3. 团队协作能力培训（40分钟）

（1）团队建设游戏：通过团队游戏加强团队成员之间的了解与信任。

（2）团队协作案例分析：讨论成功的团队协作案例，分析其中的关键因素。

（3）团队任务挑战：分组完成一个团队协作任务，如解决一个实际问题或完成一个项目计划。

4. 时间管理与工作效率提升（30分钟）

（1）时间管理讲座：讲解时间管理的方法论和实用技巧。

（2）时间管理工具体验：介绍并演示几款时间管理软件或应用，参与者试用。

（3）工作效率提升计划：每个参与者制订个人时间管理与工作效率提升计划。

5. 自我学习与适应能力强化（30分钟）

（1）自学方法与资源分享：讨论有效的自学方法，分享优质学习资源。

（2）应对变化与挑战的案例分析：分析职场中常见的变化和挑战，讨论应对策略。

（3）制订个人学习计划：每个参与者制订未来一段时间内的自我学习计划。

6. 总结与反馈（10分钟）

（1）总结本次活动的收获和感受。

（2）收集参与者对活动的建议和反馈，用于未来活动的改进。

三、活动评价

（1）参与度评价：观察参与者在活动中的积极性、互动程度和任务完成情况。

（2）技能提升评价：通过角色扮演、团队任务挑战等环节，评估参与者在沟通技巧、团队协作能力、时间管理与工作效率、自我学习与适应能力等方面的提升情况。

（3）反馈评价：收集参与者的反馈意见，了解他们对活动的满意度、活动内容的实用性及改进建议等。

（4）长期跟踪评价：在活动结束后一段时间内，跟踪参与者在工作中的实际应用情况和专业技能的提升程度，以评估活动的长期效果。

案例分析

在一堂生动的时间管理课上，教授以一种极其生动直观的方式向学生讲解了时间管理的艺术和优先级的设定。首先，他布置好场景，桌子上放着一个装水的罐子，象征着时间的容量是固定且宝贵的。然后，他从桌子下面拿出一些大小适中、正好可以完全放入罐内的鹅卵石，这些鹅卵石代表着生活中的重要任务或紧急工作。

教授小心翼翼地将鹅卵石一一放入罐中，并确认再也放不进去后，向学生提问："请大家仔细观察，这个罐子现在是不是满的？"学生们目光聚焦，异口同声地回答："是。"教授微笑着肯定了他们的回答，接着从桌子下取出一袋碎石子，开始慢慢从罐口倒入，边倒边提醒学生注意变化。当碎石子填满了鹅卵石间的空隙，教授再次询问："现在，你们说这罐子是不是满的？"

这次，学生不再急于回答，他们开始审视细节，犹豫着给出答案。终于，有一个学生鼓起勇气回应："也许没有满。"教授对此表示赞赏，并继续他的演示。他从桌子下拿出一袋沙子，慢慢地将沙子倒入罐中，直至填满所有空隙。随后，他再次询问学生："那么，这个罐子现在是满的还是没满？"全班同学这次学聪明了，大家信心满满地回答："没有满。"

看到学生们逐渐理解了寓意，教授满意地点点头。他从容不迫地从桌子底下拿出一大瓶水，并将其倒入已经装了鹅卵石、小碎石和沙子的罐子。学生们目睹这一过程，不禁惊讶于水依然能够渗透进入原本看似已满的罐子。完成这一系列试验后，教授严肃认真地提出了一个问题："通过我们刚才的一系列活动，大家领悟到了什么深刻的道理呢？"

班上陷入一阵沉思，一位自以为聪明的学生跃跃欲试地回答说："我明白了，无论我们的工作多么繁忙，行程安排得多满，只要我们愿意挤出时间，逼迫自己一下，还是可以多做一些事的。"这位学生回答完后很得意，心想："这门课到底是时间管理课啊！"然而，教授听到这样的回答后，只是微微点头表示赞同，但并没有就此停止讲解。他继续说道："确实，这位同学提到的提高效率和优化时间分配是时间管理的一个重要方面。"

说到这里，教授故意顿住，扫视了全班一圈后接着讲道："然而，我更想强调的是，如果我们不首先将那些至关重要的'大鹅卵石'放进罐子，也就是我们生活中的重要任务和目标，那么我们也许永远没有机会再把它们放进去了。"

案例分析：教授在这堂时间管理课中通过一个简单的演示，巧妙地传达了关于优先级和时间规划的重要信息。他使用罐子代表我们的生活，鹅卵石、碎石、沙子和水则分别象征生活中重要且不可延后的任务、次要事务、琐事及时间的消耗。通过这个试验，教授强调了在规划生活和工作时，首先要确保处理最重要、最紧迫的事项，即"大鹅卵石"。这样做能确保我们不会因琐事而错过重要的机会或目标。此外，这个试验也展现了时间的弹性和优先级设置的智慧，提醒我们在忙碌的生活中，要时刻保持清醒的头脑，合理安排时间，优先处理关键任务，以最大限度地利用时间，实现个人的长期目标。

任务三　提升综合素质与道德修养

课前引入

在我们的成长过程中，不仅专业知识的学习至关重要，个人品质、道德观念及心理健康同样是不可或缺的成长养分。

想象一下，当你走进一个职场，除自己的专业技能外，你展现出的职业态度、道德品质、行为习惯及面对压力和挑战时的心理承受能力，都将成为职业生涯中的关键加分项。一个拥有正确职业观念、高尚道德标准、优秀个人品质和稳定心理状态的人，必然能够赢得同事的尊重、领导的信任及社会的认可。

那么，我们应如何去提升这些综合素质呢？首先，我们要树立正确的职业观念，明确职业道德标准，并在日常工作中不断践行，以此树立良好的职业形象。其次，我们要注重个人品质的培养，如诚信、勤奋、责任心等，这些品质将使我们成为更值得信赖和依赖的人。

同时，还要关注自己的心理健康，学习情绪管理技巧，以积极的心态面对工作和生活中的各种挑战。在面临压力时，能够冷静分析、从容应对，这将使我们的职业生涯更加稳健和顺利。

最后，还需要增强社会责任意识，关注社会热点问题，践行公民道德标准。作为一个社会成员，不仅要关注自身的成长和发展，还要积极为社会作出贡献，推动社会的进步和发展。

本任务将围绕"职业观念与道德标准的建立""个人品质与行为习惯的塑造""心理健康与情绪管理""社会责任意识与公民道德"这几个方面，共同探讨如何提升综合素质与道德修养。

一　职业观念与道德标准的建立

在当今竞争激烈的社会环境中，一个人能否取得成功，不仅取决于他的专业技能和知识水平，更关键的是他的综合素质和道德修养。综合素质的提升不仅有助于个人的全面发展，还能增强个体的竞争力，为社会作出贡献。

1. 树立正确的职业观念

职业观念就是企业经理基于其一生中与工作有关的经历和体验，即职业生涯的理解、设想和规划。职业观念是企业经理选择工作的理念基础，强烈影响着其工作的动机。因此，现在企业越来越注重企业经理的职业生涯规划与开发，以正确引导其职业观念。

企业职业规划与开发的基本任务：从每个企业经理职业发展出发，将其与企业组织的战略目标和人力资源战略规划相衔接，为企业经理个人提供不断成长和发展的机会，最大限度地实现自己职业生涯目标和自我价值，以获得企业经理的长期信任、忠诚和支持，从而得以整合整体绩效目标。根据职业生涯规划与管理理论，个人的成长一般要经历生物－社会生命、婚姻－家庭生活及工作职业生涯三个周期。

在生物－社会生命周期，人生发展周期显然首先与年龄相关，也受到法律政策和社会因素的影响。其中，个人因素及家庭背景因人而异。从少年开始至30岁前后为第一个人生阶段，是一个充满激情、理想和成家立业的时期。到30岁左右，即而立之年，个人便会逐渐冷静和理智，开始审视和调整人生坐标，个人的责任感也较以往增强了许多。40岁左右，多数人面临某种"中年危机"，因为工作和家庭方面要承担更大的责任，从而在更大的自我认知和开放心态下化解人生矛盾和冲突，此时即到了不惑之年。至50岁左右，人们感到身体衰弱，岁月流逝，在待人处事方面也更加成熟，同时会产生孩子自立后的失落感，夫妻彼此更加珍惜老来伴的关系，讲求安稳和满足。60岁以后最显著的问题是面临退休及由此而来的种种不适应，会为生活标准明显降低、养老保健困难、亲友或配偶逝世等问题而烦恼。

从婚姻－家庭生活周期来看，一般人要经历青春期、单身成年、结婚成家、生儿育女抚养后代、照顾年迈父母乃至照顾祖父母等人生阶段。每个人在青春期的情感需求都较为复杂，容易和父母因为"代沟"而产生矛盾和隔阂。自己成家后面临子女教育问题，还需对子女和父母承担长期义务。这些责任和义务所造成的压力往往超过一项工作或职业的压力，并对一个人的职业选择和职业生涯产生重大影响。在安排企业经理的工作时，就需要考虑其年龄阶段的因素，进而考虑个人的身体、心理、家庭等方面与工作内容的适应程度。工作只是企业经理个人生命中的一个部分。

每个人都要在其个人既定的身心条件和家庭条件约束下选择工作的地点、性质、内容及投入程度。在设计激励机制时，往往只考虑对企业经理的经济激励和经济约束条件，而容易忽略其自身生理、心理及家庭约束条件。实际上，企业经理不仅是经济人和生理意义上的人，还是社会人，这才是一个健全的个人。无论企业是否意识到，企业经理会自然地在工作、生活、休闲、家庭、情感等方面取得平衡。适当的激励机制必须在对企业经理努力工作的激励与满足个人感情需求、满足个人成长及事业发展的需求及婚姻家庭需求方面取得协调。

每个人的人格性向互不相同，有实际性向、技能性向、社会性向、艺术性向、商业性向及常规性向等，因而个人的职业选择和职业生涯路径也各不相同，但都不外乎是在一定的生物周期基础上和婚姻家庭生活周期背景下形成的，一般都要经历成长探索、职业确立、维持下降等几个阶段。

（1）成长探索阶段：大体上是从出生到14～24岁。在这一阶段，个人通过与家庭成员、亲戚朋友及教师同学的交往，逐渐形成自我意识和自主概念及关于兴趣爱好和能力的某些基本看法，开始对今后各种可能的职业进行憧憬或现实性思考。个人将认真地探索和实践自己的职业道路，通过学校教育、课余活动和社会交往或业余工作等途径，开始对自己的职业性向、天赋能力和教育训练方向做出比较实际的判断评价，进行从宽泛到有针对性的职业生涯探索和设计，并做好开始社会工作的准备。

（2）职业确立阶段：发生在25～44岁。这是大多数人职业生涯的核心部分。30岁之前是尝试阶段，选择并变换工作的机会和频率一般较大，30岁以后逐渐进入稳定阶段，大多数人已经制订较为明确的职业生涯规划来确定自己的职业目标和道路、晋升潜力、工作调换是否必要和可能，需要接受哪些教育培训活动及职业工作在自己整个人生处于何种地位，具有什么样的价值等。

（3）维持下降阶段：在45～65岁。此时人们一般都已在其工作领域占据应有地位或一席之地，大多数人面临的主要挑战是如何保有自己的地位或职位。退休临近的时候，人们不得不面临和接受权利、责任的减少和为年轻人让路的现实，面临如何打发退休时光的新任务。随着一个人职业生涯的演进，以自己的职业性向为基础的关于职业态度和价值观、职业动机和需要、职业特长和技能等与职业有关的自我判断，会越来越清楚，这样就会最终形成自己的职业生涯主线或主导价值取向。这种职业生涯主线或主导价值取向，也就是当一个人不得不做出选择的时候都不会放弃的原则性，即所谓的职业锚。它是根据一个人所有职业性向、工作经历、兴趣爱好、关键事件等信息汇集合成的一种规律性的职业生涯模式。

2. 明确职业道德标准

职业道德作为社会道德规范在职业生活中的具体体现，是每个从事特定职业的人在履行职责、提供服务、开展业务活动时必须遵循的道德准则和行为规范。这些规范因行业的性质、特点及社会对该行业的期望和要求不同而有所差异，但无论何种职业，都应建立在尊重公众利益、尊重事实、尊重他人权利的基础上。

例如，在医生行业中，除要求医生具备高超的医术、拯救生命、治疗疾病外，更重要的是要恪守医德。医生在职业活动中应始终以人为本，对患者生命健康负责，即使面对艰难险阻，也要保持医者的初心和使命感，同时，还要严格保守医患之间的秘密，尊重并保护患者的隐私权。

律师行业则应维护法律尊严，秉持正义，为当事人提供专业、合法的服务。律师作为法律工作者，不仅需要精通法律知识，还要在职业活动中保持公正公平、诚实守信的原则，不得有任何欺骗行为。他们对待同事、客户和合作伙伴时，都要真实反映情况，提供准确信息，信守承诺，树立值得信赖的良好形象。

教师行业则应教书育人，为人师表，以培养新一代、传播知识为己任。教师作为学生的引路人，不仅需要具备扎实的专业知识，还要注重学生的全面发展。他们应当关心学生，关注学生的成长，用自己的言传身教去影响学生，成为学生的良师益友。

对于所有的职业道德而言，最核心的是诚实守信。这意味着在职业活动中，不得有任何欺骗行为。无论是医生、律师、教师，还是其他职业，都要真实反映情况，提供准确信息，信守承诺，树立值得信赖的良好形象。诚实守信不仅是职业道德的核心，还是职业发展的基础。只有诚实守信的从业者才能赢得服务对象的信任和支持，才能取得职业上的成功。

公正公平是职业道德的重要原则之一。它要求从业者在职业活动中要平等对待每个服务对象，不偏袒、不歧视。无论是医生、律师还是教师，还是其他职业，都要依法依规处理事务，保证职业活动的公平竞争。只有这样，才能维护职业秩序和社会稳定。

勤勉敬业是职业道德的基本要求之一。它要求从业者在职业活动中要始终保持敬业精神和高度的责任心，刻苦钻研业务知识，不断提高工作效率和质量。无论是医生、律师、教师，还是其他职业，都要刻苦钻研业务知识，不断提高工作效率和质量。只有这样，才能更好地满足社会需求、推动社会发展。

服务社会是职业道德的终极目标之一。它要求从业者在职业活动中要始终将满足社会需求、推动社会发展作为自己的宗旨。无论是医生、律师还是教师或其他职业人员都应该把自己的专业知识和技能运用到社会实践中去为社会作出实质性的贡献。只有这样，才能够实现自己的人生价值和职业理想。同时，也会得到社会的尊重和认可。我们应时刻关注自己所在行业的职业道德标准，将其内化为自身的行为习惯和价值观，并不断提升自己的职业道德水平。

3. 在工作中践行职业道德标准

将职业道德标准内化于心、外化于行，是每位从业者提升自我职业形象和职业素养的核心环节。我们必须深刻认识到职业道德规范的重要性，时刻铭记并严格遵守这些基本原则，将其视为指导我们实际行动的灯塔。在工作中，要以诚实守信为基石，做到言行一致，履行承诺，尊重客户和同事的权益，不欺诈、不误导，树立值得信赖的良好形象。

同时，公正公平是必须坚守的职业底线，无论对待每一位客户还是处理每一项任务，都应秉持客观中立、不偏不倚的态度，坚决抵制任何形式的不公平行为，以维护行业的健康发展和社会公共利益。勤勉敬业则是要求在工作中始终保持饱满的热情和高度的责任心，恪尽职守，精益求精，不断提高自身的专业能力和服务水平，积极追求卓越，为社会提供高质量的专业服务。

此外，服务社会作为职业道德标准的重要组成部分，提示我们要有强烈的社会责任感，要将个人职业发展与为社会作贡献紧密结合，关注社会发展需求，积极参与公益活动，用自己的专业技能回馈社会，推动社会进步。只有这样，才能在实践中真正将职业道德标准落实到位，赢得他人的尊重和信任，树立起良好的职业形象和高度的职业素养。

4. 持续提升自身素质

除前述的职业观念和职业道德外，我们还需要致力于全面提升自身的综合素质。这既包括深化专业技能的精进，紧跟行业发展趋势和技术迭代步伐，通过不断学习和实践，确保自己在所处领域内保持领先水平，也涵盖人文素养的积累。广泛涉猎文学、历史、哲学等人文学科，培养丰富的人文情感和社会责任感，有助于我们在工作中更好地理解和尊重他人，形成深厚的人文关怀精神。

同时，创新思维的培养也不可或缺。在固步自封、思维僵化、墨守成规的工作环境中，新颖、独特、具有开创性的思维模式是突破瓶颈、推动行业进步的关键力量。我们要勇于挑战现状，敢于尝试新事物，善于运用多元化的视角和方法解决问题，这样才能在职业道路上走得更远。

团队协作能力的提升也是非常重要的一部分。在现代社会中，单打独斗的时代已经过去，团队合作和集体智慧的价值日益凸显。我们需要学会有效沟通、倾听他人意见、尊重差异、协调矛盾，构建和谐高效的团队氛围，共同为实现组织目标而努力。

只有不断学习新知识、掌握新技能并运用到实际工作中，我们才能紧跟社会发展的步伐，始终保持竞争力。同时，这也意味着需要具备自我更新、持续进步的能力，以适应日新月异的社会环境。只有这样，才能为社会创造更大的价值。

二　个人品质与行为习惯的塑造

1. 培养积极向上的心态

心态决定命运。一个积极向上的心态能够让我们在面对困难和挑战时保持乐观和坚强，激发内在潜力，实现自我超越。积极的心态就像一盏明灯，照亮我们前行的道路，让我们在遇到困难时，能够看到希望的光芒，从而坚定信念，勇往直前。要学会调整自己的心态，保持积极向上的精神状态，不断追求进步和成长。

2. 养成健康的生活习惯

良好的生活习惯是身体健康的基石。我们不仅要注重饮食、运动、休息等方面的调节和平衡，保持身体健康和精力充沛；还要养成良好的学习和工作习惯，提高学习和工作效率。比如，我们可以制订合理的学习计划和工作计划，并严格按照计划执行，提高时间和任务的利用率。同时，还要注重休息和放松，保持良好的心理状态。

3. 注重个人品质的培养

个人品质是一个人的内在素质和价值观念的体现。我们要注重培养诚信、勤奋、责任心等优秀品质，这些品质将为我们赢得他人的尊重和信任，提升个人魅力。同时，还要注重团队合作和沟通能力的培养，以适应现代社会对人才的需求。在团队合作中，要学会倾听他人的意见，尊重他人的观点，积极贡献自己的力量，共同完成团队目标。

三　心理健康与情绪管理

1. 关注心理健康

心理健康是身体素质与心理素质的综合体现，它关乎着人们的生活质量与全面发展。因此，需要时刻关注自己的心理健康状况，及时发现并解决潜在的心理问题。首先，要了解常见的心理问题，如焦虑、抑郁、压力等，并学会识别这些问题的早期信号。其次，当察觉到心理困扰时，不要犹豫，及时寻求专业心理咨询师的帮助。他们拥有专业的知识和技能，能够为我们提供有效的指导和建议。同时，也可以与亲朋好友分享自己的感受和困惑，获得他们的支持和理解。

2. 学习情绪管理技巧

情绪管理是个体对情绪的识别、评估、调节和控制过程。我们需要学会识别自己的情绪状态，评估情绪的影响程度，并采取积极的措施来调节和控制情绪。例如，当遇到紧张或焦虑的情绪时，可以通过深呼吸、放松训练等方法来缓解这些情绪；当面对负面情绪时，可以积极沟通、寻求支持等方式来应对。此外，还可以通过冥想、瑜伽等方式来提升情绪管理的效果。

3. 工作中保持积极心态

在工作中，我们会遇到各种压力和挑战，但保持积极心态是应对这些挑战的关键。我们需要学会通过制订合理的工作计划、分解任务、寻求帮助等方式来减轻工作压力；通过调整心态、转换注意力等方式来应对工作中的负面情绪。同时，也可以培养自己的抗压能力，提高对工作压力的适应能力。此外，保持良好的生活习惯和健康的生活方式也是维持积极心态的重要手段。

四　社会责任意识与公民道德

1. 强化社会责任意识

作为社会的一分子，每个人都承载着一份重要的社会责任。这份责任要求我们不仅关注个人的成长和发展，还要胸怀社会，关心国家的进步与和谐。我们需要时刻提醒自己，无论职业、年龄、性别等差异，都有义务积极参与社会事务，为社会的繁荣与进步贡献自己的一份力量。

具体而言，我们要通过多种方式增强社会责任意识，时刻关注社会的热点问题与焦点事件，对于重大议题如环境保护、教育公平、公共卫生等要有高度的敏感度和责任感。我们可以积极参与各类社会公益活动，如志愿服务、社区建设、扶贫帮困等，用实际行动践行社会责任，推动社会公正与进步。

2. 践行公民道德标准

公民道德是维护社会秩序、促进社会和谐稳定的重要基石。作为中华人民共和国的公民，应当自觉遵守法律、法规，尊重他人的权利和自由，维护公共秩序和集体利益。在日常生活中，应养成良好的行为习惯，如保持环境卫生、遵守交通规则、尊重他人权益等，让道德规范成为生活的一部分。

在追求个人发展的同时，不能忽视社会弱势群体的存在。他们可能因为种种原因面临生活困境、教育资源匮乏、健康保障不足等问题。我们要以实际行动去关注他们的需求，提供力所能及的帮助和支持，让社会大家庭更加温暖和谐。

综上所述，提升自身的综合素质与道德修养是一个持续性、系统性的工程，它涉及知识积累、技能提升、品格塑造等多个维度。每个人都是这个社会进步的重要参与者，让我们从自我做起，从小事做起，不断学习新知识、掌握新技能，同时也要维护他人利益和集体利益。

课堂活动　　"全面发展之星"综合素质与道德修养提升课堂

一、活动目的

通过本次课堂活动，旨在帮助学生树立正确的职业观念，明确职业道德标准，塑造积极的个人品质与行为习惯，关注心理健康与情绪管理，增强社会责任意识与公民道德，从而全面提升学生的综合素质与道德修养。

二、活动步骤

1. 开场导入（5分钟）

（1）教师简要介绍本次课堂活动的主题和目的。

（2）播放一段关于职业道德与个人修养的短视频，激发学生的学习兴趣。

2. 职业观念与道德标准的建立（20分钟）

（1）分组讨论：学生分组讨论自己心中的理想职业，以及这个职业所应遵守的职业道德标准。

（2）分享交流：每组选出一名代表，分享讨论成果，并与其他组别进行交流。

（3）教师总结：教师对讨论结果进行点评，并给出正确的职业观念与道德标准范例。

3. 个人品质与行为习惯的塑造（20分钟）

（1）角色扮演：学生根据教师提供的情境，扮演不同角色，展示积极的个人品质与行为习惯。

（2）小组讨论：学生在角色扮演后，小组讨论如何在日常生活中塑造这些品质与习惯。

（3）个人承诺：每位学生写下自己的个人品质与行为习惯提升计划，并承诺付诸实践。

4. 心理健康与情绪管理（20分钟）

（1）情绪分享：学生分享自己最近遇到的情绪问题，并描述当时的感受。

（2）情绪管理技巧学习：教师讲解情绪管理的基本技巧，如深呼吸、积极应对等。

（3）实践应用：学生运用所学技巧，进行情绪管理实践，并分享心得。

5. 社会责任意识与公民道德（15分钟）

（1）社会热点问题讨论：教师引导学生关注当前社会热点问题，并讨论作为公民应承担的责任。

（2）公益活动策划：学生分组策划一项公益活动，展示如何践行公民道德标准。

（3）分享展示：每组选出一名代表，分享公益活动策划方案，并说明如何体现公民道德。

6. 活动总结（5分钟）

（1）教师对本次课堂活动进行总结，强调综合素质与道德修养的重要性。

（2）鼓励学生将所学内容付诸实践，不断提升自己的综合素质与道德修养。

三、活动评价

（1）过程评价：观察学生在活动过程中的参与程度、积极性及团队合作精神，给予相应评价。

（2）成果评价：评价学生在职业观念与道德标准、个人品质与行为习惯、心理健康与情绪管理、社会责任意识与公民道德等方面的提升情况，给予肯定与指导。

（3）自我评价：鼓励学生对自己在活动中的表现进行自我评价，反思不足之处并制订改进计划。

案例分析

　　李明，一位刚刚步入职场的年轻人，在进入公司之初就树立了正确的职业观念。他深知职业不仅是为了谋生，更是实现个人价值和社会价值的途径。因此，他严格遵守公司的规章制度，尊重领导和同事，勤奋工作，尽职尽责。在工作中，他始终坚守职业道德标准，诚实守信，公正公平，不谋取私利，赢得了同事和上级的高度评价。

　　李明注重个人品质的培养，他深知诚信、勤奋、责任心等品质对于个人成长的重要性。他始终坚守诚信原则，言行一致，赢得了他人的信任。在工作中，他勤奋努力，不断学习新知识，提升自己的专业技能。同时，他具有强烈的责任心，对于自己的工作始终保持高度的热情和专注。此外，他还养成了良好的生活习惯，注重锻炼身体，保持健康的生活方式。

　　李明十分关注自己的心理健康和情绪管理。在面对工作中的压力和挫折时，他能够保持冷静和乐观的心态，积极寻找解决问题的方法。他学习了一些情绪管理技巧，如深呼吸、放松训练等，以帮助自己缓解紧张情绪。同时，他也善于与他人沟通交流，寻求他人的帮助和支持，这有助于他保持良好的心态。

　　李明具有强烈的社会责任感和公民意识。他关注社会热点问题，积极参与公益活动，为社会作出贡献。他常常利用业余时间参加志愿者活动，如为老人送温暖、为贫困地区捐款捐物等。在这些活动中，他践行了公民道德标准，展现了良好的道德品质和社会责任感。

　　案例分析：李明的成长历程充分体现了提升综合素质与道德修养的重要性。他在树立正确的职业观念、培养优秀的个人品质、关注心理健康和情绪管理及增强社会责任意识与公民道德等方面取得了显著进步。这些经历不仅让他在职场上取得了成功，也让他成了一个更加优秀、更加有价值的人。同时，这也启示我们，在成长过程中要不断提升自己的综合素质与道德修养，为社会作出更大的贡献。

项目五

制定职业生涯决策

知识目标

1. 设定职业和岗位目标：深入了解自己的兴趣、价值观、能力和市场需求，确定长期职业发展方向。根据职业发展方向，设定具体的岗位目标，明确职位要求和发展路径。制订达成岗位目标的短期和长期计划，包括所需技能和经验。

2. 学习职业生涯决策的方法：掌握 SWOT 分析、决策树等职业生涯决策工具，进行自我评估和职业环境分析。学习如何进行信息收集和筛选，以支持职业生涯决策的制定。了解不同职业生涯决策模型（如理性决策模型、直觉决策模型等），选择适合自己的决策方式。

3. 调整职业生涯决策：学会识别职业生涯决策中的风险和不确定性，制定应对策略。定期进行职业生涯回顾，根据职业发展和市场变化调整职业生涯决策。学习如何平衡工作与生活的需求，保持职业生涯决策的灵活性和可持续性。

4. 学习职业生涯管理：了解职业生涯管理的基本概念和原则，掌握职业生涯管理的核心技能。学会制订个人职业发展计划，包括提升技能、拓展人脉、参加培训等方面。掌握如何进行有效的职业沟通和谈判，以实现职业生涯目标。

5. 撰写职业生涯规划书：掌握职业生涯规划书的撰写技巧和结构，明确规划书的目的和读者。结合个人实际情况，撰写一份详细、可行的职业生涯规划书，包括职业目标、发展路径、行动计划等。通过撰写职业生涯规划书，加深对自己职业发展的认识，为未来的职业生涯发展奠定基础。

能力目标

1. 设定职业和岗位目标的能力：清晰了解自身的兴趣、优势和长期职业愿景，能够自我定位并制订明确的职业发展方向。根据市场需求和行业趋势，设定具体且实际可行的岗位目标，明确所需要的知识、技能和经验。制订实现岗位目标的短期和长期计划，包括阶段性目标和相应的行动计划。

2. 学习职业生涯决策方法的能力：熟练掌握 SWOT 分析、五力模型等职业生涯决策工具，能够进行全面而深入的职业自我评估和职业环境分析。学会运用逻辑思考和创造性思维，结合职业信息筛选和整合，做出明智的职业决策。理解不同职业生涯决策模型的原理和应用场景，能够根据个人实际情况选择适合的决策方法。

3. 调整职业生涯决策的能力：具备敏锐的洞察力和预见性，能够识别职业生涯决策中的潜在风险和不确定性，并制定应对策略。定期进行职业生涯回顾，评估个人职业发展进展和市场变化，灵活调整职业生涯决策以适应新的情况。学会在职业生涯决策中保持平衡和灵活性，能够平衡个人兴趣、市场需求和职业发展需要之间的关系。

4. 学习职业生涯管理的能力：深入理解职业生涯管理的理念和实践，能够制订并实施个人职业发展计划。不断提升自我认知和自我管理能力，包括时间管理、情绪管理、学习能力等，为职业生涯发展提供有力支持。建立良好的职业人脉关系，能够进行有效的职业沟通和谈判，以促进职业生涯目标的实现。

5. 撰写职业生涯规划书的能力：掌握职业生涯规划书的撰写规范和技巧，能够清晰、准确地表达个人职业生涯愿景和目标。结合个人实际情况和职业市场需求，制订具有可行性和操作性的职业生涯规划书。通过撰写职业生涯规划书，加深对职业生涯发展的认识和理解，提高自我规划和管理能力。

任务一 设定职业和岗位目标

课前引入

想象一下，当你站在人生的十字路口，面对无数的选择和可能性，你是否感到迷茫和不安？是否曾因为不知道自己要去哪里，而错过了宝贵的机遇？这种迷茫感在职业生涯中尤为明显。没有明确的职业目标，就像航船没有方向，难以到达理想的彼岸。

因此，设定职业和岗位目标的重要性不言而喻。它不仅能帮助我们清晰地认识自己的兴趣、能力和价值观，还能让我们更好地理解市场和行业的需求，从而找到最适合自己的职业道路。

本任务将一起探讨如何设定职业和岗位目标。我们将从自我评估开始，深入了解自己的兴趣、优势、价值观和市场需求。然后，我们将学习如何将这些信息转化为具体的职业和岗位目标，并制订实现这些目标的计划。

一 设定职业和岗位目标的重要性

在人生的旅途中，职业是人们生活中不可或缺的一部分。它不仅是人们谋生的手段，更是人们实现自我价值、追求梦想的重要途径。而设定职业和岗位目标，则是职业生涯规划中的关键环节，对于个人的成长和发展具有极其重要的作用。下面从多个方面详细阐述设定职业和岗位目标的重要性。

1. 明确方向，指引前行

设定职业和岗位目标的首要作用是为我们提供一个清晰的方向。在职业生涯的道路上，我们难免会遇到各种困难和挑战，而一个明确的目标可以让我们在迷茫中找到前行的动力，帮助我们更加坚定地走向成功。通过设定目标，我们可以将自己的兴趣、能力和市场需求相结合，找到最适合自己的职业方向，从而避免盲目性和随意性，使职业生涯更加有序和高效。

2. 激发潜力，提升能力

设定职业和岗位目标可以激发我们的内在潜力，提升我们的职业能力。一个明确的目标可以让我们更加明确自己的需求和不足，从而有针对性地学习和提升。为了实现目标，我们需要不断学习新知识、掌握新技能、积累新经验，这不仅可以提升自身的专业素养，还可以增强我们的竞争力和适应能力。同时，目标也可以激发我们的积极性和创造性，让我们在职业道路上不断创新、不断突破。

3. 规划未来，减少风险

设定职业和岗位目标有助于我们更好地规划未来，减少职业生涯中的风险。通过设定目标，我们可以预测未来的职业趋势和市场需求，提前做好准备和规划。这不仅可以让我们在职业道路上更加从容和自信，还可以让我们在面对职业变革和挑战时更加灵活。同时，目标也可以帮助我们识别潜在的风险和威胁，提前制定应对策略，从而避免不必要的损失和挫折。

4. 增强动力，保持热情

设定职业和岗位目标可以增强我们的工作动力，保持对职业的热情。一个明确的目标可以让我们更加明确自己的职业追求和价值所在，从而更加热爱自己的工作。在实现目标的过程中，我们会不断感受到成就感和满足感，这不仅可以增强我们的自信心和自尊心，还可以让我们在职业道路上更加持久和坚定。同时，目标也可以激励我们不断挑战自己、超越自己，实现自我价值的最大化。

5. 促进个人成长与发展

设定职业和岗位目标对于个人成长与发展具有深远的影响。通过设定目标并不断追求，我们可以不断提升自己的能力和素质，拓展自己的视野和思维方式。这不仅可以让我们在职业道路上更加顺利和成功，还可以让我们在生活中更加充实和有意义。同时，目标也可以让我们更加关注自己的内心需求和情感状态，从而实现个人的全面发展。

综上所述，设定职业和岗位目标对于个人的职业生涯发展具有极其重要的作用。它不仅可以为我们提供清晰的方向和指引，还可以激发我们的潜力、提升我们的能力、规划我们的未来、增强我们的动力、保持我们的热情，并最终促进我们的个人成长与发展。因此，我们应该重视设定职业和岗位目标的重要性，并积极地行动起来，为自己的职业生涯规划打下坚实的基础。

二　确定适合自己的职业目标

在快节奏的现代社会中，职业选择对于每个人的生活质量和人生轨迹都具有深远的影响。因此，确定一个适合自己的职业目标显得尤为重要。这不仅能够帮助我们更好地规划未来，还能让我们在职业道路上更加明确、自信地前行。下面从多个方面详细阐述如何确定适合自己的职业目标。

1. 深入了解自我

在确定职业目标之前，我们首先要深入了解自己，包括对自己的兴趣、价值观、性格、技能等方面的全面评估。我们可以通过以下方式来了解自己：

（1）自我反思。回顾过去的经历，思考自己喜欢做什么、擅长做什么、对什么感兴趣。这些都可以为我们的职业选择提供线索。

（2）心理测试。借助专业的心理测试工具，如 MBTI 性格类型测试、霍兰德职业兴趣测试等，了解自己的性格特点和职业倾向。

（3）寻求反馈。向身边的朋友、家人或同事寻求反馈，了解他们对自己的看法和评价。这有助于我们更加全面地认识自己。

在了解自己的基础上，我们可以开始思考自己的职业兴趣和优势。这些兴趣和优势将成为我们未来职业选择的重要参考。

2. 了解市场需求和行业趋势

在确定职业目标时，我们还需要关注市场需求和行业趋势。这有助于我们了解哪些职业具有发展潜力，哪些职业可能面临挑战。我们可以通过以下方式来了解市场需求和行业趋势：

（1）查阅行业报告。阅读行业研究报告、分析报告等，了解行业的发展趋势、市场规模、竞争格局等信息。

（2）关注招聘市场。关注招聘网站、社交媒体等平台的招聘信息，了解哪些职业受到市场追捧，哪些职业招聘需求较大。

（3）咨询专业人士。向从事相关行业的人士咨询，了解行业的实际情况和未来发展趋势。

在了解市场需求和行业趋势的基础上，我们可以结合自己的兴趣和优势，筛选出具有发展潜力的职业方向。

3. 明确自己的职业目标

在深入了解自己和市场需求的基础上，我们可以开始明确自己的职业目标。职业目标应该具体、可行，具有挑战性，并符合自己的价值观和长期规划。

（1）制订短期目标：短期目标通常是实现长期目标的具体步骤和计划。我们可以根据自己的实际情况，制订一些短期目标，如学习一项新技能、积累一定的工作经验等。这些短期目标应该具有明确的时间表和可衡量的标准。

（2）设定中期目标：中期目标通常是我们在职业道路上取得一定成果和成就的阶段目标。这些目标应该与我们的长期目标相一致，并具有一定的挑战性。例如，我们可以设定在某个领域成为专家、担任某个职位等目标。

（3）规划长期目标：长期目标是我们职业生涯的终极追求和愿景。它应该与我们的价值观和生活理念相一致，并具有较高的实现价值和意义。例如，我们可以设定成为行业领袖、创办自己的公司等目标。

在确定职业目标时，我们还需要注意以下几点：

（1）目标要具有可行性。我们的职业目标应该基于自己的实际情况和市场需求来制订，避免制订过于理想化或不切实际的目标。

（2）目标要具有挑战性。适当的挑战可以激发我们的潜能和动力，让我们在职业道路上不断成长和进步。

（3）目标要与自己的价值观相符。制订的职业目标应该符合自己的价值观和生活理念，让我们在追求职业成功的同时也能实现自我价值。

4. 制订实现职业目标的计划

在明确职业目标之后，我们还需要制订实现这些目标的计划。计划应该具体、可行，具有可操作性，并包括时间表和行动步骤等要素。以下是一些制订计划的建议：

（1）制订详细的时间表。将目标分解为具体的行动步骤和时间节点，确保每一步都有明确的时间限制和责任人。

（2）确定优先级。根据目标的重要性和紧急性，确定行动的优先级和顺序。确保我们优先处理最重要和紧迫的任务。

（3）制订行动步骤。将目标分解为具体的行动步骤，明确每个步骤的具体内容和所需资源。

（4）灵活调整计划。在实施计划的过程中，我们需要根据实际情况和市场变化灵活调整计划，确保自己的计划始终保持与市场需求及自身的职业发展相适应。

5. 保持持续的学习和成长

在确定职业目标并实现它们的过程中，我们还需要保持持续的学习和成长。这不仅可以让我们保持竞争力，还可以让我们在职业道路上不断发现新的机会和挑战。我们可以通过参加培训、学习新技能、阅读行业资讯等方式来保持持续的学习和成长。

总之，确定适合自己的职业目标是一个复杂而重要的过程。我们需要深入了解自己、了解市场需求和行业趋势、明确自己的职业目标、制订实现目标的计划，并保持持续的学习和成长。只有这样，我们才能在职业道路上取得成功并实现自我价值。

三 设定明确的岗位目标

随着国家基础建设的快速发展，土建企业作为国家建设的重要力量，承担着越来越重要的角色。在这个大背景下，土建企业内部的岗位发展规划显得尤为关键。下面将以土建企业为例，针对某一目标岗位，进行深入的分析与规划，旨在为相关从业人员提供职业发展的参考。

1. 目标岗位职责要求分析

在土建企业中，不同岗位承担着不同的职责与要求。本次我们选择项目经理作为目标岗位，进行深入分析。

（1）项目经理岗位职责。

1）负责项目从立项到竣工验收的全过程管理，确保项目按时、按质、按量完成。

2）编制项目计划，并组织实施，监控项目进度、质量、成本等关键要素。

3）与业主、设计、监理、施工单位等各方进行沟通协调，确保项目顺利进行。

4）负责项目团队的建设与管理，提升团队凝聚力与战斗力。

5）负责项目风险管理，及时识别、评估、应对潜在风险。

（2）项目经理任职要求。

1）具备土木工程、工程管理等相关专业本科及本科以上学历。

2）具有5年以上土建工程项目管理工作经验，熟悉项目管理流程与规范。

3）具备较强的沟通协调能力、组织领导能力、团队协作能力。

4）熟悉国家法律法规、行业规范及相关政策。

5）具有良好的职业道德和敬业精神，能够承受一定的工作压力。

2. 岗位发展前景与晋升路径

（1）岗位发展前景。随着国家对基础设施建设的投入不断加大，土建企业的市场需求将持续增长。项目经理作为土建企业的核心岗位之一，其发展前景十分广阔。未来，项目经理将承担更多大型、复杂项目的管理工作，对于专业技能和管理能力的要求也将不断提高。

（2）晋升路径。在土建企业中，项目经理的晋升路径通常包括以下几个阶段。

1）初级项目经理：负责小型、简单的土建工程项目管理，积累经验。

2）中级项目经理：负责中型、较复杂的土建工程项目管理，提升管理能力。

3）高级项目经理：负责大型、复杂的土建工程项目管理，成为企业的核心管理人员。

4）项目总监/副总经理：负责公司多个项目的统筹管理，成为企业的中高层管理人员。

3. 实现岗位目标的行动计划

为实现项目经理的岗位目标，以下是具体的行动计划：

（1）提升专业技能。

1）不断学习土木工程、工程管理等相关知识，掌握最新的行业技术和管理理念。

2）参加专业培训和认证考试，如一级建造师、PMP等，提升专业技能水平。

3）积极参与实际工程项目，通过实践积累经验，提升问题解决能力。

（2）加强沟通协调能力。

1）提高语言表达能力和沟通技巧，确保与各方有效沟通。

2）加强与同事、上级、下属等的沟通与协作，建立良好的人际关系。

3）积极参加团队建设和活动，提升团队协作能力。

（3）拓展人际关系网络。

1）与同行、业主、监理等各方建立广泛的联系，扩大人脉圈。

2）参加行业交流会议和研讨会，了解行业动态和发展趋势。

3）利用社交媒体等平台，加强与其他专业人士的交流与合作。

（4）制订职业规划目标与定期评估。

1）制订明确的职业规划目标，明确短期和长期的发展方向。

2）定期对自身的工作进行反思和评估，发现问题后及时调整。

3）根据公司的发展需求和市场变化，适时调整职业规划目标。

4. 定期评估与调整岗位目标

（1）评估标准。

1）项目完成情况：评估项目是否按时、按质、按量完成。

2）团队协作与沟通能力：评估与同事、上级、下属等的沟通与协作情况。

3）专业技能提升：评估自身专业技能是否得到有效提升。

4）职业规划实现情况：评估职业规划目标是否得以实现。

（2）调整策略。

1）根据评估结果，对存在的问题进行深入分析，找出原因并制订改进措施。

2）针对职业规划目标，根据实际情况进行调整和优化。

3）加强对行业发展和市场需求的关注，及时调整岗位目标和发展方向。

课堂活动　未来规划之旅——职业与岗位目标设定

一、活动目的

（1）让学生了解设定职业和岗位目标的重要性。

（2）帮助学生识别自己的兴趣、能力和价值观，从而确定适合自己的职业目标。

（3）引导学生设定明确、具体的岗位目标，为未来的职业规划奠定基础。

二、活动步骤

1. 引入（5分钟）

（1）教师简要介绍职业规划和目标设定的概念，强调其对个人发展的重要性。

（2）分享一些成功人士的职业规划案例，激发学生思考自己的职业规划。

2. 自我认知（10分钟）

（1）学生使用"兴趣－能力－价值观"的模型，填写自我评估表格，识别自己的优势与劣势。

（2）小组讨论：成员间互相分享自我评估结果，讨论彼此的兴趣、能力和价值观。

3. 职业目标探索（15分钟）

（1）教师提供一系列职业领域和行业的信息，包括职业发展前景、所需技能等。

（2）学生根据个人自我评估结果，从提供的职业中选择自己感兴趣且适合的3～5个职业方向。

（3）小组内讨论并分享各自的职业选择，相互给予建议和反馈。

4. 岗位目标设定（15分钟）

（1）教师解释岗位目标的概念，包括短期和长期目标。

（2）学生根据选择的职业方向，设定短期（1～3年）和长期（5～10年）的岗位目标。

（3）学生将目标写成具体、可衡量的句子，并在小组内分享。

5. 总结与反馈（5分钟）

（1）每组选出一名代表，向全班分享小组内的职业和岗位目标设定成果。

（2）教师给予反馈和建议，强调目标设定的可行性和挑战性。

三、活动评价

（1）自我评价：学生填写自我评价表，评估自己在活动中的参与度、自我认知的深度及目标设定的明确性。

（2）小组评价：小组成员互相评价，讨论彼此在活动中的表现，以及对他人职业和岗位目标设定的贡献及建议。

（3）教师评价：教师对学生的参与度、讨论质量、目标设定的明确性和可行性等方面进行评价，并给予针对性的反馈和建议。

（4）后续跟进：教师鼓励学生在课后进一步完善、细化自己的职业和岗位目标，并定期检查学生的进度，提供必要的支持和指导。

案例分析

小李自大学校门跨出的那一刻起，内心便充满了对未来的无限憧憬与期待。三年的大学生活，他如同一块海绵，不断吸收着知识的养分，逐渐塑造了自己独有的个性与专业技能。而现在，他终于迎来了人生中的一个重要转折点——确定自己的职业目标，为正式工作奠定基础。

小李一直以来都对市场营销这一领域充满兴趣。大学期间，他选择了市场营销专业，并全身心地投入这门学科的学习之中。他深知，市场营销不仅是一门学科，更是一种思维方式，一种对市场敏锐洞察和精准把握的能力。为了更好地锻炼自己，小李利用课余时间，积极参加各类市场营销实践活动，不断积累经验，提升自己的实际操作能力。

然而，理论知识与实践经验只是小李成功走向职场的基础。在确定了市场营销作为自己的职业方向后，小李开始思考如何在这个领域中脱颖而出。他意识到，要在这个竞争激烈的行业中立足，必须具备独特的个人品牌和核心竞争力。于是，他开始深入学习市场前沿的营销策略，关注行业动态，努力拓宽自己的视野和知识面。

此外，小李还非常注重人际关系的建立与维护。他明白，在职场中，一个人的力量是有限的，只有通过与他人的合作和交流，才能更好地实现自己的价值。因此，他积极参加各种社交活动，与不同领域的人建立联系，为自己的职业生涯打下坚实的基础。

在确定职业目标的过程中，小李也遇到了许多挑战和困难。但他从未放弃过自己的梦想和追求，始终保持着对市场营销的热情和执着。他坚信，只要不断努力、不断学习、不断积累经验和技能，就一定能够在职场上取得成功。

如今的小李已经为正式工作做好了充分的准备。他将在市场营销这一领域中发挥自己的才华和潜力，为公司创造价值，为社会作出贡献。他的职业生涯才刚刚开始，但他已经迈出了坚实的步伐，向着成功的方向前进。

案例分析：小李自走出大学校门的那一刻，怀揣的不仅仅是毕业证书，更是对未来的无限憧憬与期待。这三年的大学生活，他仿佛置身于知识的海洋中，如海绵般贪婪地吸收着各种知识养分。这段经历不仅丰富了他的内心世界，也帮助他塑造了独有的个性和扎实的专业技能。如今，站在人生的新起点上，小李正面临着职业生涯中的关键决策——确定自己的职业目标。这一决策不仅关乎他个人的发展，也为他未来正式步入社会、从事专业工作奠定了坚实的基础。

任务二　学习职业生涯决策的方法

课前引入

　　职业生涯决策就是我们在规划自己职业生涯时，对未来职业发展目标及其实施路径所作出的判断和选择。它涵盖了我们对职业目标、职业路径、职业发展机会及职业转换等方面的决策。这些决策不仅会影响我们的职业发展，更与我们的人生规划紧密相连。

　　然而，职业生涯决策并非易事。我们时常会遇到各种阻碍和困难。例如，信息不足导致我们对职业市场的了解不够全面；价值观冲突让我们在多个职业选项之间犹豫不决；恐惧心理可能让我们对未知领域望而却步。此外，社会压力和家庭期望也可能成为我们作出决策的阻碍。正是这些阻碍，让职业生涯决策变得更加复杂和困难。

　　那么，在面对这些阻碍时，我们应该如何制定并执行有效的职业生涯决策呢？首先，我们需要充分了解自己，明确自己的兴趣、优势、价值观和职业目标。这是制定职业生涯决策的基础。其次，我们需要积极收集信息，了解职业市场的动态和趋势，以及不同职业领域的发展前景。这将帮助我们作出更加明智的决策。同时，我们还需要学会应对决策过程中的困难和挑战，例如，通过制订备选方案、寻求他人意见和不断反思等方式来降低决策风险。

　　本任务将深入学习和探讨职业生涯决策的方法。

一　职业生涯决策的基本内容

1. 职业生涯决策的含义

　　生涯决策是指对生涯事件的选择和决定的过程。作决定是人成长过程中的重要环节，一些重要决定甚至可能成为一生的里程碑。生涯方向和目标定位及道路选择对生涯发展起着决定作用，那么生涯选择中体现出的生涯决策能力就显得更为重要。

　　职业生涯决策是个人根据各种条件，并经过一系列活动以后，进行的目标决定，以及为实现目标而制订优选的个人行动方案。职业决策是一个复杂的认知过程，通过此过程，决策者组织有关自我和职业环境的信息，仔细考虑各种可供选择的职业前景，做出职业行为的公开承诺（《中国职业规划师（CCDM）认证培训教材》，P17）。从这个概念我们可以看出：职业决策是一个过程，而不单单是一种结果。

2. 职业决策风格

美国职业生涯专家斯科特（Scott）和布鲁斯（Bruce）于 1995 年认为决策风格是在后天的学习经验中逐渐形成的，并将决策风格划分为理智型、直觉型、依赖型、回避型和自发型五种。

（1）理智型：以周全的探求，对选择的逻辑性评估为特征。理智型的决策者具备深思熟虑、分析、逻辑的特性。这类决策者会评估决策的长期效用并以事实为基础作出决策。理智型决策风格是比较受推崇的决策方式，强调综合全面地收集信息、理智的思考和冷静的分析判断，是其他决策风格的个体需要培养的一种良好的思考习惯。但理智型的决策风格也并不是理想的、完美的决策方式，即使采用系统的、逻辑的方式，也会出现因为害怕承担决策的后果而不能整合自己和重要他人观点的困扰。

（2）直觉型：以依赖直觉和感觉为特征，比较关注内心的感受。直觉型的决策风格以自我判断为导向，在信息有限时能够快速作出决策。当发现错误时能迅速改变决策。由于以个人直觉而不是理性分析为基础，这类决策发生错误的可能性较大，因此，易造成决策不确定性。

（3）依赖型：以寻求他人的指导和建议为特征。依赖型的决策者往往不能够承担自己做决策的责任，允许他人参与决策并共同分享决策成果，会受到他人的正面评价，但也可能因为简单地模仿他人的行为导致负面的反应。依赖型的决策者需要理解生活中重要他人对自己的影响程度。

（4）回避型：以试图回避作出决策为特征。回避型的决策风格是一种拖延、不果断的方式。面对决策问题会产生焦虑的决策者，往往因为害怕作出错误决策而采取这样的反应；往往是由于决策者不能够承担做决策的责任，而倾向于不考虑未来的方向，不去做准备，不知道自己的目标，也不思考，更不寻求帮助。这样的决策者更容易受到学校等支持系统的忽略。因此，这些学生需要意识到自身的决策风格及其可能造成的危害，努力调整，增强职业生涯规划的意识和动机，才能从根本上得到帮助。

（5）自发型：以渴望即刻、尽快完成决策为特征。自发型的个体往往不能够容忍决策的不确定性及由此带来的焦虑情绪，是一种具有强烈即时性，并对快速做决策的过程有兴趣的决策风格。自发型决策者常会基于一时的冲动，在缺乏深思熟虑的情况下作出决策，此类决策者通常会给人果断或过于冲动的感觉。

3. 职业生涯决策的工具和方法

（1）决策平衡单（Decision-Making Balance Sheet）。决策平衡单经常被应用于问题解决模式和职业咨询，用以协助咨询者系统地分析每一个可能的选项，判断分别执行各选项的利弊得失，然后依据其在利弊得失上的加权计分排定各个选项的优先顺序，以执行最优先或偏好的选项。

决策平衡单的主体框架为自我物质方面的得失（Utilitarian Gains or Losses for Self）、他人物质方面的得失（Utilitarian Gains or Losses for Significant others）、自我赞许与否（Self-Approval or Disapproval）和社会赞许与否（Social Approval or Disapproval）。

实际应用决策平衡单时，由于认为"自我赞许与否"和"社会赞许与否"仍显得笼统，所以中国台湾生涯辅导专家金树人将最后的两项改为"自我精神方面的得失"与"他人精神方面的得失"，就是从以"自我—他人"，以及"物质—精神"所构成的四个范围内来考虑。

决策平衡单的设计，是用来协助决策者作出好的重大决定。它可以帮助决策者具体地分析每一个可能的选择方案，考虑各种方案实施后的利弊得失，最后排定优先顺序，择一而行。

决策平衡单的设计步骤如下：

1）列出可能的职业选项。咨询者首先需在决策平衡单中列出有待深入评量的潜在职业选项3～5个。

2）判断各个职业选项的利弊得失。决策平衡单中提供咨询者思考的重要得失，集中于自我物质方面的得失、他人物质方面的得失、自我赞许与否（精神方面）的得失、他人赞许与否（精神方面）的得失四个方面。咨询者可依据重要的得失方面，逐一检视各个职业选项，并以"+5"至"-5"的十一点量表（+5，+4，+3，+2，+1，0，-1，-2，-3，-4，-5）来衡量各个职业选项。

3）各项考虑因素的加权计分。咨询者在各个方面的利弊得失之间，会因身处于不同情境而有不同的考量。因此，在详细列出各项考虑层面之后，须再进行加权计分。即对当时个人而言，重要的考虑因素可以乘以1～5倍分数（×5），依次递减。

4）计算出各个职业选项的得分。咨询者须逐一计算各个职业选项在"得"（正分）与"失"（负分）的加权计分及累加结果，并计算各个生涯选项的总分。

5）排定各个职业选项的优先顺序。最后，依据各职业选项在总分上的高低，排定优先次序。职业选项的优先次序即可作为咨询者职业生涯决策的依据。

（2）决策树法。决策树法利用了概率论的原理，并且利用一种树形图作为分析工具。其基本原理是用决策点代表决策问题，用方案分枝代表可供选择的方案，用概率分枝代表方案可能出现的各种结果，经过对各种方案在各种结果条件下损益值的计算比较，为决策者提供决策依据。

决策树法是常用的风险分析决策方法。该方法是一种用树形图来描述各方案在未来收益的计算、比较及选择的方法，其决策是以期望值为标准的。人们在未来可能会遇到好几种不同的情况，每种情况均有出现的可能，人们无法确知，但是可以根据以前的资料来推断各种自然状态出现的概率。在这样的条件下，人们计算的各种方案在未来的经济效果只能是考虑到各种自然状态出现的概率的期望值，与未来的实际收益不会完全相等。

如果一个决策树只在树的根部有一个决策点，则称为单级决策；若一个决策树不仅在树的根部有决策点，而且在树的中间也有决策点，则称为多级决策。

决策树法对于职业犹豫者在做职业决策时提供了有效的帮助。

4. 影响职业生涯决策的因素

（1）影响生涯决定的因素。克朗伯兹（Krumboltz）的生涯决定社会学习理论兼顾心理与社会的作用，认为两者对个人生涯选择均有影响。20世纪60年代及70年代初期，克朗伯兹和同事们一起对高中学生作了一系列的研究，并于1979年推出《社会学习理论和生涯决定》一书，书中阐述了他的主要观点。

克朗伯兹认为以下四类因素影响到一个人的生涯决定，分别是：

1）遗传因素和特殊的能力。个人得自于遗传的一些特质，在某些程度上限制了个人对职业或学校教育选择的自由。这些因素包括种族、性别、外在的仪表和特征等。

某些个人的特殊能力也会影响其在环境中的学习经验，伴随这些学习经验而来的兴趣与技能，对个人未来的职业选择等也有较大影响。个人的特殊能力包括智力、音乐能力、美术能力、动作协调能力等。

2）环境状况和事件。克朗伯兹认为，影响教育和职业的选择因素中，有许多来自外部环境，并非个人所能控制。这些环境状况和事件来自人类活动（如社会、文化、政治或经济的活动），也可能由自然力量引起（如自然资源的分布或天然灾害）。这些因素具体包括：工作机会的数量和性质；训练机会的多寡和性质；职业选择训练人员和工作人员的社会政策及过程；不同职业的投资回报率；劳动基准法和工会的规定；物理环境的影响，如地震、洪水、干旱、台风等；自然资源的开发；科技的发展；社会组织的改变；家庭的影响；教育系统和社区的影响。

3）学习经验。克朗伯兹认为，每个人独特的学习经验，在决定其生涯路径（Career Path）时扮演重要的角色。

日常生活中，个体受到刺激与强化的类型、性质及两者配合出现的时机常常错综复杂，因而没有一个理论能够很好地解释这些不定的变量究竟是如何影响个人生涯偏好和生涯技能发展的，又是如何影响生涯选择的。以下两种学习经验是克朗伯兹社会学习理论中最简约的形式，可用来说明学习经验对生涯决定的影响。

①工具式学习经验（Instrumental Learning Experiences）。工具式学习经验的获得，与学习心理学中工具制约学习的过程有类似之处。工具式学习经验有以下三部分主要内容，它们分别是指：

a. 前因。"前因"包括我们前面提到的各种环境状况和事件，以及个人在生活中遇到的刺激（即工作或问题）。

b. 内隐与外显的行为。"内隐与外显的行为"包括内在的认知和情绪反应，以及外在的行动。

c. 后果。"后果"包括直接由行动所造成的影响，以及当个体体验到这些后果时的认知与情感反应。

克朗伯兹的社会学习理论认为，凡是成功的生涯计划、生涯发展和职业或教育的表现所需的技能，均能够通过连续的工具式学习经验而获得。

②联结式学习经验（Associative Learning Experiences）。联结式学习经验是指某些环境的刺激会引起个人情绪上积极或消极的反应。如果原来属于中性的刺激与社会上使个体产生积极或消极情绪反应的刺激同时出现，这种伴随在一起的联结关系，会使中性的刺激也具有积极或消极的情绪作用。克朗伯兹指出，我们对于职业的刻板化印象，如"医生都是有钱人""军人和教师都是清苦的"等，都是通过这种联结学习的经验而习得。在个体成长过程中，这种联结学习的经验也许一生都难以改变，对其生涯的选择也有着深远的影响。

4）工作取向的技能。前面提到的各种因素，如遗传因素、特殊能力、社会上各种影响因素及不同的学习经验等，会以一种交互影响的方式使个人形成特有的工作取向技能，这些工作取向的技能包括解决问题的能力、工作习惯、工作的标准与价值、情绪反应、知觉和认知的历程（如选择、注意、保留、符号知觉等心理过程）等。

（2）各种影响因素之间交互作用的结果。按照社会学习理论的看法，上述四类因素在不断地产生交互作用，其结果是形成自我观察的推论、世界观的推论，形成工作取向的技能和行动。

1）自我观察的推论。以过去的学习经验为基准，个人会对自己的表现作出评估与推论。评估的参照对象可能是自己以往的成就，也可能依据其他人的表现。克朗伯兹等人认为，一般心理学家所测量的个人兴趣、工作价值，都是属于他们认为的"自我观察的推论"。在解释生涯决定方面，自我观察的推论最重要的内容之一是"爱好"（Preferences），如喜欢教书而不喜欢做生意，或喜欢走在人群里而不喜欢坐在办公室中等，这些爱好是学习经验的重要结果，也是生涯决定的衡量标准。

2）世界观的推论。基于自己的学习经验，个人也会对环境及未来的事物作出评估与推论，特别是在职业的前途与展望方面。世界观的推论和自我观察的推论一样，不一定完全正确，要视个人的学习经验是否丰富而定。

3）工作取向的技能。前面在影响生涯决定的四类因素中已经提到工作取向的技能，因此，它既是"因"，又是"果"。在这里，工作取向的技能是个人所习得的各种认知与表现的能力，可应用在生涯决策的过程中。工作取向的技能对个人来说，随着环境变化能用来解释这种变化与自我观察和世界观推论之间的关系，以及预测未来变化的方向。

4）行动。个人的实际行动是综合以前所有的学习经验自我与环境的推论及具备的各种能力，并将这些引入未来事业发展的途径。生涯决定的社会学习理论所重视与关心的正是行为，它包括初步选定一种工作，选择一个特定的专业，接受一次职业训练的机会，接受升迁的职位，或是改变主修科目等。

二　职业生涯决策的阻碍

不是每个人都能成功地作出职业生涯规划，这当中会有阻碍因素不利于我们作出决定，或是我们职业选择不顺利，或是造成生涯发展困境长久无法突破。

1. 生涯决定阻碍因素

生涯决定阻碍因素主要包括以下八个方面。

（1）意志薄弱。个人生涯选择受到父母、他人影响的情形相当明显，因而学生往往忽略真正适合自己的选择，或者虽有少数能立定志向的学生却往往因为不能持之以恒或失去毅力而放弃想要发展的方向。这时该想一想：我的理想是什么？我的生涯目标是否投射了他人的期待？真正适合我发展的方向在哪里？哪些因素影响我作出适当的决定？我应该坚持哪些部分？然后朝自己掌握的方向去努力。

（2）行动犹豫。许多人虽然有着自己的想法与目标，但可能因为担心、害怕或缺乏信心等而迟迟无法展开实际行动。像这类只想、只计划却不能起而行之的人，就属于"行动犹豫"的一群人。这时若能先建立信心，或利用一些策略进行自我督促便可改善。

（3）信息探索不足。对目前社会或工作环境的信息太过缺乏，或不清楚获取信息的渠道的人，属于"信息探索不足"的一群人。这群人应强化信息的收集与了解，因为有丰富的信息才能有效率地进行生涯探索。

（4）特质表现不佳。对于个性积极、有主见者，在生涯发展路上较容易为自己铺一条适当的路。但有些人个性过于被动且缺乏主见，或没有规划的习惯，抱持"船到桥头自然直"的态度，这些特质长久下来极不利于自己的生涯探索，属于"特质表现不佳"的一群人。这群人宜加以真切地面对调整，才有机会改变状态。

（5）方向选择未定。有些人受阻于未来发展的方向模糊，而无法明确地规划，也无法为将来作出预期努力，这是"方向选择未定"的一群人。这时应先多花时间去探索自己的兴趣、能力、社会现况等，先找出方向才不会做错选择。

（6）专业选择不当。若个人所学的领域能与未来生涯有所契合，那么将更有助于进入专业领域的生涯发展中；然而许多大学生常因某些因素而进入非原先所期待的科系就读，是属于"专业选择不当"的一群人。这群人应先给自己一些时间沉淀，再通过其他方法（如做兴趣测验、与师长讨论等），寻找合宜系所，考虑转系、转学、修辅系、双学位等的可能性。

（7）学习状况不佳。在学生生涯中，学习是最重要的一件事。如果人对所处的学习环境不满意，或学习心态不适当，则可能无法有好的学习态度，连带地使自己在为未来发展的准备上受到负面的影响，而成为"学习状况不佳"的一群人。这时需要去觉察该现象背后的原因为何，在认知与行动上有所调整，才能自然地投入学习中去。

（8）学习困扰多。许多学生会因为同学、教师互动状况不佳或异性交往问题而明显影响其个人状态，从而无法全心投入学习。恶性循环的结果可能使个人越来越无法达到自己理想的成绩，这是属于"学习困扰多"的一群人。这群人亟需回到根源处寻找困扰的来源或调整学习习惯，才不致错过适当的学习时机。

2. 生涯决策阻碍省察

每个人在一生中，都可能因为一些阻碍因素的存在而使自己的生涯停滞在较差的发展状态。若能给自己一个机会去接触、觉察这些因素之所在，那么对自己的未来发展将会有莫大的帮助。我们可以问自己以下几个问题，觉察这些阻碍因素：

（1）在我们个人或学生成长过程中，曾经或目前出现过哪些生涯阻碍因素？

（2）哪些因素对目前所学的科系或从事的工作有负面的影响？

（3）这些因素存在了多久？

（4）你个人想过要改变或克服吗？

（5）若这些因素一直保持下去，未来的蓝图将会如何？

（6）如果你改变了，周遭人的看法、感觉将是如何？

（7）他们可能会有哪些反应呢？

通过生涯阻碍因素的探索，可以帮助我们了解自己生涯阻碍的可能潜在因素，从而进一步针对自己的瓶颈与困境加以突破，开创新局面。

三　职业生涯决策的策略

职业生涯决策，作为个人职业发展道路上的关键节点，是每个职场人士无法回避的重要课题。它不仅涉及个体在职业生涯中的定位、路径选择和发展策略，更直接关系到我们的职业满意度、成就感及长期的生活质量。在瞬息万变的职场环境中，一个明智且符合自身特点及社会发展趋势的职业生涯决策，能够帮助我们找准方向，合理规划，从而踏上成功的快车道，实现自我价值的最大化。反之，如果决策失误，可能导致我们偏离轨道，甚至陷入进退维谷的困境，错失发展良机，增加不必要的成本投入，降低生活品质。因此，深入探究并熟练掌握职业生涯决策的方法与技巧，对于每一位职场人士来说都具有举足轻重的意义。

1. 自我探索与评估

自我探索与评估是职业生涯决策的基石，它是一个系统且深入的过程，旨在揭示个体的内在特质、能力倾向、兴趣偏好、价值观取向及性格特点等核心要素。在职业生涯规划的初期阶段，个体需要通过一系列科学严谨的方法来全面认识和评估自我，以便找准自身定位，明确职业发展的方向。

心理测试作为一种量化分析工具，在自我评估中占据重要地位。通过心理测评，可以客观地衡量个体的性格特征、兴趣偏好、认知风格、情绪稳定性及潜在的能力优势和短板所在。例如，职业兴趣测试能够帮助个体确认自己适合的工作领域，能力倾向测试则能反映个体在特定职业中的潜在发展可能性，而价值观问卷则可揭示个体深层次的价值取向，这些测试结果都能为职业生涯决策提供科学、客观的参考依据。

个人应积极进行自我反思，深入挖掘个人经历、兴趣爱好、成就感来源等方面的信息。通过回顾自己的学习生涯、实习经历、志愿活动等，识别出自己在特定情境下的行为模式和反应，这有助于明确个人的职业兴趣和职业价值观。例如，如果个体发现自己在某个特定领域能够持续获得成就感并乐于投入时间与精力，那么这可能就是其潜在的职业兴趣所在。

咨询专业人士，如心理咨询师或职业规划师，可以为个体提供更为精准和专业的指导。这些专家凭借丰富的经验和专业知识，能够协助个体解读自我评估结果，提供针对性的建议，并帮助个体更深入地了解自己的优势和不足，以及在面对职业生涯决策时可能遇到的挑战和机遇。通过与专业人士的互动交流，个体可以获得更为全面、客观的自我认知，从而制订出更加契合自身特点的职业生涯规划方案。

总体来说，自我探索与评估是一个积极主动的过程，旨在帮助个体全面挖掘自身潜能，明确职业发展方向，为后续的职业生涯规划和决策奠定坚实的基础。

2. 职业调查与信息收集

在探寻个人职业道路的过程中，深入了解自我之后，至关重要的一步就是进行广泛而深入的职业调查与信息收集。这包括但不限于对各种职业特点、工作内容、任职要求、发展前景及行业动态的全面把握。只有对目标职业有立体化、全方位的认识，个体才能做出更为明智的职业选择，并在后续的职业发展中保持竞争力。

具体来说，个体可以通过多种方式来获取这些信息。首先，从查阅相关资料入手，包括各类职业指南、行业报告、招聘网站及政府发布的职业分类和标准等信息，可以系统性地了解不同职业的基本性质、工作内容、薪酬待遇和发展趋势等。

其次，参加现场招聘会和各类职业展览活动是直观感知职业实况的有效途径。通过直接参观企业展位，个体可以详细了解各企业招聘岗位的具体要求、工作环境、晋升通道及企业文化等，从而对目标职业有更生动的认识，判断其是否符合个人期望与长期发展规划。

最后，与正在从事目标职业的从业人员进行深度交流，是个体获取一手经验和实用建议的好方法。这些从业者可以提供一手的工作体验、实战技巧、行业窍门，以及入职门槛等内幕信息，他们的经验谈和指导对于个体在职业选择及发展路径上具有极高的参考价值，有助于个体避免不必要的误区，更加理性地作出职业决策。

3. SWOT 分析与资源评估

在职业调查与信息收集阶段结束后，个人需要运用 SWOT 分析方法进行全面而深入的自我审视和外部环境扫描，以便更好地把握自身的优势和劣势，明确自己在职业市场中的位置，为制订职业目标和规划行动方案提供坚实依据。SWOT 分析作为一种常用的战略管理工具，其核心在于通过四个维度——个人的优势（Strengths）、劣势（Weaknesses）、机会（Opportunities）和威胁（Threats）来全面剖析内外部情境，从而确立个人职业发展的基准线和进步方向。

首先，在个人优势（Strengths）方面，个人应详细梳理并识别自身所具备的独特能力和资源，如扎实的专业技能、出色的人际交往能力、良好的领导力、独有的创新思维或是在特定领域内的专业知识等。这些优势是个人在职业竞争中脱颖而出的关键所在，也是构建个人品牌和实现职业成功的重要基石。通过明确自身的优势，个人能够更好地定位自己在职业市场中的位置，有针对性地发挥所长，并寻求与自身优势契合的职业机会。

其次，在个人劣势（Weaknesses）方面，个人需要客观公正地审视自己的不足和短板，例如，缺乏实践经验、学历较低、技术技能更新速度较慢、语言表达能力欠佳或心理素质有待提高等。尽管劣势可能会限制个人在当前或未来的职业发展，但关键在于如何正视并逐步克服这些弱点，通过制订实施针对性的改进计划，将劣势转化为优势，或是在职业选择和定位时尽量避免直接冲突，寻求间接突破。

再次，个人需要分析外部环境中的机会（Opportunities）和威胁（Threats）。机会是职业发展的重要推动力，可能包括新兴行业的发展带来的全新职位和岗位需求增长、政策扶持或市场政策变化带来的创业创新机遇、国际国内形势变化带来的海外发展机会等。然而，任何职业发展都伴随着一定的威胁，这些威胁可能来自市场竞争加剧、技术更新迭代速度过快导致职业技能淘汰、经济环境恶化影响行业发展趋势、法律法规变动增加经营成本等多种因素。通过关注外部环境的变化，个人可以更好地把握职业发展的机遇和挑战，及时调整自己的职业规划和行动计划。

最后，在 SWOT 分析的基础上，个人需要进行资源评估。资源评估包括对自己的经济资源、社会资源、时间资源等方面的评估。经济资源是指个人或组织所拥有的资金、财产等经济条件，对于创业或职业发展起着决定性的支持作用；社会资源涵盖了人脉网络、社会关系、公共资源等，良好的社会资源有助于个人在职业道路上获得更多合作机会和政策支持；时间资源则是指个人可用于职业发展或项目实施的有效时间。通过评估自己的资源状况，个人可以更好地制订职业目标和行动计划，充分利用自身资源并寻求有效补充和优化配置，从而提高职业发展的效率和成功率。

4. 目标设定与行动计划

在明确自己的职业目标和方向后，个体需要制订具体的行动计划，以实现自己的职业目标。具体而言，可以从以下几个方面入手：

（1）制订短期和长期职业目标。短期目标可以包括获得某个职位、提升某项技能等；长期目标可以包括成为某个领域的专家、实现职业转型等。

（2）制订详细的行动计划。行动计划需要包括具体的行动步骤、时间节点、责任人等要素，以确保目标的实现。

（3）不断调整和优化行动计划。在实施行动计划的过程中，个体需要不断根据实际情况进行调整和优化，以确保计划的顺利进行。

5. 实践与体验

实践是检验真理的唯一标准。在职业生涯决策的过程中，个体需要积极参与实践活动，以验证自己的职业选择是否正确。具体而言，可以通过实习、兼职、志愿服务等方式进行实践体验。

通过实践体验，个体可以深入了解不同职业的实际工作环境和从业要求，检验自己的职业选择是否符合自己的兴趣和能力。同时，实践体验还可以帮助个体积累经验和技能，提高自己的职业竞争力。

6. 决策支持与反馈

职业生涯决策是一个复杂而漫长的过程，需要不断地获取支持和反馈。具体而言，可以从以下几个方面获取支持和反馈：

（1）寻求专业人士的建议。专业人士（如心理咨询师、职业规划师等）可以为个体提供科学、专业的建议和指导。

（2）与家人和朋友交流。家人和朋友是个体的重要支持力量，他们可以为个体提供情感支持和建议。

（3）反思和调整决策。在职业生涯决策的过程中，个体需要不断反思和调整自己的决策，以确保决策的正确性和有效性。

课堂活动　　探索职业生涯决策之旅

一、活动目的

（1）了解职业生涯决策的基本内容和重要性。

（2）识别和分析职业生涯决策过程中可能遇到的阻碍。

（3）学会并运用职业生涯决策的策略，提升决策能力。

二、活动步骤

1. 引导与介绍（10分钟）

（1）教师简要介绍职业生涯决策的概念和它对个人发展的重要性。

（2）通过案例或故事分享，学生了解职业生涯决策的实际应用。

2. 小组讨论（20分钟）

（1）将学生分成若干小组，每组 5～6 人。

（2）小组内讨论并列出职业生涯决策的基本内容，如职业目标设定、职业路径规划、行业选择等。

（3）每组选出一名代表，将讨论结果展示给全班同学。

3. 角色扮演与阻碍识别（20分钟）

（1）每位学生选择一个假设的职业生涯场景（如选择大学专业、跳槽等）。

（2）在小组内进行角色扮演，模拟职业生涯决策过程，并识别出可能遇到的阻碍，如信息不足、职业认知偏差、恐惧失败等。

（3）每组选择一个场景进行展示，并说明所遇到的阻碍和解决方案。

4. 策略学习与运用（20分钟）

（1）教师介绍职业生涯决策的策略，如 SWOT 分析、决策树、直觉决策等。

（2）学生根据之前模拟的场景，选择合适的策略进行决策。

（3）小组内分享并讨论所选策略的优势和局限性。

5. 总结与反思（10分钟）

（1）每位学生反思自己在模拟决策过程中的表现，并写下自己的收获和改进方向。

（2）教师总结课堂内容，强调职业生涯决策的重要性和策略的运用。

三、活动评价

（1）参与度：观察学生在小组讨论和角色扮演中的参与度和积极性。

（2）策略运用：评估学生在模拟决策过程中是否能准确运用所学策略，并作出合理的决策。

（3）反思深度：通过学生的反思报告，评估他们对职业生涯决策过程的理解程度和自我提升的意愿。

（4）团队协作：观察学生在小组讨论和角色扮演中的协作能力，以及他们是否能在团队中发挥自己的优势。

四、注意事项

（1）在活动过程中，教师要关注每位学生的参与情况，鼓励不善于表达的学生积极参与。

（2）角色扮演和模拟决策环节要注意控制时间，确保每个学生都有机会展示自己的决策过程。

（3）在评价时，教师要客观公正地给出反馈，同时也要鼓励学生自我反思和相互学习。

案例分析

　　刘同学是一位即将从某知名大学土木工程专业毕业的学子。在面临毕业选择的关键时刻，他面临着诸多关于未来职业生涯规划的难题。作为一个对土木工程抱有极大热情的学生，刘同学憧憬着未来能从事自己喜欢且擅长的工作领域，但同时也深知就业市场的现实与残酷。他明白，单纯的理想追求并不能解决温饱问题，还需要结合就业市场的实际需求来作出合理的职业规划。

　　刘同学深知自己并不满足于仅仅成为一名普通的土木工程师，他渴望通过自己的努力和付出，在职业生涯中取得更大的成就和发展。他关心如何将自己的专业技能与个人兴趣相结合，以实现个人价值的最大化。他还在思考如何克服初入职场的种种挑战，如适应新的工作环境、提升工作效率、建立良好的人际关系等。

　　经过一段时间的努力和探索，刘同学成功找到了一家知名施工单位的工程项目管理实习岗位。在实习期间，他充分发挥自己的专业知识和技能，积极参与项目的各个环节工作，逐渐获得了领导和同事的认可。实习结束后，他成功转为正式员工，并继续在该领域深耕细作。如今，刘同学已经成为一名备受瞩目的土木工程项目经理，并在行业内取得了不俗的成绩。

　　案例分析：作为土木工程专业的毕业生，刘同学面对职业选择时展现出深思熟虑的态度。他首先进行了自我评估，认识到自己既热爱土木工程，也注重实际与理想的结合。他明确了自己的职业目标——成为一名出色的土木工程项目经理，并为此制订了详细的职业规划。为实现这一目标，刘同学积极发掘自身潜能，不断提升专业技能，同时关注行业动态，增强自己的市场竞争力。他通过实习锻炼，将所学知识与实际工作相结合，逐步赢得了业界的认可。成为正式员工后，刘同学继续深耕土木工程项目管理领域，不断挑战自我，实现个人价值的最大化。他的成功表明，合理的职业规划、不懈的努力和对行业动态的敏锐洞察，是实现职业梦想的关键。同时，刘同学也保持着持续的自我评估和调整，确保自己在职业生涯中不断前进。

任务三　调整职业生涯决策

课前引入

职业生涯决策是每个人在职业道路上必须面对的重要课题。一个明智的决策，可以让我们在职业生涯中事半功倍；而一个错误的决策，则可能导致我们偏离轨道，错失良机。因此，理解并掌握如何作出明智的职业生涯决策，对于每个人的职业发展都至关重要。

然而，职业生涯并非一成不变。随着时间的推移，我们的兴趣、能力、价值观及外部环境都可能发生变化。这些变化使原本的职业规划和目标变得不再适用。为了适应这些变化，我们就需要对职业生涯决策进行调整。只有这样，我们才能确保自己的职业生涯始终沿着正确的方向前进。

那么，如何开始调整职业生涯决策呢？首先，我们需要认识到调整职业生涯决策的必要性，并愿意接受这种变化。其次，我们需要对自身的兴趣、能力、价值观及外部环境进行全面的评估，以确定需要调整的方向和重点。最后，我们需要制订具体的行动计划，包括设定新的职业目标、制订实施计划及持续跟踪和调整等步骤。

本任务将深入了解职业生涯决策的重要性，以及调整职业生涯决策的方法和步骤；同时，根据自己的实际情况制订合适的职业生涯调整计划，为自己的职业发展奠定坚实的基础。

一　职业生涯目标的路径选择

1. 职业发展路线类型

职业发展路线是指一个人未来的职业发展方向。不同的职业发展路线对从业者的素质要求有所不同，影响日后的职业发展阶梯。职业发展路线呈现为一个自下而上的职业发展阶梯，例如，大学教师的职业发展路线是助教—讲师—副教授—教授，企业财务人员的职业发展路线是会计员—主管会计师—财务部经理—公司财务总监。

不同素质的个体所适合的职业发展路线会有所不同。例如，有人适合从事研究工作，可在科学技术领域获得突破；有人适合管理岗位，成为一名优秀的管理者或领导者。职业发展路线的类型有以下几种：

（1）专业技术型发展路线。专业技术型发展路线是指工程技术、工程管理、技术经济等职能性专业方向。通常情况下职业由本人所学的专业确定。如果具备了一定的专业知识、技能，对专业技术及相关活动感兴趣，并追求这方面的提高和成就，不喜欢与人打交道，则专业技术型发展路线是最好的选择。相应的职业发展阶梯是技术职位的晋升。

如果你开始选择了专业技术方向，以后对管理也感兴趣，这并不妨碍你今后在管理岗位上做出成绩。在当今社会中，由技术工作转管理工作的情况屡见不鲜。一些公司经理或部门经理甚至各级行政领导很多原先都是从事技术工作的，他们在升迁之后又多数不再从事一线技术工作。

（2）行政管理型发展路线。如果你热爱管理工作，稳重、老练，善于与人打交道，协调能力强，不喜欢做具体技术工作，或你所学专业的技术发展的前景不大，行政管理型发展路线便是你的最佳选择。一般来说，管理工作需要从基层职能部门开始，如果你的管理才能、业绩得以展现和被认可，行政职位就可以逐步向高层提升。管理工作做久了改做技术工作，会有许多困难，虽然社会上的许多技术部门（单位）也不乏技术型的"双肩挑"干部，但是要想将两方面工作都做好就需要付出超出常人的更多努力。

行政管理型发展路线与专业技术型发展路线之间可以互换，互换要看主客观条件，换得不好对组织（单位）和个人都是一种损失；"双肩挑"在基层相对容易，层次越高、年龄越大越难。

（3）自主创业型发展路线。国家鼓励和支持大学生自主创业，现如今不少人选择了自主创业的道路。自主创业对人生是一个挑战，有艰辛、有快乐，有失败、有成功。自主创业与以上参与性岗位的工作不同，对创业者的素质要求较高，还要结合自己的专业特长，特别要善于把握机遇、勇于创新，心理素质要好，能够承受风险和挫折，还要善于学习。一段时期以来大量行政干部和技术干部"下海"创业，说明了这些发展路线之间转换的现实可能性。也有的人先到外资企业或合资企业工作一段时间，学习外资企业的运行模式和先进的管理经验，然后再自己创业。例如，南京某高校一位外语系的毕业生，毕业后先到日本佳能（苏州）有限公司工作了一段时间，学习日资企业的运行模式和管理经验，然后自己创业，开了一家公司，生产和销售与大公司配套的产品，规模虽小，但运转基本正常，现任该公司经理。

2. 职业发展路线选择

职业发展路线选择是人生发展的重要环节之一，对人的一生有着重要的影响。作为个人的一种摸索，往往要经过一番努力才能找到适合自己的发展路线。以下问题能够帮助你在未步入歧途之前发现自己的方向。

（1）你有何才能？把它们全部列出来，选择三种最重要的才能，然后把每种才能用一两个词来表达，如"我最重要的三个才能是我的听力、创造力和表达能力"。

（2）你的追求是什么？什么是你梦寐以求的，使你希望为之付出更多的精力？究竟哪些事情你愿意一展才华？在哪些主要领域你愿意投资自己的才力？例如，"我的追求是帮助人们发现他们的生活目标"。

（3）什么环境让你感到如鱼得水？什么样的工作和生活环境最适合你发挥自己的才能？例如，"我经常在随意的学习环境或与别人一起游览自然风景时，展现自己的才华"。

现在，把上述问题的答案列出来，将每个答案中你认为最重要的因素结合起来组成一个完整的句子。例如："我的生活目标是利用我的听力、创造力和表达能力帮助人们在自然环境中发现他们的生活目标。"

也许你会发现自己的职业生涯目标有多个。如果你不断探寻，最终你会发现它们当中贯穿一条内在的主线。在进行职业发展路线选择时，可以从以下三个方面考虑：

（1）个人希望向哪一条路线发展，主要考虑自己的价值、理想、成就动机，确定自己的目标取向。

（2）个人适合向哪一条路线发展，主要考虑自己的性格、特长、经历、学历等客观条件，确定自己的能力取向。

（3）个人能够向哪一条路线发展，主要考虑自我所处的社会环境、政治与经济环境、组织环境等，确定自己的机会取向。

职业发展路线选择的重点是对职业生涯选择要素进行系统分析。在对上述三个方面的要素进行综合分析的基础上确定自己的职业发展路线。职业发展路线选定后，还要画出职业发展路线图。典型的职业发展路线图是一个V形的图形。假定一个人22岁大学毕业参加工作，即V形图的起点是22岁。从起点向上发展，V形图的左侧是行政管理路线，右侧是专业技术路线。按照年龄或时间将路线划分为若干部分，并将专业技术等级或行政职务等级分别标在路线图上，作为自己职业生涯的目标（图5-1）。当然，职业发展路线也可能出现交叉与转换，这可以根据自身的情况与处境来决定。

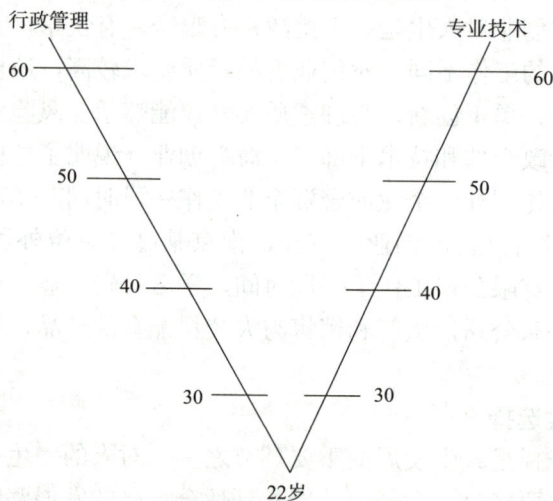

图 5-1　典型的职业生涯规划

二　职业生涯决策中的常见误区

在现实生活中，我们经常会听到身边的人谈论其一生的发展时，会感叹说"如果当初我选择那份工作，我现在就不至于这样了……""如果当初我能早点下海早就成了大老板了……"其实，人生的一些关节点的决策会影响自己的一生，而且这种决策没有回头路可走。可对于年轻人来说，却有很多人在自己的职业生涯决策过程中陷入了种种误区，以至于后悔莫及。大学生在职业决策中的误区主要表现为以下几点。

1. 计划赶不上变化，没必要考虑那么多

在现实中，人们一般有这样的观念，认为"计划赶不上变化"，职业生涯目标没有必要太具体，有个大概的想法就可以了。其实不然，目标管理理论表明，具体的目标比模糊的目标更有用。具体目标可以有效指出奋斗的方向，可以更好地衡量努力的结果。概念性的长期目标比较宽泛，不易于操作，起不到目标的激励功能。因此，职业生涯目标的制定不能只停留于模糊的概念层面，而应该有具体的可操作的各个阶段的规划目标，只有这样，制订出来的规划才能让人清楚自己下一步的努力方向，并朝着预定的目标不断奋斗，最终实现自己的职业目标。

2. 没有挑战性，不符合我的身份

职业生涯规划中，目标的定位不能虚高。国外研究表明，主观成功感对个人的发展和工作满意度的提升是非常重要的。主观成功感是指完成有挑战性、有意义的任务后所带来的成就感。目标太容易或太难都不能带来成就感。目标要有足够的挑战性，又不能太难，太难的目标容易导致失败，反而容易产生挫折感和消极心理。合理的目标应该是既有挑战性又能够通过自身努力得以实现的目标。要设置这样的目标，要求你具有独特的能力和深刻的洞察力，不但对自身能力和潜能有足够的了解，而且能识别工作中的机会和障碍。因此，要实事求是地设计出有较大难度但通过自己付出一定努力又可以实现的目标，并做出长期的职业规划。当然，如果你选择了一个困难的目标，你就要有承受风险和失败的心理准备。

3. 职业决策与我无关，关键看父母、领导怎么想

许多人在做职业决策时，常常是为了取悦他人——父母、教师、配偶或老板。他们把自己的责任推得一干二净，让别人来判断什么适合他们，以后要干什么。而有些人追逐社会上的热门职业，被所谓的"流行""时尚""声望"牵着鼻子走。他们常常说："我自己无所谓，而且我不知道什么适合自己。"这些人不是根据自己的能力、兴趣来选择自己的工作或职业。这种说法听起来似乎没有什么不对，然而研究表明，如果工作不能满足个人的需要，或与个人的价值观不一致，或他不具备胜任这项工作所要求的能力素质，那么其工作满意度就会很低，工作没有激情，缺乏自我成就感，而且很难有长期的发展。

4. 现在无所谓，以后好就成

具体的工作仅仅是实现职业目标的一个媒介、一种工具。在人生的任何阶段，人们总是不能满足于自己所正在从事的工作，都有着自己的下一个目标。然而，很多时候，人们狭隘地为下一个目标奔走，而忽略了眼前所从事的工作，没有厘清短期目标与长期目标之间的辩证关系。其实，你目前所做的工作应该成为你职业发展的阶梯。如果总是对现实不满，不认真工作，那么，不要说下一个目标，恐怕连自己现有的岗位都有可能保不住。职业目标的成功靠的是人生漫长的积累，走好每一步路，干好每一个工作，在工作中提高自己，并为实现下一个职业目标积累必要的能力。只有这样，当机会来临时才能把握住。

5. 只要事业成功，其他的没有必要考虑太多

很多人在追求职业发展时，往往忽略了对家庭和其他方面的考虑。人们常常在经过了挫折之后，才能真正意识到工作和生活之间的联系。很多人到职业生涯中期，才意识到由

于自己只知道关心事业的发展，而影响了家庭、婚姻的幸福，甚至影响了自己的身体健康。有时，工作角色与家庭角色之间的矛盾会导致工作与家庭之间的一些冲突。一方面，人们总是期望男性管理者在工作中应该情绪稳定，有自信心、判断力、独立性和逻辑性；另一方面，家庭成员可能希望他们在生活中是温和的、体贴的、感性化的。假如个人不能调适自己的行为使之符合不同角色的期望，他就可能体验到角色之间的冲突。其实，工作角色与家庭角色的相互作用贯穿于人生的每个阶段，工作和生活都是人生的重要目标，而且家庭婚姻幸福、身体健康才有利于事业的成功。有效的职业生涯管理者在这方面先人一招，他们一开始就知道职业和生活之间的联系，所设定的职业目标和自己所渴望的生活方式是结合在一起的。职业生涯规划应该是在个人人生总目标的基础上制订的，它应该包含对生活方式、生活风格的考虑。但这些道理说起来容易，而做起来人们往往只注意工作的挑战、奖赏、声誉，从而忽略了生活中的角色。

6. 什么职业无所谓，只要以积极的态度去面对职业

我们在设定职业目标时常常强调灵活性，但在实践中却容易忘掉这一点。人们往往对自己已经投入的时间和精力产生很高的期许。职业转换对大多数人来说是一个困难的过程，但工作环境和人都会不断地随时间变化。个人通过工作经验的积累对自身的认识产生了改变，兴趣会发生转变，原先所掌握的技术也会被淘汰。自己原先所从事的行业可能会随着时间的推移转变成夕阳行业；雇用关系变得日益不确定，随时可能被解雇。因此，这就要求我们必须动态地去审视自身和职业，及时转变职业定位，以更加灵活、更加积极的态度去面对职业转换。

以上是当前大学生在职业生涯决策中存在的误区，希望这些能给大学生们在今后的职业决策中带来一些启示。

三　职业生涯规划的评估、修正和调整

1. 职业生涯规划的评估

（1）评估的内容。

1）职业生涯目标评估（是否需要重新选择职业？）。假如一直无法找到我所希望的学习机会和工作，那么将根据现实情况重新选择职业生涯目标；如果一直无法适应或胜任我设计的职业生涯目标，在学习工作中得不到应有的发展，导致自己长期压抑、不愉快，我将考虑修正和调整职业生涯规划；如果我结婚后，职业给家庭造成极多的不便，或家人反对所从事的职业，将考虑修正和调整职业生涯规划。

2）职业生涯路径评估（是否需要调整发展方向？）。当出现更适合自身发展和职业生涯发展的机会或选择，而原定发展方向缺少发展前景时，就尝试调整发展方向。

3）实施策略评估（是否需要改变行动策略？）。如果在其他地方可以找到一份令自己和家人都十分满意的工作，就前往该地；如果家人无法在我工作的地方定居、工作，在征询父母意见后，我将考虑改变已定计划，前往它地；如果在已定区域和职业选择上实在得不到发展，我将考虑改变行动策略。

4）其他因素评估（身体、家庭、经济状况及机遇、意外情况的及时评估）。如果家

庭需要更多的照顾，我将把更多的精力放在家庭，甚至暂时放下工作；如果身体条件不允许，将放低对自己的职业要求；如果还有其他意外的产生，那么，我将不得不调整职业生涯规划。

（2）评估的方法。

1）反思法。对职业生涯规划实践进行回顾，职业生涯规划中计划的学习时间是否达到？学习上有什么收获？还有哪些问题？方法上有何体会？

2）调查法。大学生生涯规划在每近期目标实现后，对下一步的主（客）环境、条件做些调查、分析，看看条件是否变化，哪些变好？哪些变坏？总体如何？要心中有数，然后，根据变化了的情况，恰如其分地修改下一步拟定的计划。

3）对比法。每个人都有自己追求的方法，因此，在职业生涯规划时应多比、多思、多学，吸取别人科学的方法。对别人职业生涯规划进行分析，往往有助于自己对职业生涯规划进行修改。

4）求教法。自己应把职业生涯规划、追求公告于知己学友，让他们思考自己，注意自己。自我反思往往十分困难，但别人能从旁观者角度清楚地看到自己的弱点。虚心、主动、积极、经常地征求别人对自己计划的看法及修改意见，往往会受益匪浅。

（3）评估注意的问题。评估可以参照各类短期、中期预定目标和实际结果比照而行。一般来说，任何形式的评估都可以归结为自我素质和行为对现实环境的适应性判断，分析自己现值，特别是针对变化的环境，找出偏差所在，并作出修正。

1）抓住最重要的内容。在职业生涯的某一阶段总有一个最重要的目标，其他目标都是指向这个核心的，我们完全可以通过优先排序，重点评估那些可能达到这个核心目标的主要策略执行的效果。

2）分离出最新的需求。针对变化了的内外环境，要善于发掘最新的趋势和影响。对于新的变化和需求，思考怎样的策略才是最有效而且最有新意的。

3）找到突破方向。有时候，在某一点上取得突破性的进展将对整个局面发生意想不到的改变。想一想先前职业生涯规划中的策略方案，哪一条对于目标的达成应该有突破性的影响？达到了吗？为什么没达到？如何寻求新的突破？

4）关注弱点。管理学中有一个著名的木桶理论，即一只沿口不齐的木桶，其容量的大小，不取决于最长的那块木板，而取决于最短的那块木板。在反馈评估过程中，当然要肯定自己取得的成绩与长处，但更重要的是切合变化的环境，发现自己的素质与策略的"短木板"，然后想办法修正，或把这块短木板换掉，或接补增长，唯有如此，代表你职业生涯的这只木桶才能有更大的容量。一般来说，你的短木板可能存在于观念差距、知识差距、能力差距、心理素质差距四个方面。

2. 职业生涯规划的修正

要根据评估的结果进行目标和策略方案的修正。所谓修正，是改正、修改使其正确的意思。职业生涯规划修正的内容包括职业的重新选择、职业生涯路线的选择、阶段目标的修正、实施措施与行动计划的变更等。

（1）修正目的。通过反馈评估和修正，应该达到下列目的：对自己的强项充满自信；对自己的发展机会有一个清楚的了解；找出关键的有待改进之处；为这些有待改进之处制订详细的行为改变计划；以合适的方式答复那些给予反馈的人，并表示感谢；实施你的行动计划，确保自己能取得显著的进步和成就。

（2）修正计划。实施生涯规划时，必须为日后可能的计划修改预留余地，修正的依据是每次评估后反馈回来的信息。至于计划修正的时机，必须考虑以下四点：

1）定期检测预定目标的达成进度。

2）每一阶段目标达成之时，要依据实际效果，修订未来阶段目标可采用的策略。

3）客观环境改变影响到计划的执行。

4）有效的生涯设计还要不断地反省修正，反省策略方案是否恰当，以能适应环境的改变，同时可以作为生涯规划修正参考的依据。

（3）修正考虑的因素。

1）考虑环境因素：包括社会环境、政治环境、经济环境、科技环境、自然环境、法律环境等。从宏观层面认识到职业生涯发展的局限和可能，个人只能适应而不可改变。

2）考虑组织因素：包括组织规模、组织结构、组织文化、组织发展状况、人力资源规划、人力资源管理系统类型、晋升政策、人际关系等一切与职业生涯发展有关的组织因素。要改变组织因素非常困难，但个人可以选择到最适合自己发展的组织中工作。

3）考虑个人因素：年龄、性别、学历、工作经历、家庭背景、人格等。一方面要正确认识自己，另一方面要不断完善自己。

组织和个人只能适应第一因素，正确认识和分析第二、第三因素，寻求个人发展和组织发展的最佳匹配。

3. 职业生涯规划的调整

（1）职业生涯规划调整的概念。所谓调整，是指重新调配和安排，使其适合新的情况和要求。职业生涯规划需要不断调整，一个好的职业生涯规划，需要具备可行性，需要有实施计划的具体措施和时间。但是，职业生涯规划做得过细、过于严格，会束缚自己的手脚，可能丧失随时到来的种种机会，又会因为不切合实际而丧失可操作性。在影响职业生涯的许多因素难以预料的情况下，要使职业生涯行之有效，就必须使职业生涯规划具有足够的弹性，在实践中不断进行评估和调整。这就需要我们在实践中定时定期地检验目标完成的情况和评估环境的变化，从而作出正确的调整。

（2）职业规划调整的依据。在生涯发展的过程中，会出现这样或那样的问题，如当与社会发展发生冲突时、当与职业发展发生冲突时、当与个人兴趣爱好发生冲突时，职业生涯规划本身就要在发展中不断再调整。因此，当大学生在学习工作中出现以下问题时，生涯规划需要调整。

1）怀疑自己不合格。如果我们工作学习感到痛苦，这可能是自己表现不佳而又不愿正视问题。因此应扪心自问：自己到底做得如何？我们可以请教师对自己的表现作一个评定，以确定是否仍符合他的要求，或者请教一位精明且诚信的同学，让大学生为自己作一个非正式的评估。

2）学习或工作过于轻松。如果自己过于轻松地完成学习或工作，这可能表明我们的能力已远远超越我们的职位而自己却不知道。我们可以问自己几个问题：我们仍然能够从工作中学习到别的东西吗？想进一步发展自己正在使用的技能吗？

3）与教师不合拍。一种较好的测试方法是问自己：我们在教师身边时感觉如何？是自在放松还是紧张不安？

4）与同学不合拍。我们可以问问自己：当自己与同学交往时，是否觉得格格不入？是否对引起他们兴趣的话题感到乏味和无聊？如果是这样，那么我们可能已经陷入一个无法展现自己的环境。

（3）职业生涯的调整定位。职业生涯定位不仅仅是已经在职场人的事情，大学生的职业生涯定位比已经在职场人的职业定位要来得更为重要。在职业生涯发展的初期，就应该给自己制订出合理的职业生涯规划及相应的职业定位，并不断地加以调整。

成功的职业生涯需要不断地调整定位，而一个合理的职业生涯定位则基于对自己有一个清晰的认识、准确的判断和合理的把握。只有讲求实际，合理准确地评估自己，并不断地加以调整，才能合理定位职业生涯方向，才能每天朝着这个方向努力前进。

随着社会生产力的进步和社会分工的高速发展，职场需要也在迅速地发生变化。大学生要学以致用、学以够用，必须随时关注职场发展，调整职业方向，弄清职场供求变化规律，补充达到目标所需的措施，修正职业生涯发展规划，紧随时代，紧随市场，才会以自己的聪明才智和良好的职业素质，为自己今后的职业生涯开拓出宽广且通畅的发展道路，将职业生涯发展机遇牢牢掌握在自己手中。

课堂活动　职业生涯决策的智慧之旅

一、活动目的

（1）引导学生了解职业生涯目标的多种路径选择。

（2）识别并避免职业生涯决策中的常见误区。

（3）学会评估、修正和调整职业生涯规划。

二、活动步骤

1. 引入（5分钟）

（1）简要介绍职业生涯决策的重要性。

（2）展示几个成功调整职业生涯决策的案例，激发学生的学习兴趣。

2. 分组讨论（10分钟）

（1）将学生分成小组，每组4～5人。

（2）发放材料，内容包括职业生涯目标的不同路径选择案例和常见误区。

（3）小组讨论：从材料中找出至少三种职业路径选择的方式，并列举三个职业生涯决策中的常见误区。

3. 分享与互动（10分钟）

（1）每组选择一名代表汇报讨论成果。

（2）教师点评，补充和深化讨论内容。

（3）邀请学生分享自己或他人的职业生涯决策经历，特别是调整和修正的部分。

4. 案例分析（15分钟）

（1）教师提供一个具体的职业生涯规划案例，其中包含一些潜在的决策点。

（2）学生分组，每组分析案例并讨论如何评估、修正和调整职业生涯规划。

（3）每组提出调整建议，并汇报给全班。

5. 实际操作（15分钟）

（1）学生回顾自己的职业生涯规划，思考是否需要进行调整。

（2）教师提供职业生涯规划调整的工具或方法，如SWOT分析、生涯彩虹图等。

（3）学生利用工具或方法对自己的职业生涯规划进行评估和调整。

6. 总结与反思（5分钟）

（1）学生分享自己的调整思路和结果。

（2）教师总结活动要点，强调职业生涯规划的动态性和可调整性。

三、活动评价

（1）参与度：观察学生在小组讨论、分享和实际操作中的积极参与程度。

（2）理解深度：通过学生的汇报和分享，评估他们对职业生涯目标路径选择、常见误区和规划调整的理解程度。

（3）实践能力：通过学生的实际操作，评估他们是否能有效运用工具或方法对职业生涯规划进行评估和调整。

（4）创新思维：鼓励学生提出新颖、独特的职业生涯规划调整建议，展现他们的创新思维和解决问题的能力。

活动结束后，教师可以收集学生的职业生涯规划调整方案作为评价材料，以便进一步了解学生的学习成果和进步情况。

案例分析

2014年7月，小李毕业了，加入了找工作的大军中。离开学校，他没有回家，怀着对大城市的向往，拿着一学期省吃俭用省下来的2 000元钱，直接踏上了北上的列车，来到计算机专业大学生心中的"圣地"——"中关村"。对于小李这个来自农村的孩子来说，北京的一切都是那样新奇，但是，他来不及关注周围的风土人情，便马不停蹄地投入一场又一场的招聘会中。他的职业理想是做一名程序员，来北京之前做好了应对困难的思想准备，但残酷的现实还是令他始料未及。招聘会上名校毕业生的简历堆积如山，他的简历就像沧海一粟。从他投宿的老乡的眼神中，他感到前所未有的压力，并开始怀疑自己选择的职业目标。

在短暂的彷徨过后，小李冷静下来重新定位：当前需要解决的首要问题是生存，是在这个大城市生存下来。他重新回到招聘会中，不再问招聘单位是否在中关村，也不再问工资待遇是否低于他原定的底线。就在一次次失望，身上仅剩200元钱的时候，一所高校的下属公司被他的真诚态度和对计算机网络的独特认识打动，向他敞开了大门，月薪4 000元，小李不假思索地答应了。尽管这是一座高消费的城市，但 4 000 元能够解决他的燃眉之急。第二天，小李就上班了。他非常珍惜这来之不易的工作，工作中要比别人多付出几倍的努力。三个月后，他的真诚努力、谦虚好学感动了老板，使老板改变了最初招聘这个岗位的初衷。本来这是一个 PC 维护员的岗位，但老板开始让他负责公司办公室的工作，包括公司的信息化建设、设备采购、接待业务等，薪酬水平也提高了好几倍。小李在上班时紧张地工作，业余时间也没有闲着。他是一个不满足于现状的人，利用身处高校的有利环境，下班后经常去学校的各个教室里旁听外语、操作系统、程序设计等课程，只要感到有益就学。功夫不负有心人，2016 年上半年，公司选派年轻后备人才去国外学习管理课程，小李靠着平时的学习积累，在激烈的竞争中有幸入选。虽然在国外只有短短一个月的学习时间，但他开阔了眼界，增长了知识，增强了信心。2016 年下半年，学校成立培训学院，小李凭着自己的实力，顺利通过应聘考核，走上了培训学院国际培训部副主任的岗位，负责培训市场开发。在这个岗位上，小李一干就是五年。尽管工作非常努力，但他还是感觉到自己知识的不足。因此，在 2021 年，小李考取了华北电力大学的工商管理硕士，再一次进行充电，为职业生涯发展做好新的准备。

　　案例分析：小李的故事体现了坚韧不拔、自强不息的奋斗精神。从毕业后独自闯荡北京，到在中关村寻找工作机会，小李不畏困难，勇敢面对现实挑战。他通过不断调整自己的职业定位，从 PC 维护员到负责公司办公室多项工作的转变，展现了出色的适应能力和学习能力。他不仅在业余时间不断学习新知识，提升自己的能力；更在机会来临时勇于抓住，成功获得了去国外学习的机会，进一步扩大了视野。最终，他凭借自己的努力和实力，走上了更高的职位，并继续深造，为职业生涯的未来发展做好充分准备。小李的故事启示我们，在职业发展中，要勇于面对挑战，不断学习，不断充实自己，才能抓住机遇，实现自己的职业理想。

任务四 学习职业生涯管理

课前引入

在人们漫长的人生旅途中，职业生涯占据了极其重要的地位。它不仅仅是人们谋生的手段，更是人们实现个人价值、追求梦想的重要途径。因此，学会如何规划和管理自己的职业生涯，对于个人的成长和发展来说，具有不可估量的作用。

随着社会的快速发展和科技的日新月异，职场环境也在不断变化。在这样的背景下，如果我们不善于规划和管理自己的职业生涯，就很难在职场中立足并取得成功。通过职业生涯管理，我们可以更加清晰地认识自己，明确自己的职业目标和发展路径，从而更好地规划自己的人生道路。

本任务将学习如何规划和管理自己的职业生涯。我们将围绕职业规划、个人成长路径、技能提升等方面展开学习，帮助学生掌握职业生涯管理的基本理论和方法，提高个人素质和职场竞争力。

一 职业生涯管理的重要性

职业生涯管理在现代社会中的重要性日益凸显，主要体现在以下几个方面。

1. 职业生涯管理对于满足个人和企业需求至关重要

职业生涯管理是一个持续的、动态的发展过程，其核心目标在于寻求管理者、员工和企业三者之间需求的平衡与和谐共生。在这一过程中，企业通过科学合理地开展职业生涯管理，能够深度参与员工职业规划的制订与实施，不仅帮助员工明确个人职业发展的路径和目标，还鼓励他们在实现自我价值的同时，积极应对企业的战略需求。

通过有效地进行职业生涯管理，企业可以协助员工精准地规划并实现他们的职业目标，进而提高员工的工作满意度和忠诚度。这一过程不仅有助于提升员工个人的职业成就感，还能为企业带来更加稳定和高效的人力资源结构。

2. 职业生涯管理在应对职位空缺和人员流动方面发挥着关键作用

当企业具备预测和规划员工职业发展的能力时，就能够从战略层面提前布局，进行系统化的人才储备与岗位接替规划。这样，在面对关键岗位员工离职的情况时，企业能够迅速调动预先储备的人才资源，确保工作的连续性和稳定性，避免因岗位空缺导致的业务中断或效率下降。

同时，通过科学合理地制订员工职业发展和提升计划，企业不仅能够满足员工个人职业成长的需求，还能够有效增强员工的归属感和忠诚度，从而降低员工流失率。频繁的员工更替不仅会增加企业的招聘成本，还需要对新入职员工进行入职培训和岗位适应，无形中增加了培训成本。因此，提前做好人才储备和职业规划不仅能保障企业的稳定运营，还能有效控制人力资源的成本支出。

3. 职业生涯管理对提升员工能力和企业竞争力具有显著影响

在职业生涯规划的过程中，员工扮演着积极主动的角色，他们深刻认识到学习和成长对于个人职业发展及企业战略目标的重要性。他们会充分利用各种学习资源，如内部培训、外部专业课程、网络学习平台等，通过阅读行业报告、参加专业研讨会、实践操作项目等方式，不断提升自身的专业技能和知识。

这种持续的学习和进步不仅有助于提高员工的个人能力和竞争力，还能使企业在市场中保持领先地位，增强企业的整体竞争力。同时，员工的学习成果也会转化为企业的创新能力和市场适应力，从而推动企业持续发展和壮大。

4. 职业生涯管理有助于促进个人和企业的长期发展

对于个人而言，设立清晰且具有挑战性的职业目标和发展路径，对于其职业生涯的规划和成长至关重要。它犹如一盏指路明灯，引导个人在职业世界的海洋中找准方向，明确自身的发展阶段和目标设定，从而有计划、有步骤地提升自身技能和素质，实现个人价值的最大化。有了这样的目标导向，个人可以更加有效地管理自己的职业发展，平衡工作与生活，持续学习与进步，进而在职业生涯的不同阶段取得实质性的成就。

而对于企业而言，系统地培养和发展员工同样具有战略意义。通过建立完善的培训体系、提供多元化的成长机会及设计合理的职业发展通道，企业能够激发员工的潜能，提高其专业技能和领导力，进而增强企业的核心竞争力。这样，企业不仅能够留住优秀人才，还能通过人才的内部培养和晋升机制，为企业的长期发展输送源源不断的新鲜血液。同时，这也有助于提升企业的社会形象和员工满意度，构建和谐稳定的企业文化，为企业的可持续发展奠定坚实的人才基础和社会环境。

二　职业与个人发展

职业与个人发展之间存在着密不可分的联系，两者相辅相成、互为驱动。职业不仅是个体在社会中获取生活来源、实现经济独立和自我价值的主要手段，更是个人全面成长、潜能挖掘与释放及价值观实现的重要载体和平台。职业与个人发展的关系体现在职业是个人生存和发展的基础。通过从事特定的职业工作，个体得以获取经济收入，保障生活品质，并在这一过程中锻炼技能、积累经验，逐渐形成专业素养和核心竞争力。职业提供了广阔的学习和发展空间，促使个体不断学习新知识、掌握新技术，提升自身能力，实现自我价值的最大化。

职业选择与个人发展规划紧密相连。个体在选择职业时，通常会考虑自身的兴趣爱好、价值观、优势特长及未来发展的目标等因素，力求实现个人特质与职业需求的最佳匹配。因此，职业定位不仅取决于市场供需和个人能力，更受到个人发展规划的影响和引导。职业选择应当与个人的发展目标相一致。如果职业选择与个人的发展目标不一致，那么即使这个职业本身很有前景和吸引力，对于个人来说也不是一个好的选择。

职业发展是一个动态的过程，需要个人持续投入时间和精力去提升自身的能力及素质。在职业发展的过程中，个体需要不断学习和提升自己的能力和素质，以适应市场需求和职业发展的要求。只有这样才能够实现个人与职业的共同发展，达到个人全面成长、潜能挖掘与释放及价值观实现的目标。职业发展不仅限于专业技能的提升，还涵盖了个人品质、人际交往能力、领导力等多方面的成长。这些元素共同构成了个体在职业发展道路上的核心竞争力，帮助他们在职业生涯中取得成功。

个人发展也离不开职业的促进。在职业生涯中，个体通过不断学习和实践，可以逐步提升自己的能力和素质，实现自我价值的最大化。同时，职业发展也为个人提供了更加广阔的舞台和更多的机会，使个体能够更好地实现自己的梦想和目标。职业发展可以为个人提供晋升和加薪的机会，帮助他们实现经济上的稳定和安全；提供多样化的工作任务和挑战，激发他们的潜能和创造力；提供丰富的社交资源和网络，帮助他们拓展人脉关系，提升社交能力和领导力。这些机会和挑战不仅能够促进个人的成长与发展，还能为整个社会带来更多的活力和创新力。

因此，职业与个人发展是相互促进、相互影响的。在选择职业和个人发展时，需要充分考虑自身的兴趣爱好、价值观、优势特长及未来发展的目标等因素，力求实现个人特质与职业需求的最佳匹配；同时，也需要不断提升自身的能力和素质，以适应市场需求和职业发展的要求。只有这样才能够实现个人与职业的共同发展，达到个人全面成长、潜能挖掘与释放及价值观实现的目标。

三　职业生涯中的矛盾与冲突解决

在职业生涯这条漫长且复杂的旅程中，矛盾与冲突如同形影不离的对立面，它们是每位职场人士无法回避的现实挑战。这些矛盾与冲突的根源多种多样，可能源于工作理念的分歧，在追求目标的过程中，不同的价值观和方法论激烈碰撞；也可能源于资源分配的不均，当需求与资源之间出现矛盾，如何合理调配成为考验智慧和能力的关键；还可能源于职责范围的界定，对于职责的理解和执行可能产生模糊地带，从而引发冲突。

团队协作的难题也是不容忽视的，每个人都有自己的角色和任务，如何高效协同以达到团队目标是一大挑战；角色期待的错位也是职场中常见的现象，对他人角色定位的误解或过高期待都可能导致矛盾激化。这些矛盾与冲突不仅消耗团队精力、影响工作效率，严重的甚至可能导致项目失败或人才流失。因此，为了确保职业生涯的顺畅发展，实现个人成长与组织发展的双赢，需要掌握并实施一系列有效策略来化解职场中的矛盾与冲突，包括积极沟通、换位思考、寻找共识、制定规则、寻求第三方调解等。

职场中的矛盾与冲突是不可避免的，但可以采取一些策略来化解和解决它们。积极沟通是一种有效的解决矛盾与冲突的方法，通过开放、诚实和尊重的对话，我们可以更好地理解他人的观点和需求，从而寻找共同的解决方案。换位思考也是一种重要的策略，当我们面临矛盾与冲突时，可以尝试站在对方的角度思考问题，以更好地理解他们的需求和利益。这有助于我们找到双方都能接受的解决方案。

寻找共识是解决矛盾与冲突的关键目标。通过促进对话和理解，我们可以找到共同的目标和利益，从而达成共识。制定规则可以帮助我们在冲突中保持公正和公平。规则可以确保每个人都遵守相同的标准和方法，从而减少不必要的争端和冲突。寻求第三方调解也是一种有效的解决矛盾与冲突的方法。第三方可以提供客观的意见和建议，帮助我们找到解决问题的最佳途径。只有妥善处理职场中的矛盾与冲突，才能确保职业生涯的顺畅发展，实现个人成长与组织发展的双赢。

四　学习职业生涯管理的方法与技巧

职业生涯管理是一个持续且动态的过程，它要求我们不仅要有一个清晰的职业目标，还需要具备相应的方法和技巧来实现这一目标。以下是学习职业生涯管理时应该掌握的一些关键方法与技巧。

1. 学会自我评估与认知

（1）深入了解自己。了解自己的兴趣、技能、价值观和性格特质等，这有助于确定哪些职业或行业更适合自己。可以通过心理测试、自我反思和生涯咨询等方式来深入了解自己。心理测试可以帮助我们了解自己的优势和不足，自我反思可以帮助我们思考自己的行为和决策，而生涯咨询则可以提供专业的指导和建议。

（2）反思过去的经历。回顾过去的成功和失败，理解自己的优势和不足，为未来的职业规划提供参考。可以对自己的经历进行梳理和分析，找出成功的经验和失败的教训。通过反思过去的经历，我们可以更好地理解自己的行为和决策，从而为未来的职业规划提供参考。

（3）寻求反馈。向同事、朋友或导师寻求反馈，了解自己在工作和生活中的表现，以便更好地认识自己。他们的反馈可以帮助我们了解自己的形象、表现和需要改进的地方。通过寻求反馈，我们可以更好地了解自己在他人眼中的形象和表现，从而更好地改进自己的职业规划。

2. 制定合理的职业目标

（1）设定 SMART 目标。确保目标具体（Specific）、可衡量（Measurable）、可实现（Achievable）、相关（Relevant）和有时限（Time-bound）。例如，设定一个在未来一年内提升 20% 的业绩的目标。设定 SMART 目标可以帮助我们明确自己的职业目标，并制订相应的计划来实现这些目标。

（2）考虑长期和短期目标。不仅要有长远的职业规划，也要设定短期目标，以保持动力和方向。例如，设定一个五年的职业发展计划和一年的短期目标。通过考虑长期和短期目标，我们可以更好地保持动力和方向，从而实现自己的职业规划。

（3）与个人价值观保持一致。职业目标应与个人的价值观相一致，这样才能在工作中获得满足感和成就感。了解自己的价值观和职业目标是否一致，可以帮助我们更好地实现自我价值。通过与个人价值观保持一致，我们可以更好地找到工作中的满足感和成就感，从而实现自己的职业规划。

3. 采取有效的行动计划

（1）制订计划。为实现职业目标制订详细的行动计划，包括所需技能的提升、要建立的关系网络等。例如，制订一个学习计划和建立人脉关系的计划。通过制订详细的行动计划，我们可以更好地实现自己的职业目标。

（2）分解任务。将行动计划分解为小任务更容易执行和跟踪进度。例如，将学习计划分解为每天的学习任务和时间表。通过分解任务，我们可以更好地执行和跟踪进度，从而实现自己的职业规划。

（3）定期评估和调整。定期检查进度，并根据情况进行调整，确保计划与实际发展相符。例如，每个月检查一次学习进度和调整学习计划。通过定期评估和调整，我们可以更好地确保自己的职业规划与实际发展相符，从而实现自己的职业目标。

五　实施职业生涯管理的关键步骤

在职业生涯管理中，为了有效地实现职业目标，我们必须采取一系列关键步骤。以下是实施职业生涯管理的五个重要步骤。

1. 确定个人职业目标与企业战略的联系

（1）理解企业战略。首先要了解企业的愿景、使命和核心价值观，以及企业目前和未来的战略方向。这需要我们关注企业的发展规划、市场定位和竞争策略等方面。

（2）明确个人职业目标。通过自我评估和职业规划，确定自己的长期和短期职业目标。这需要我们了解自己的兴趣、优势和价值观，以及自己在职业发展中的需求和期望。

（3）建立联系。将个人职业目标与企业战略相结合，找到共同点，确定自己在企业战略实施中的定位和作用。这需要我们了解企业的业务和市场环境，以及自己在企业中的职责和角色。

2. 持续学习与发展新技能

（1）识别技能需求。根据职业发展需要，识别所需的新技能和知识。这需要我们关注行业动态和趋势，了解新的技术和知识体系，以及企业在技术方面的需求和发展方向。

（2）制订学习计划。根据技能需求，制订具体的学习计划，包括课程、书籍、网络资源等。这需要我们合理安排学习时间和精力，确保学习的质量和效率。

（3）付诸实践。将所学新技能应用到实际工作中，通过实践不断巩固和提高。这需要我们积极寻找实践机会，将所学技能运用到实际工作中，不断反思和改进自己的技能水平。

3. 建立有效的沟通机制与网络

（1）内部沟通。与上级、同事和下属保持良好的沟通，了解公司的最新动态，分享自己的想法和见解。这需要我们关注企业的文化和团队氛围，建立良好的人际关系网络，以及积极提出建设性的意见和建议。

（2）外部沟通。参加行业会议、研讨会等活动，扩展自己的社交圈子，了解行业动态和趋势。这需要我们关注行业的发展方向和市场需求，积极拓展人脉关系，以及关注竞争对手的动态和策略。

（3）建立人脉。积极建立和维护人脉关系，为自己的职业发展创造更多机会。这需要我们关注社交媒体和网络平台等渠道，拓展自己的人脉关系，以及积极参与各种社交活动和行业交流会等。

4. 寻求导师的指导与支持

（1）寻找导师。在职业生涯中，应寻找具有丰富经验和智慧的导师，他们可以为你提供宝贵的建议和指导。这需要我们关注企业中的资深员工和专业人士，主动寻求他们的指导和帮助。可以通过与他们交流、参加他们的讲座或研讨会等方式来建立联系。

（2）虚心学习。向导师请教问题，倾听他们的经验和教训，学习他们的思维方式和处事方法。这需要我们保持开放的心态和谦虚的态度，积极吸收导师的经验和智慧。可以通过请教问题、参与项目或向导师请教职业发展建议等方式来加强与导师的联系。

（3）建立信任。与导师建立良好的关系，让他们愿意为自己提供更多的帮助和支持。这需要我们保持真诚和坦率的态度，积极与导师沟通自己的想法和感受。可以通过分享自己的职业目标和发展计划等方式来与导师建立信任关系。

5. 调整心态，积极应对变化

（1）保持积极心态。面对职业生涯中的挑战和困难时，要保持积极的心态和乐观的态度。这需要我们关注自己的情绪和心理状态，学会调整自己的情绪和心态。可以通过运动、冥想或参加感兴趣的活动等方式来缓解压力和保持心情愉悦。同时，也要学会从失败中吸取经验教训，不断调整自己的心态和策略。另外，还要学会与他人合作和沟通技巧，以及时间管理和自我管理技巧等来提高自己的职业素养与工作效率。

（2）灵活应对变化。职业生涯中充满变数，我们需要灵活应对各种变化，不断调整自己的职业规划和策略，以适应市场和企业发展的需求。这需要我们关注行业动态和市场趋势。同时，也要了解竞争对手的情况，以便及时调整自己的职业策略。另外，还要学会适应变化带来的不确定性，并勇敢面对未来的挑战和机遇。

（3）保持开放心态。对新事物、新思想和新机会保持开放的心态，勇于尝试和接受挑战是适应未来变化的关键所在。这需要我们不断学习新知识、新技能以增强自身的竞争力，同时也要敢于尝试新的工作方式和思维方式，以便更好地适应未来的挑战和机遇。另外，还要学会借鉴他人的成功经验和方法来提高自己的职业素养及工作效率。

课堂活动　　探索与规划——我的职业生涯管理

一、活动目的

（1）增强学生对职业生涯管理重要性的认识。

（2）引导学生了解职业与个人发展的关系。

（3）帮助学生学会选择和规划自己的职业发展路径。

（4）教授学生解决职业生涯中可能遇到的矛盾与冲突的方法。

（5）传授学习职业生涯管理的方法与技巧。

（6）指导学生实施职业生涯管理的关键步骤。

二、活动步骤

1. 启动仪式

（1）介绍活动背景和目的，引起学生的兴趣。

（2）分发职业生涯管理的学习资料，让学生初步了解相关概念。

2. 小组讨论

（1）学生分组，每组4~5人。

（2）讨论话题"职业生涯管理对个人发展的意义"，并分享各自的理解。

3. 讲座讲解

（1）教师讲授职业生涯管理的重要性、职业与个人发展的关系。

（2）讲解职业发展路径选择的原则和策略。

（3）分析职业生涯中常见的矛盾与冲突，并给出解决建议。

4. 案例分析

（1）呈现几个真实的职业生涯管理案例，引导学生进行分析和讨论。

（2）学生根据案例分析结果，思考自己在职业生涯中可能遇到的问题。

5. 互动学习

（1）教授学习职业生涯管理的方法与技巧，如SWOT分析、职业锚定位等。

（2）学生进行实践操作，完成自己的职业生涯规划表。

6. 成果分享

（1）每组选出一名代表，分享本组的讨论成果和职业生涯规划。

（2）教师点评，并给予建设性的反馈和建议。

7. 总结与反思

（1）教师总结本次活动的要点和收获。

（2）引导学生反思自己的职业生涯管理意识和规划能力。

三、活动评价

1. 评价方式

（1）参与度评价：观察学生在活动中的参与度，包括讨论、实践操作、成果分享等环节。

（2）理解度评价：通过案例分析和小组讨论，评估学生对职业生涯管理相关概念的理解程度。

（3）实践操作能力评价：根据学生的职业生涯规划表，评估其实践操作能力。

（4）自我反思评价：要求学生撰写活动反思报告，评估其对职业生涯管理的认识和规划能力的提升。

2. 评价标准

（1）积极参与讨论，能够主动分享自己的观点和想法。

（2）对职业生涯管理相关概念有深入的理解，能够运用所学知识分析案例。

（3）能够独立完成职业生涯规划表，并展现出一定的规划能力。

（4）在反思报告中能够真实反映自己的收获和不足，并提出改进方向。

案例分析

2019 年，寒窗苦读十二载，晓军终于如愿以偿考入自己心仪的大学。

刚到大学报到的时候，晓军对未来充满了希望和憧憬，每天都有各种计划和安排涌入脑海。但很快，对大学的新鲜感随着时间慢慢消失了，高中时候没能玩的各种游戏却一个比一个吸引人。

大学生活与高中生活有很大不同，没有中学时代高考的压力，没有教师和家长的"管辖"，每天的学习和生活都是自己安排，有大把的闲暇时间可以自由支配。一开始，晓军还只是在课后玩耍，但他不懂得该如何有意识地去管理和规划自己的学习及时间，为了游戏升级，由晚上熬夜打游戏发展到白天开始逃课。每一次逃课后，晓军虽会感到不安和自责，但他总是自我安慰道："没关系，落一次课没什么大不了，我借来笔记自己找时间再自学一遍就行了。这不离考试还有段时间吗！"结果每一次都这样想，课没有上，笔记没有借，书也没看，总是在不断下决心，却又总在自责和后悔。时光荏苒，很快一学年就过去了，不出意料，晓军挂了两门专业课。面对这样的成绩，他自己也感到惊讶，但此时的他，已沉迷于网络游戏无法自拔。短暂的沮丧后，他依旧我行我素。室友劝他赶紧收心，亡羊补牢，他对室友的话嗤之以鼻，还觉得室友做的职业生涯规划为时过早。辅导教师找他聊天谈心，他也只是表面答应着，心想离毕业找工作还早着呢。就这样，大学四年很快过去了，晓军由于没有好好珍惜大学生活，既没有漂亮的成绩单，也没有发展出对将来就业有益的兴趣和专长，只能勉强混个毕业证。之前晓军嘲笑的室友，因为大学四年按照职业生涯规划一步一步踏实地努力，还没毕业就已经有好几家当地有名企业投来了橄榄枝。而晓军，揣着薄薄的"敲门砖"连续面试了几家公司，都被对方以专业技能不够、英语水平较低或没有一技之长而拒绝。走在热闹的街道上，晓军回忆起大学生活的点滴，这时才发现，曾经觉得很遥远的就业问题已迫在眉睫。

案例分析：如果晓军当初能合理规划自己的时间，接受教师和室友的建议，做一份适合自己的职业生涯规划，不断提升自己的专业能力，提升欠缺的素养，相信到毕业的时候就不会出现这样令人唏嘘的境况了。

这个例子折射出大学生缺乏职业规划意识、对求职就业困惑无知的现实。一项调查显示，43% 的学生对于就业准备属于"临阵磨枪型"，直到毕业才考虑就业问题；另有 40% 的学生是在大三开始关注就业，仅有 4% 的学生是在大一阶段关注职业规划。

任务五　撰写职业生涯规划书

课前引入

职业生涯规划，简而言之，就是根据个人兴趣、能力、价值观和社会需求，明确职业目标，制订相应的学习、实践和发展计划的过程。它不仅仅是对未来职业的设想，更是一种对未来生活的积极规划和准备。职业生涯规划的重要性不言而喻，它不仅能够帮助我们更好地了解自己，还能够让我们在职业道路上少走弯路，更快地实现个人价值。

一份完善的职业生涯规划书，如同一张蓝图，指引我们向着目标前进。它能够帮助我们清晰地认识自己的优势和不足，明确职业发展的短期和长期目标，以及实现这些目标所需的路径和策略。通过职业生涯规划书，我们可以更加有针对性地制订学习计划、积累工作经验、提升个人技能，从而更好地应对职业挑战，实现职业成功。

那么，如何撰写一份有效的职业生涯规划书呢？这需要我们遵循一定的步骤和原则。首先，我们需要进行自我评估，了解自己的兴趣、能力、价值观等方面；其次，我们需要分析社会环境，了解行业趋势、市场需求等因素；然后，我们需要设定职业目标，明确自己想要从事的职业和想要达到的职位；最后，我们需要制订实现目标的行动计划，包括学习计划、实践计划等。在整个过程中，我们还需要不断地调整和完善职业生涯规划书，以适应外部环境的变化和个人成长的需求。

本任务将探索如何撰写一份符合个人实际情况的职业生涯规划书，为未来的职业发展打下坚实的基础。

一　职业生涯规划书的内容与撰写原则

1. 职业生涯规划书的内容

职业生涯规划书必须包含以下内容。

（1）职业生涯规划的认识：规划自己的职业生涯的原因，规划职业生涯的必要性和作用，规划职业生涯存在的风险，规划职业生涯应具备的条件。

（2）自我描述（性格、能力、兴趣爱好）：谈谈自己对自己的认识，包括自己的性格、自己现在具备的能力、自己的兴趣爱好、价值观等。

（3）自我盘点：SWOT分析描述自己的四个项目，即优势（Strengths）、劣势

（Weaknesses）、面临的机遇（Opportunities）和受到的威胁或环境影响（Threats）。

（4）如何解决自我盘点中的劣势或缺点：解决自我盘点中的劣势和缺点需要利用哪些资源？应该朝什么方向过渡或改变？具体的解决方法如何？

（5）你想从事的行业或岗位，并谈谈该行业或岗位对人才的素质要求：根据自己现在所学的专业、自己的追求及社会的需要考虑自己想从事的行业或岗位，明确自己想朝哪一个方向发展，是走行政管理路线、向行政方面发展，还是走专业技术路线、向业务方面发展等。选择的发展方向对于自身来说需要哪些要求或自己应具备什么样的素质来符合该行业或岗位的要求。

（6）所需要的专业技能水平及相关证书：自己所期望的行业或岗位需要哪些基本技能？要求达到什么样的水平？

（7）从现在开始，你如何为你想从事的行业或岗位做求职准备：从现在开始，接下来的大学学习生活，你怎样去为自己的期望做准备？你需要做哪些事情？

（8）你的生涯发展目标（5～10年）：规划从现在起至毕业后10年内你的职业生涯发展，以现在至毕业后5年内为主，分为短期目标（现在至毕业）、中期目标（至毕业后5年）、长期目标（毕业后5～10年）三个阶段。

1）短期目标（现在至毕业）：毕业时要达到……如一年级要达到……二年级要达到……或在某某方面要达到……如专业学习、职业技能培养、职业素质提升、职业实践计划等。例如，一年级以适应学校生活为主，二年级以专业学习和掌握职业技能为主……或为了实现某某目标，我要……学校目标是大学生职业规划的重点。

2）中期目标（毕业后5年内）：例如，毕业后第五年时要达到……毕业后第一年要……第二年要……或在某某方面要达到……如职场适应、三脉积累（知脉、人脉、钱脉）、岗位转换及升迁、求学深造等。

3）长期目标（毕业后5～10年）：如事业发展、工作、生活关系、健康、心灵成长、子女教育和慈善等方向性规划。

（9）你将作出怎样的行动准备以实现目标、评估调整。职业生涯规划是一个动态的过程，必须根据实施结果的情况及变化及时进行评估与修正。

1）评估的内容。职业目标评估（是否需要重新选择职业），假如一直……那么我将……职业路径评估（是否需要调整发展方向），当出现……的时候，我就……实施策略评估（是否需要改变行动策略），如果……我就……其他因素评估（身体、家庭、经济状况及机遇、意外情况的及时评估）

2）评估的时间。一般情况下，我定期（半年或一年）评估规划，当出现特殊情况时，我会随时评估并进行相应的调整。

3）监督措施。制订切实可行的监督措施来督查自己，以一切为自己负责为原则。

2. 撰写职业生涯规划书的原则

生涯规划书的撰写须遵循一定的原则，这些原则包括以下几个方面。

（1）独特性。犹如世界上没有两片完全相同的叶子，世界上也没有两个完全相同的人。每个人的高矮胖瘦各不相同，内在的性格特征、知识结构、兴趣爱好、能力倾向等都有自己的特点，其家庭条件、所处的社会环境也都不同，因而在制订职业生涯规划时不可能找到普遍的路径，必须综合考虑个人各个方面的实际情况而量身定制。

（2）可行性。每个人都有自己的职业理想，但是理想是否能够实现，则取决于用以实现生涯理想的规划方案是否可行。可行性体现在两个方面：首先是生涯目标的可行性，即目标的设定是否建立在现实条件的基础上；其次是职业行动计划的可行性，即行动计划自己是否可以做到并根据一定标准进行考核监督。

（3）阶段性。根据舒伯的生涯彩虹图，个人的发展具有阶段性，每个人在自己人生发展的不同阶段所承担的重点角色是不同的，有着不同的发展任务。职业生涯规划也应该根据自己的年龄和所处的阶段来设计不同的内容，以适应每个发展阶段的特点，使每个阶段都能过得很充实，并逐步达成阶段性目标，从而实现自己的人生目标。

（4）发展性。所谓"规划"，要求具有一定的超前性和预测性，而事物是不断发展变化的，规划并不总能适应新情况的出现，因此，应根据自我发展、社会变迁，以及其他不可预测的因素，主动适应各种变化，及时评估，灵活调整，不断修正、优化自己的职业生涯规划。在调整职业生涯规划的过程中，短期的目标有可能需要调整，目标的重新选择应和长远的人生目标保持一致，使整个规划始终围绕自己的人生目标而展开，过去、现在和未来应有内在的一致性和延续性。

3. 撰写职业生涯规划书的注意事项

（1）逻辑严密，重点突出。语言朴实简洁、用词精练准确、行文流畅、条理清楚，这是最基本的写作要求。撰写生涯规划书忌大、忌空、忌记流水账、忌条理不清、忌文法不通、忌错别字连篇；忌过于煽情，没有理性分析；忌死气沉沉，没有朝气。在分析阐述规划时，必须紧紧围绕职业目标这条主线来展开，体现论述的逻辑性和连贯性。要将重点放在自我评估、环境评估、目标实施上。

（2）信息收集科学、翔实。在进行自我评估时，很多大学生会过于依赖职业测验工具。尽管一些经典的职业测验有着很高的信度和效度，但往往缺乏对结果的充分解释，大学生在解读测验结果时也会有一定的倾向性，从而得到偏颇的结论。在进行自我认知时，需要采用多渠道策略，结合测验工具、个人的思考回顾、他人评价等方法，得到全面、正确的结论。另外，在进行职业环境分析时，也需要通过多种途径来收集资料，如网络、图书资料、从业者访谈等，以保证论证过程的科学合理和结论的真实可靠。

（3）职业目标切实可行。职业生涯目标的设定一定要结合自身特点和情况，不能完全脱离现实。职业生涯目标切忌理想化，应遵循择己所爱、择己所长、择世所需、择己所利的原则。认清兴趣与能力、能力与社会需求是存在一定差异的，我们所要做的就是在影响职业发展的诸多因素中找一个结合点，这样的职业目标才会有生命力。职业生涯规划书撰写是否成功，在很大程度上取决于有无正确、适当、切实可行的目标。

（4）计划实施重在大学阶段。为职业目标制订的措施一定要在现阶段具有可操作性，是否具有可操作性也是评价一份生涯规划书好坏的重要参数。要做到这一点，大学生必须在进行目标分解和目标实现路径的选择上做到有理有据，不仅要突出时间上的并进和连续，更要重视功能上的因果和递进。另外，大学生应将职业生涯规划重点放在大学阶段的3～5年，突出体现在首次择业和就业所做的准备工作中。

二 职业生涯规划书的格式和误区

1. 职业生涯规划书的格式

大学生职业生涯规划书格式多样，常见的有表格式、条列式、复合式和论文式。

（1）表格式。表格式的规划书为不完整的职业生涯规划书，常常仅写有最简单的目标、分段实现时间、职业机会评估和发展策略等几个项目，有的只相当于一份完整的职业生涯规划书的计划实施方案表（表5-1），适合作为日常警示使用。

表 5-1　大学生职业生涯规划表

一、自我评估				
职业规划 自测结果	内容	结果		
	气质			
	性格			
	兴趣			
	能力			
	价值观			
自我分析	内容	结果		
	个人形象			
	情绪情感状况			
	意志力状况			
	已具备经验			
	已具备能力			
	现学专业及学习程度			
	现有外语、计算机水平			
社会中的自我评估	对你人生发展 影响最大的人	称谓	姓名	单位、职业、职务
		父亲		
		母亲		
	他人对你的 看法与期望	称谓	看法与期望	
		父母		
		其他家庭成员		
		朋友		

续表

二、环境与职业分析		
人际关系分析		
校园环境对你的成才影响	具体环境	影响内容
	学校	
	系	
	专业	
	班级	
	寝室	
描述参加体验的职业状况	具体内容	实际状况
	人才供应状况与就业形势分析	
	对人才素质的要求	
	对知识的要求，以及学校中的哪些课程对从事该项职业有帮助	
	对能力的要求	
	对技能训练的要求	
	对资格证书的要求	
描述参加体验的职业状况	每天工作状况	
	该岗位收入状况	
	该行业人士对所从事工作有何满意及不满意之处	
	该职业发展前景	
	建议学校增设哪些课程	
	其他	

三、建立初步目标					
描述初步职业理想	职业类型		职业名称		具体岗位
	职业地域		工作环境		工作时间
	工作性质		工作待遇		工作伙伴
	职业发展期望：				
SWOT 分析	实现目标的优势：				
	实现目标的弱点：				
	实现目标的机会：				
	实现目标的障碍：				

四、职业生涯策略		
步骤	目标分析	提高的途径和措施
大学期间　大学总体目标		
第 1 学期		
第 2 学期		
第 3 学期		
第 4 学期		
第 5 学期		
第 6 学期		

续表

步骤		目标分析	提高的途径和措施	
毕业后	毕业后第 1 年			
	毕业后第 2 年			
	毕业后 3 ～ 5 年			
	毕业后 6 ～ 10 年			
	毕业后 11 ～ 15 年			
	毕业后 16 ～ 20 年			
	毕业后第 21 年			
五、生涯评估与反馈				
自我评估	测评	学习成绩排名		综合素质状况
		素质测评		
	得奖状况			
	自我规划落实状况			
	经验与教训			
父母评价与建议				
同学、朋友评价与建议				
教师评价与建议				
外因、内因评估				
职业目标修正				
规划步骤、途径及评估标准修正				

（2）条列式。条列式的规划书具有职业生涯的主要内容，多作简单的表述，没有详细的材料分析和评估；文字简练，但逻辑性和说理性不强，如案例 1。

案例 1

某生的职业规划

（1）某高校女生，护理专业，校级优秀学生干部，并多次荣获校级优秀学生奖学金，通过全国英语六级，多次参加演讲、朗诵比赛；家庭经济状况一般；身体健康；性格不属于内向，但也不是特别活跃，喜欢安静。

（2）很想成为一名教师，这不仅是儿时的梦想，而且比较喜欢这种职业；其次可以成为医疗单位的一名护理人员。

（3）做过家教，虽然教的不是自己的专业，但与学生交流有天生的优势，做家教时，如果学生成绩进步会很有成就感；暑期曾在三级医院实习，但对护理工作不是特别热爱。

（4）近几年都有学校来系里招聘护理专业教师，但随着护理专业硕士研究生的培养，招聘本科护理专业毕业生从事教师工作的学校越来越少；现今护理行业需求量较大，根据自身情况及所取得的成绩在医疗单位就业不成问题。

（5）目标是到学校当教师，自己有这方面的兴趣和理想，在知识和能力方面并不欠缺，并且自己有信心成为学生心中理想的好教师。

（3）复合式。复合式即表格式和条列式的综合。

案例2

某生的职业规划实施见表 5-2。

表 5-2　某生的职业规划实施表

计划名称	时间跨度	总目标	分目标	策略和措施
短期计划（大学期间）	2021 年 9 月—2025 年 6 月	具备理论知识，加强动手操作能力，提高综合素质	通过计算机二级和英语四级考试，取得校奖学金，在各类操作比赛中获奖	认真学习，重视技能操作，参加计算机及英语辅导班，参加校系各类活动，临床实习时进一步提高自己的操作技能
中期计划（毕业后5 年内）	2025 年 7 月—2030 年 7 月	适应工作，在工作中取得优异的成绩并提高个人从业资格	毕业后一年内取得护士资格证，第三年取得护师资格证	继续学习，将专业知识运用于实践中，不放弃外语学习。多与人沟通，向领导、同事虚心请教

详细执行计划如下。

（1）二年级在学好专业课的基础上，通过计算机二级、英语四级考试。

（2）三年级在临床实习期间，虚心求教，将理论与实践相结合，提高护理操作技能。

（3）在掌握技术的同时，要提高社会适应能力，做好踏入社会的准备。

（4）毕业后第一年掌握基本护理技能，了解护理精神，并取得护士资格证。

（5）毕业后 2～5 年，主要做好职业生涯的基础工作，加强沟通，虚心求教。抓住机遇，经过不断的尝试、努力，初步找到适合自身发展的工作环境、岗位。在工作上要做到不仅能掌握护理的所有技术，而且能熟练运用，最重要的还是取得护士资格。经常锻炼身体，形成良好的、有规律的个人生活习惯。

（4）论文式。论文式的规划书，以数据、调查结果为依据，对职业生涯的主要内容进行翔实的分析与论述，逻辑性与说理性强，如案例3。

案例3

王某的职业生涯规划

学校：浙江某学院

专业：软件技术

姓名：王某

一、家庭背景与成长经历

王某的父亲是当地有名的木工，很受欢迎，"良田千亩不如薄技在身"的教育思想从小给了王某很深的影响，立志长大后要成为一名高级技术人才。但王某当时还小，对技术型人才这个概念还很模糊。后来上了初中、高中，学校开设了计算机课，王某学习了一些简单的 Flash 制作，Word、Excel 基础知识，从此对计算机技术产生了浓厚的兴趣。

后来，王某的姐姐嫁给了一个高级软件工程师，姐夫在某科技公司工作，生活水平非常高。王某从姐夫那里了解到，计算机那些神奇的功能都是程序员通过复杂的编程来实现的。在与姐夫的交流中，王某不仅对姐夫的生活质量产生了羡慕之情，更对他的职业有了更深一层的理解。

从那时起，王某便将理想职业定位为程序设计师。

凭着对计算机知识的热爱，王某报考了浙江某学院信息工程系，学习软件技术专业。

二、目标实现的态度评估

王某想从事的职业是程序设计师。

王某已具备该职业必需的态度：诚实正直、尽职尽责、适应能力强、有较强的创造力和组织能力等。

还需要逐步加强的该职业的必需态度：开放、灵活地看问题，理智、客观地看待周围的人和事等。

三、性格和兴趣分析

（1）人格测试：通过 MBTI 测评，王某的人格类型为 INFJ 型，分值分别为内向 16、直觉 7、情感 2、判断 6；影响愿望 63 分、成功愿望 94 分、挫折承受 94 分、人际交往 68 分，属于主宰型、开拓型。

（2）兴趣领域识别：复合型。组织能力较强，懂得怎样处理人际关系。根据测评和自我分析，其最感兴趣的专业为软件开发、多媒体、美术设计；最感兴趣的职业有程序设计师、室内设计师和项目经理三种。测评结果说明其适合做程序设计师这一职业。

四、技能评估

企业程序设计师招聘的基本要求包含以下几点。

（1）计算机软件专业本科以上学历，或受过软件工程师和软件工程正规训练。

（2）熟悉软件开发过程，2年以上C/C++软件设计和编程经验；精通C/C++语言与面向对象程序开发，掌握数据库编程技术。

（3）可以进行熟练的英语口语的沟通。

（4）具有良好的团队精神和沟通能力。

（5）积极进取，诚实、正直、勤奋、踏实，责任心强。

结合这些要求，对王某的技能评估如下。

（1）浙江某学院信息工程系，接受了正规的软件技术培训。

（2）目前是大一新生，对C语言编程、数据库等方面的认识刚刚起步，掌握得不够全面，但成绩非常突出；从长远发展来看还需要提高学历和知识储备。

（3）在语言方面仍需要不断加强。计划在大二考过英语四级，日语口语能力得到提升。

（4）王某一直崇尚团队精神，但在与人沟通方面还需要加强。

（5）积极进取，诚实、正直、勤奋、踏实，责任心强一直是其特点。

五、职场分析

1. 可行性分析

（1）个人就业资源。王某从小的梦想就是成为一名计算机技术人员，因此，其兴趣爱好与选择的程序设计师这一职业相匹配，其职业测评的结果也说明了这一点，其特长与职业也是很匹配的。专业知识的不断学习，语言的不断加强会为他的就业打下良好的基础。

同样，王某的人生观和价值观与职业也非常匹配。他一直在有意培养自身的组织能力，赞同团队精神，始终坚信与其他同人一道并肩作战，必将使成绩更加显著。其所追求的不仅是金钱上的利益，更多的是为了满足自我个性的需求。

（2）职业环境因素分析。程序设计师这个职业恰恰需要有纯熟的专业技能，较强的语言能力、团队精神、组织能力，适应工作强度大的人，如果保持现状，坚持不懈，到毕业时，专业知识和语言能力一定可以达到标准。因此初步判定其可以胜任这个职业。

2. 信息整合

（1）了解劳动力市场变化趋势。能够熟练编程的技术人员或基础程序员，称为"软件蓝领"，蓝领的短缺是世界软件行业发展的"软肋"。因此，预测当王某毕业走向社会时，就业前景是相对乐观的，这也是他选择程序设计师这一职业的重要原因之一。

（2）产业和行业的变化趋势。以前，学生只要考取一个证书就很容易开始自己的职业生涯。而现在一切都改变了，混乱的市场让毕业生失去了一块招牌，企业更注重其技能和做项目的经验，而少有工作经验的学生和企业需求之间形成了无法弥补的裂痕。这就要求王某在毕业后需不断地积累经验，而最有效的方法就是从底层做起。

（3）职业发展轨迹。王某毕业后先专升本，然后做2年程序员、3年高级程序员、3年程序辅助设计师，最后实现职业程序设计师的理想。

（4）职业选择研究策略。王某理想的就业公司是某科技公司。因为其姐夫在那里工作，他对该公司有一些了解。

3. 作出策略

（1）职业长期目标：程序设计师。

（2）短期目标，短期代替目标设定：期末考试保持第一名，大二考过英语四级，若遇特殊情况，如期末没有保持第一，王某应找出不足之处，加强对其后学科的学习，争取下次成功；若大二没考过英语四级，找机会参加其他同等级的英语考试。

（3）时间管理：根据程序设计师这一职业的要求，王某对大学三年的时间做了以下管理：大一多参加学校、社会组织的活动，锻炼自己的综合素质，利用假期找兼职工作，体验工作过程；同时专业课要学好，因为大一是基础。大二主攻英语，争取考过四级。大三目标锁定在专升本上，提高学历和知识储备。在专升本的两年学习中，不仅要学习专业知识，还要时刻关注就业，提高职业技能，收集公司信息。

（4）压力管理：主要是在学习过程中的心理压力。

1）遇到难题解不出的压力。措施：请教教师。

2）学习任务过重的压力。措施：与好朋友逛逛街，放松心情，适当的放松有利于学习效率的提高。

3）临近考试的心理压力。措施：写一份期末学习计划，有条不紊地进行。

六、求职策略

1. 了解政策环境

因为软件行业在我国属于初期阶段，所以杭州对软件人才的优惠政策有很多。下面是杭州市对软件人才的部分优惠政策。

（1）认真贯彻落实《中共中央 国务院关于进一步加强人才工作的决定》，制定和完善有关科技工作及科技人员方面的配套政策。进一步在全社会牢固树立"科学是第一生产力"和"人才是第一资源"的意识。

（2）积极采取措施，努力改善专业技术人员的住房条件。对获"杭州市优秀科技工作者"称号并具有中、高级职务的专业技术人员的住房，要优先解决并尽量改善。各单位在分配住房时，应将专业技术人员在研究生院、大学、大专规定的学习时间和高中毕业后进入中等专业学校学习时间作为分房工龄列入分房条件。

（3）加强科技人员知识更新的继续教育工作，以保证科技人员的素质与经济和科技快速发展相适应。

（4）在政府每年对科研投入有较大幅度递增的同时，要促进投入主体多元化，大力发展各类民间科研基金，促进企业进入科研领域，逐步加大社会各界对科研投入的比例。

2. 设计一套完整的求职策略

整合招聘信息来源：一般招聘信息可以从网上搜索、报纸杂志、电视广告及教师、朋友、家人介绍等途径得来。而王某将重点放在第四点上，因为一般而言，软件行业有 60% ~ 90% 的岗位是经人介绍推荐或直接上岗或进行实习的，比在网上搜索后投出简历的方法更有效；在同等水平上，公司更愿意接纳了解它的员工。

3. 聚焦未来

（1）对未来职位的满意度评估标准。根据如今市场的情况，毕业后王某可以接受的职业收入须满足每月 6 000 元以上的标准，公司要有良好的企业形象和社会评价，要有成型的项目及任务分工，同事之间相互帮助，可以充分发挥个人的想象空间……

（2）生涯规划的后备调整方案。

1）找到工作，实习不合格怎么办？王某在听取用人单位对自己的整体评价后，会弥补自己的不足，进行更全面的学习后，再尝试应聘其他公司。

2）企业倒闭了，怎么办？

第一种方法：再找其他效益更好、更适合自己的企业单位。

第二种方法：找姐夫、朋友等相关人士一起合资创业。

3）工作几年得不到提升怎么办？主动与上级领导进行沟通，问清事情的真正原因，主动改正，争取在最短的时间内，让领导看到自己的进步。

2. 职业生涯规划书的误区

一些同学没有把职业生涯规划当成事关自己人生质量的事情来看待，而是把它等同一个简单的课程作业，应付了事，常存在以下问题：

（1）抄袭别人——重形式、轻内涵。有少部分同学懒得从内部环境去分析自己，更懒得从外部环境去分析职业机会，他们或是直接把别人写好的职业生涯规划书拿来复制，换上自己的名字和专业；或是东拼西凑，敷衍了事，以应付就业指导教师或辅导员的检查，最终不可避免出现"千篇一律""千人一面"的可笑现象。

职业生涯规划书不是一叠打满字的纸张或表格，而是关系到个人发展的一件严肃的事情；是一份对自己的职业生涯、对自己的生活质量负责的"人生责任书"；是一份为自己量身定做、有自己个性的可执行的计划。一些同学不重视通过撰写职业生涯规划书这个重要载体去学习、理解、体会、实施自己的职业生涯规划，把别人的东西硬套在自己头上，结果是要么不去实施；要么实施起来"水土不服""半途而废"，他们毕业时或是无法顺利地找到适合自己的工作；或是历尽"千辛万苦"找到一份工作，很快又稀里糊涂地被用人单位炒了鱿鱼。因为他们不知道自己对职业的需要，不知道为未来的职业做什么准备，更没有为自己的职业生涯做好规划和准备。这样的结果不仅是职业生涯规划书不合格这么简单，更严重的是容易导致自己虚度年华，学无所成，学无所用，最后惨败于职场，过着暗淡的人生。

（2）只说不做——热得快，冷得更快。一些同学在撰写自己的职业生涯规划书时，非常兴奋和激动，热情高涨，这是件好事，但是令人遗憾的是不能持之以恒。仅仅一两个月，"心血来潮"过后，或是找不到自己的职业生涯规划书，不知把它放到哪里去了；或是把职业生涯规划书的内容和要求抛到九霄云外去了，忘得一干二净；更不用说对照职业生涯规划书去实施、评估、动态调整里面的内容了。

（3）高估自己——目标定得过高。大多数人对"不想当将军的士兵不是好士兵"的理解过于盲目和绝对。现实生活中的真实情况是，"将军"的位置很少，如果大家的现实目标都是当"将军"，那么这种主观愿望就会与客观条件产生差距，容易使个人在执行计划时遭遇落差。有些人认为，只要把本职工作做好就可以升任主管，其实不然，优秀的运动员不一定是好教练，一些表现优异的工程师、销售人员等升任主管后却表现不佳，就是因为主管还需具备专业技术以外的能力，如领导决策能力、协调组织能力等。

在校大学生也容易犯此类错误，在撰写个人职业生涯规划书时，没有从实际出发，过高估计自己的能力，对目标，尤其是短期目标想当然地定得过高，结果造成在实施过程中"难度系数"过高而处处碰壁，人为形成浓厚的畏难情绪，对职业生涯规划书的执行失去信心。因此，应注意撰写职业生涯规划书时不要随便过高估计自己的实力，目标要从实际出发。

三　职业生涯规划书的反馈、评估与调整

1. 职业生涯规划书的反馈

职业生涯规划书的撰写实际上是一个动态的过程。由于现实社会中有许多不确定因素的存在，新的情况不断涌现，会使大学生原来制订好的职业生涯目标与现实情况有所偏差，这就要求大学生不断反省，并对目标和行动方案作出相应的修正或调整，从而最终实现人生理想。因此，在职业生涯规划过程中，必须进行信息反馈。所谓反馈，就是沟通双方期望得到一种信息的回流。其实，反馈调整就是一个再认识、再发现的过程。这就要求我们时刻注意周围环境的变化，不断地审视自我、调整自我、修正策略和目标。这个过程就是反馈评估。它可以确保个人职业生涯规划书的有效性。

职业生涯规划书的反馈包括以下三种类型。

（1）正式反馈。正式反馈通过程序化的过程进行。正式反馈通常使用大学生的综合素质反馈登记表，从教育学的角度来界定，可划分为思想道德素质、智育素质、体育素质、

文化素质和心理素质五个部分。一般认为，不同大学、不同专业对学生素质结构的要求不同，但在进行必要的单位换算和加权处理后这五部分的分值可形成一个综合素质评价值。该方法分为自评、互评、班评和综评四个评价阶段，以满足大学对学生综合素质评价科学性的需求，可以使大学生知道自己的哪些能力需要提高，从而改进其学习、工作表现和行为。

（2）非正式反馈。非正式反馈由大学生在日常学习、工作、交流中互相提供反馈信息。它可以由教师或同学（朋友）对大学生所存在的缺点或错误提出意见，还可以通过写感谢信、当众表扬或教师当面赞许等方式来传递正面的反馈信息。例如，学习上相互帮助；上课前、寝室卧谈会的交流等以便取长补短；在实训课结束后马上进行总结。通过日常交流和非正式反馈，学生可建立重要的人际交流渠道，为职业生涯规划进行正式反馈铺平道路。

（3）绩效考评。绩效考评可采用多种形式：有的大学生把考研当作自己近期最主要的目标；有的大学生想节省时间，争取第二学位成了他们的最好选择；有的大学生准备毕业后踏入社会，为了给自己积累资本，各种职业证书就成了他们要攻克的难关；有的大学生想加入学生会，并将此作为大学阶段必不可少的一门实践课。大学生可以根据自己的不同职业生涯目标，提供正确的信息反馈，采取不同的管理方式，提高自身素质。

在职业生涯规划书反馈时，通常是实施全方位反馈评价。全方位反馈评价，也称360度反馈评价，由被誉为"美国力量象征"的典范企业英特尔首先提出并加以实施。在360度反馈评价中，评价者不仅包括被评价者的上级主管，还包括其他与之密切接触的人员（如同事、下属、客户等），同时也包括自评。可以说，这是一种基于上级、同事、下级和客户等收集信息、评价绩效并提供反馈的方法。

大学生职业生涯规划书全方位反馈评价应包含学校领导、教师、学生和被评价者自身等主体。实施大学生职业生涯规划书全方位反馈评价要重点做好以下工作。

1）做好同学间评价。同学间提供评价意见可以使大学生借助同学们的智慧与经验，让被评价者更清醒地认识到自身的优势和劣势，明确努力的方向。

2）做深自我评价。自我评价便于大学生进行自我反思，由被动接受评价转变为主动反省和总结学习工作的得失，同时要求大学生用有限字数总结作为核心创新点，使大学生评估成为自我认识、自我改进、自我管理、自我完善的有效途径，使评价成为大学生专业发展的"助推器"。

3）做实评价反馈。大学生全方位反馈评价最后能否改善其职业生涯规划状况，在很大程度上取决于评价结果的反馈，因而应通过选择合适的时间、地点和反馈途径，将综合各方面的评估信息经过实际分析反馈给自己，并帮助自己评价和调整职业生涯规划的发展及行动计划，从而增强反馈的效能。

2. 职业生涯规划书的评估

（1）评估的意义和目的。

1）评估是改进职业生涯规划书的重要环节。只有完成了评估，才是一个短期职业生涯目标实现的完整过程。无论短期职业生涯目标的实现是成功还是失败，其经验或教训都可以成为下一个职业生涯目标改进和完善的依据。在实施职业生涯规划的过程中，自觉地总结经验和教训，评估职业生涯规划，人们可以修正对自我的认知，完善个人早期职业生涯规划，纠正最终职业目标与分阶段职业目标的偏差。

2）评估是继续完成职业生涯规划书的必要前提。职业生涯规划书包含着一系列的短期、中期规划，彼此之间都不是孤立存在的，任何一个新的目标总是以以前完成的目标的效果为背景和基础，如果前一个目标的问题没有被发现和解决，必然会对新的目标造成不良影响。

3）评估是激励自己继续前进的动力。通过评估与修正还可以极大地增强雇员实现职业目标的信心。一个短期或中期目标的顺利完成，通过评估可以使人们看到完成的效果，甚至享受成功的喜悦，从而提高个人的自信心，为完成下一阶段的目标创造良好的心理氛围。

（2）评估的程序。

1）重温生涯目标。

①经常回顾自己的构想和行动规划。有的人虽有计划，但总不将计划放在心上，只要有事做，就不知道自己努力的方向在哪里。

②把自己的构想和任务方案存入计算机，或贴在床头等经常能够看见的地方，时刻提醒自己。

③当自己作出一个对生活和工作极其重要的决定时，请考虑一下自己的构想和行动规划，并确保自己正在仔细考虑的决策与自己的本意相符。

④常常问一问，自己正在做的是最想做的事吗？自己真的适合做这个职业吗？自己能如期完成既定目标吗？是否将重心放在了最重要的地方？

2）分析当前的实际情况与当初目标的吻合状态。

①确定精确的位置，判断实际行为效果与期望值的偏差。

②探究导致失败结果的根本原因。

3）运用结果修正完善目标。

①采取及时、适当的纠正措施。

②调整策略，改变行动。

经常自省是必要的，过程监督也十分重要。保证至少每三个月检查一次自己的工作进度。有意识地回顾得失，检查验证前期战略措施执行效果，可以有针对性地提出解决方案，纠正分阶段目标中出现的偏差。

（3）评估的要点。评估可以参照各类短期、中期预定目标和实际结果进行。一般来说，任何形式的评估都可以归结为自我素质和现实环境的适应性判断，分析现状，特别是针对变化的环境，找出偏差所在，并作出修正。

1）抓住最重要的内容。

2）分离出最新的需求。针对变化的内外环境，要善于发掘最新的趋势和影响。俗话说"跟上形势"，对于新的变化和需求，分析怎样的策略才是最有效且最有新意的。

3）找到突破方向。有时，在某一点上取得突破性的进展将使整个局面发生意想不到的改变。想一想，先前规划中的策略方案，哪一条对于目标的达成应该有突破性的影响？达到了吗？为什么没有达到？如何寻求新的突破？

4）关注最弱点。管理学中有一个著名的木桶理论，即一只沿口不齐的木桶，其容量的大小，不取决于最长的那块木板，而取决于最短的那块木板。在反馈评估过程中，当然要肯定自己取得的成绩与长处，但更重要的是符合变化的环境，发现自己的素质与策略的"短木板"，然后想办法修正，或把这块短木板换掉，或接补增长，唯有如此，这只木桶才能有更大的容量。

一般来说，"短木板"可能存在于以下方面。

①观念差距。观念陈旧往往会造成策略的失误，导致行动失效。

②知识差距。按照实施策略所积累的知识仍然不够？还是学错方向了？

③能力差距。环境在变化，对人的能力的要求也是在不断变化的。彼一时期你通过种种努力提高了某些能力，但此一时期可能又会出现新差距。另外，前一阶段是否坚持按计划措施来提高能力了？提高了多少？遇到过什么困难？这对后一阶段都有重要的启发。

④心理素质差距。很多时候，我们没有取得预期的进步，并不是因为规划得不够好，或措施不够得当，而是因为心理素质不够。一个人职业生涯的发展，首先是心理素质的成长过程。

3. 职业生涯规划书的调整

（1）调整职业生涯规划书的必要性。

1）职业生涯是一个动态的过程，需要不断根据内部和外部环境进行调整。社会是一个动态变化的过程，职业是依附于社会环境中，由社会不断分工细化而产生的。社会发展取决于生产力的不断进步，这就决定了职业生涯的发展是一个动态发展的过程。大学生要根据外部的环境，包括经济发展趋势和行业发展趋势，以及自身的特点、优势和劣势，不断调整自己的职业生涯规划书。大学生正处于对自己和社会的认识之中，价值观处于形成时期，加上现实种种不确定因素的存在，原先制订的职业生涯规划有时候会与现实情况有所偏差，这就需要对规划作出调整，保证职业生涯规划的顺利进行，从而实现职业理想。

2）在职业生涯的不同阶段会面临不同的挑战和机遇，灵活调整可以让特定目标更现实可行。职业生涯发展过程中会遇到难以预估的挑战和不可控的因素，自身和外部环境的变化带动职业生涯发展的变化，从而进行调整是客观存在的。个人的兴趣和计划的改变，家庭的突发事件，如婚姻的改变、孩子的出生、孩子读大学、配偶的去世、被解雇、退休等都会让人们改变和调整自己的规划。灵活调整是为了更好地适应这些变化。

3）职业生涯规划书的调整有利于实现职业目标。随着一个人年龄和阅历的增长，以及自己不断突破，取得一个又一个成绩，就好像一个人攀登了一个比一个高的山峰，对自己的期望会发生越来越高的改变。例如，当一个人事业达到主管级别，就会不满足现状，向经理级别努力。职业生涯规划书是一个循序渐进的过程，目的是实现个人的职业理想，达到职业目标，也就是金字塔的顶端。大学生刚毕业，所有条件都不成熟，10年后和20年后，其实际情况会随之发生改变，职业生涯规划书也会不断调整，最终实现自己的职业目标，达到自我价值实现的最大化。

（2）调整职业生涯规划书的时机。职业生涯发展就是一个不断调整的过程，在我们的职业生涯过程中会出现这样或那样的问题，当你遇到以下问题时，就是调整职业生涯规划的时机，换言之就是应该停止挣扎，寻找一份自己真正喜欢的工作。

1）怀疑自己不合格。如果你感到工作痛苦，可能是自己工作表现不佳而又不愿意正视这个问题。因此要扪心自问，自己到底干得如何，你可以请上司对你的表现作出一个评定，以确定是否符合其要求，或者请教一位信得过的同事帮你做一个客观的评估。

2）与上司不合拍。一个常用的评测方法：你在上司身边时感觉如何？是自在放松还是紧张不安，或存在敌对情绪。

3）与周围同事不合拍。你可以问自己：当你与周围同事交往时，是否觉得格格不入？你是否对引起他们兴趣的话题感到乏味和无聊？如果是这样，你可能已经陷入一个无法展现自己的环境中。

4）工作过于轻松。如果你总是过于轻松地完成工作，这可能表明你的能力已经远远超过这个职位而自己却不知道。你可以问问自己：你仍然能够从工作中学习到别的东西吗？想进一步发展你正在使用的技巧吗？

5）对这个行业不感兴趣。如果让你重新选择，你还会选择同一职业吗？你有兴趣阅读这一领域有名人物的自传吗？这些是评测你是否对这个行业感兴趣的问题。

对于刚毕业的大学生来说，调整职业生涯规划书的最佳时间有两个：第一个是毕业前夕，有了求职的实践，根据新的就业信息和社会需求，在求职过程中进行调整。第二个是工作3～5年，有了从业实践，根据从业过程中对自身条件的检验，以及周围环境和自身素质的变化，及时予以调整。三年以上的社会工作，可以让刚毕业的大学生更了解社会和企业的需求。职业生涯规划书多是从学校时期，也就是学校的视角来规划，大学生通过三年的工作，能够从社会实际的角度来看待自己的职业发展，这种重新审视自己的过程，以及及时调整自己的职业发展方向，对职业生涯发展有着非常重要的意义。

（3）调整职业生涯规划书的方法。

1）重新认识自己。重新认识自己就是掌握个人条件的变化，以及实际工作中的经验积累，能够清晰地认识自己，明白自己想要什么、能干什么、在适合自己的基础上，调整自己的职业生涯规划更具有现实意义和长远的发展意义。

2）重新评估自己的职业生涯规划。通过对社会环境（如目前经济发展动向、行业发展趋势、自己在本行业是否有更多的发展空间、工作现状和人际关系、工作环境等）综合而全面的分析，进一步确定自己适合做什么、能做什么。

3）调整职业生涯发展目标。根据外部环境和自身条件发生的变化，可以适当地调整自己设定的职业发展长期目标和中期目标。

4）调整和落实行动计划。职业人要根据每个阶段不同的外部和内部环境的变化，调整自己的职业生涯发展规划。

调整职业生涯规划书并不是放弃以前的规划，而是应符合当前的社会发展环境，而且调整的过程也是自我提升的一个重要过程。

课堂活动　职业生涯规划书撰写实战演练

一、活动目的

（1）加深学生对职业生涯规划书内容和撰写原则的理解。

（2）掌握职业生涯规划书的标准格式，并避免常见的撰写误区。

（3）学会如何通过反馈与评估不断调整个人的职业生涯规划书。

二、活动步骤

1. 讲解职业生涯规划书内容与撰写原则

（1）教师讲解职业生涯规划书应包括的主要内容，如自我评估、职业目标、行动计划等。

（2）阐述撰写职业生涯规划书的原则，如实事求是、可行性、可调整性等。

2. 展示职业生涯规划书样本与格式

（1）教师展示一份优秀的职业生涯规划书样本，让学生了解其整体结构和格式。

（2）指出职业生涯规划书常见的格式错误和排版问题，并强调避免这些误区的重要性。

3. 实战演练：学生撰写职业生涯规划书初稿

（1）学生分组进行实战演练，每组讨论并确定一个成员的职业生涯规划书初稿。

（2）教师在实战演练过程中提供指导，帮助学生解决遇到的问题。

4. 反馈与评估：同学互评与教师点评

（1）每组选派一名代表，展示本组成员的职业生涯规划书初稿。

（2）其他组成员对展示的职业生涯规划书进行点评，提供建议。

（3）教师进行总结点评，强调优点并指出需要改进的地方。

5. 调整与完善：学生根据反馈修改职业生涯规划书

（1）学生根据同学和教师的反馈，对自己的职业生涯规划书进行修改和完善。

（2）教师提供个别指导，帮助学生在细节上进行优化。

三、活动评价

1. 评价方式

（1）参与度评价：观察学生在活动中的参与度，包括讨论、实战演练、反馈与评估等环节。

（2）理解度评价：通过学生撰写的职业生涯规划书初稿，评估其对职业生涯规划书内容和撰写原则的理解程度。

（3）实际操作能力评价：评估学生是否能将所学的知识和技能应用于实际撰写中，并展现出较高的操作水平。

（4）反思与调整能力评价：通过学生对职业生涯规划书的修改和完善，评估其是否能够根据反馈进行自我反思和调整。

2. 评价标准

（1）积极参与活动，能够主动提出问题和分享观点。

（2）职业生涯规划书内容完整、条理清晰，符合撰写原则。

（3）能够灵活运用所学的知识和技能进行实际操作，撰写出较高质量的职业生涯规划书。

（4）能够根据反馈进行自我反思和调整，不断完善自己的职业生涯规划书。

通过本次职业生涯规划书撰写实战演练活动，同学们能够深入了解职业生涯规划书的内容和撰写原则，掌握标准格式并避免常见的撰写误区。同时，通过反馈与评估环节，同学们能够学会如何根据反馈进行自我反思和调整，不断完善自己的职业生涯规划。希望同学们能够将所学知识和技能应用到未来的职业生涯规划中，为实现自己的职业目标奠定坚实基础。

案例分析

小黄 2017 年考入大学，就读于某大学机电工程专业，在四年大学生活中，小黄牢记学校的教导和父母叮咛，刻苦学习，各科专业课成绩都很优秀，但小黄始终没有考虑过自己毕业后的职业发展。

转眼间临近毕业，虽说已有几家公司对小黄有意向，但小黄一直确定不下到底在哪个行业发展，去哪家公司。看着同学们陆续签约，小黄心里很着急，在父母的劝说下，小黄进入一家日资企业工作，但干了不到 1 年，小黄就因为工作不适应而辞职；小黄的第二份工作是在一家民营企业当技术员，只做了 7 个月就离开了；而在 2024 年的 9 个月时间内，他走马灯似的换了 4 份工作，做过市场营销、计算机程序员、工厂电工等，最后一份工作他仅干了一个星期就辞掉了。现在小黄又回到了他已经非常熟悉的人才市场，重复他习以为常的动作——投简历、面试、再投简历、再面试……他感到非常苦恼和迷茫，不知道自己究竟适合什么职业。

小黄虽然学的是机电工程专业，但他对技术工作一点兴趣都没有，当初报考该专业只是顺从家人的安排，就业时，他选择做技术型工作也是因为不得不选择与专业相关的职业，希望能"骑驴找马"，但是几年下来，"马"没找到，他依然"骑"着一头自己不喜欢的"驴"。

小黄在职场中的一系列遭遇，不仅使小黄感到困惑，而且是许多像小黄的大学生、毕业生的困惑。为什么小黄的"马"没有找到呢？为什么小黄步入职业生涯发展的创业阶段后感到茫然失措呢？很大程度上在于小黄大学生活的四个阶段，都没有从职业生涯发展的角度来计划自己的大学生活，更没有在就业准备和指导阶段对未来的职业选择作出科学的决策。

案例分析：小黄在大学四年里刻苦学习，取得优秀成绩，但缺乏对未来职业的明确规划。临近毕业时，面对职业选择，他感到迷茫和焦虑，最终选择了与所学专业相关的技术工作，但发现自己对此并无兴趣。他频繁跳槽，无法稳定地在一个岗位上工作，体现了职业生涯中的盲目性和不稳定性。小黄的经历反映出许多大学生在职业生涯发展中缺乏规划和决策能力，未能将所学与兴趣、目标相结合，导致在职场中迷失方向。这也提醒了大学生需要更早地开始规划自己的职业生涯，明确自己的兴趣和目标，作出科学的职业选择。

附　录

职业生涯规划
练习集

生命历程图

STEP① 制作生命历程图

(1) 事件盘点。写出从你有记忆以来，你人生中重大事件（无论好坏），并且具体描述这件事情。

时间轴	事件	描述	写一写 Write it down

(2) 绘制生命历程图。依照事件发生的顺序，从左到右进行标记；让你高兴、开心的事情，标在上半部；让你沮丧、失意的事情，标在下半部，然后把每个点连起来，标记10~20个点。这张图可以帮助你一览过去的人生历程。

感受 ☺ ☺ ☹   画一画 Write it down

10
8
6
4
2
0
-2
-4
-6
-8
-10

岁 岁 岁 岁 岁 岁 岁 岁 岁 岁 岁   年龄

生命历程图

• STEP② 提取关键信息

（3）整理和提取关键因素。这些重大事件，是什么关键因素让你对这件事情感到很满意或失望？圈出重复被提到的类似关键字或情境，试着找出事件的共同点。

事件	描述

让我感到开心、满足的词语 ☺

让我感到不开心、不满足的词语 ☹

生命历程图

STEP③ 进行自我分析

(4) 总结"我的价值观"。过去的选择中体现出的我的价值观。

(5) 总结"我的兴趣"。过去的事情中总结出的我最喜欢的5种活动。

(6) 总结"我的能力"。过去我能做好的事情中体现出的才能。

Have·Do·Be

「找出你想成为的人」行动手册

跳出一切束缚思考，这意味着：

方式一

假设金钱是无限的……
假设自己永远不会变老……
剔除目前所处的任何环境和条件，

自由书写

想象"如果一切成真，我想拥有什么？我想要做什么？"，通过列出你想拥有的事情与你想做的事情，与真正的自己取得联系，探究这些行为背后你真正想成为什么样的人。

Have	Do	Be
		→

Have	Do	Be
		→

Have	Do	Be
		→

Have	Do	Be
		→

Have·Do·Be

「找出你想成为的人」行动手册

方式二

核心拆解

Be = Will Be + Feel × Believe

1

Will Be 未来你想成为的样子		Feel 你有多渴望它		Believe 你有多相信它
	+		×	

2

Will Be 未来你想成为的样子		Feel 你有多渴望它		Believe 你有多相信它
	+		×	

3

Will Be 未来你想成为的样子		Feel 你有多渴望它		Believe 你有多相信它
	+		×	

4

Will Be 未来你想成为的样子		Feel 你有多渴望它		Believe 你有多相信它
	+		×	

舒伯生涯发展理论

「人生角色」行动手册①

1. 画出你的生涯彩虹图，规划你的人生
通过对自己人生角色、投入情况的描绘，来回顾过去的自己、审视现在的自己、规划未来的自己。

示例
Example

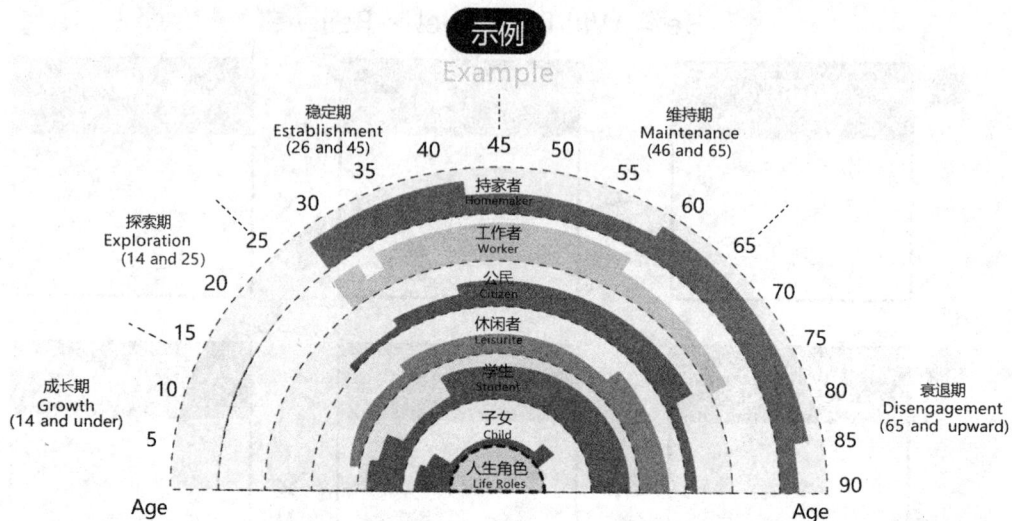

画一画你的生涯彩虹图

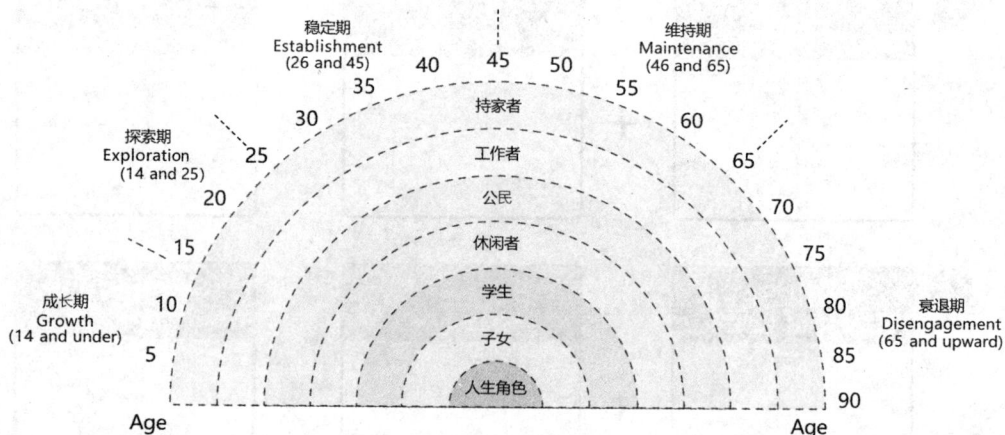

舒伯生涯发展理论

「人生角色」行动手册②

2. 思考现阶段你的生涯角色组合

现阶段你扮演什么生活角色? 各个角色的占比是怎样的? 你觉得合理吗? 你理想中的占比是多少?

示例 生涯角色组合图

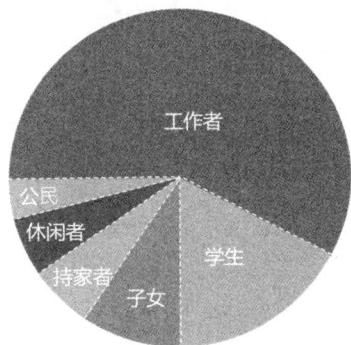

画一画你现在的生涯角色组合图

3. 列出现阶段每个角色的重视与投入情况

为你的每个生活角色的重视程度和投入程度打分, 思考每个角色投入和重视情况之间差距大吗? 怎样减少与理想的差距?

生活角色		重视与投入程度 (1代表最少, 10代表最多, 选择最贴近自己的程度)	得分差距 (投入度-重视度)
例: 子女	重视度	1 2 3 4 5 6 7 **8** 9 10	−4
	投入度	1 2 3 **4** 5 6 7 8 9 10	
	重视度	1 2 3 4 5 6 7 8 9 10	
	投入度	1 2 3 4 5 6 7 8 9 10	
	重视度	1 2 3 4 5 6 7 8 9 10	
	投入度	1 2 3 4 5 6 7 8 9 10	
	重视度	1 2 3 4 5 6 7 8 9 10	
	投入度	1 2 3 4 5 6 7 8 9 10	
	重视度	1 2 3 4 5 6 7 8 9 10	
	投入度	1 2 3 4 5 6 7 8 9 10	
	重视度	1 2 3 4 5 6 7 8 9 10	
	投入度	1 2 3 4 5 6 7 8 9 10	

4. 你最期望改善或精进的人生角色

(1) 你最期望改善或精进的人生角色是什么? 原因是什么?

(2) 如果要将这个人生角色扮演好, 具体的做法有哪些? 请将最主要的行为或特质写在下图的顶点上。

(3) 以红笔标示自己目前在下列行为或特质所达到的程度, 以蓝笔标示自己期望改善或精进的程度。记录自己过去两周实践的情形, 并写下行动过程的学习与体会。

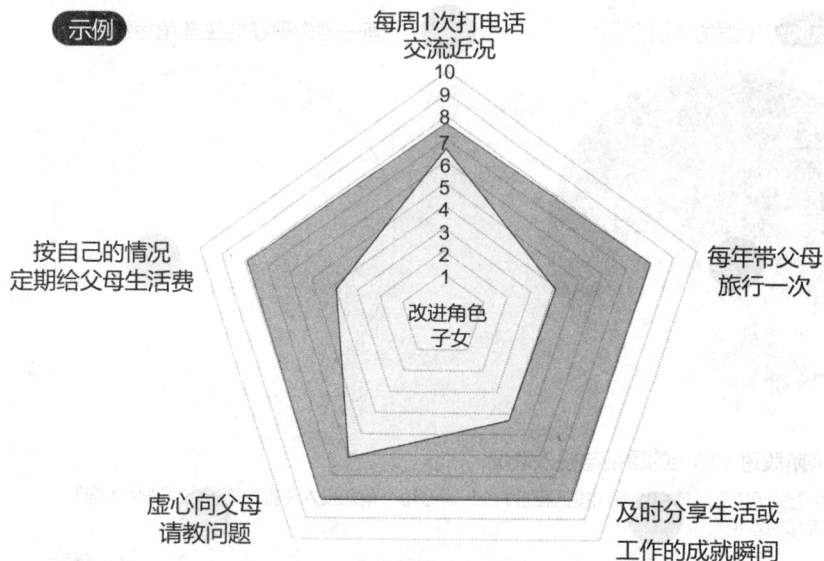

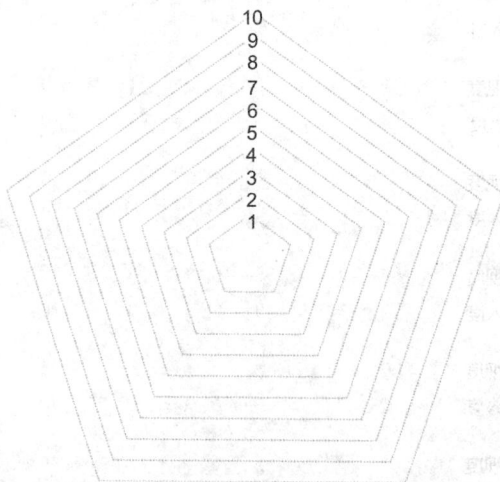

生命之轮模型

生命之轮行动手册 ①

1 明确你的价值观

生活中的哪些领域对你来说是最重要的?
请在每个类别里选择2项,共选出8项作为平衡生活的领域,也可自定义你重视的领域。

自我·基础	社会·基础	自我·发展	社会·发展
身体 心理 情绪 环境	伴侣 家人 朋友 社会关系	成长 思维 创造力 兴趣爱好	工作 事业 财务 公益服务

你的选择:

①   ③   ⑤   ⑦

②   ④   ⑥   ⑧

2 定义你的理想之轮

每个人在不同阶段对(10分)理想生活的定义都不同,如在财务方面,有的人月入万就是最理想的生活,而有的人需要月入百万才能达成理想,请你定义自己今年在各个领域最理想状态。

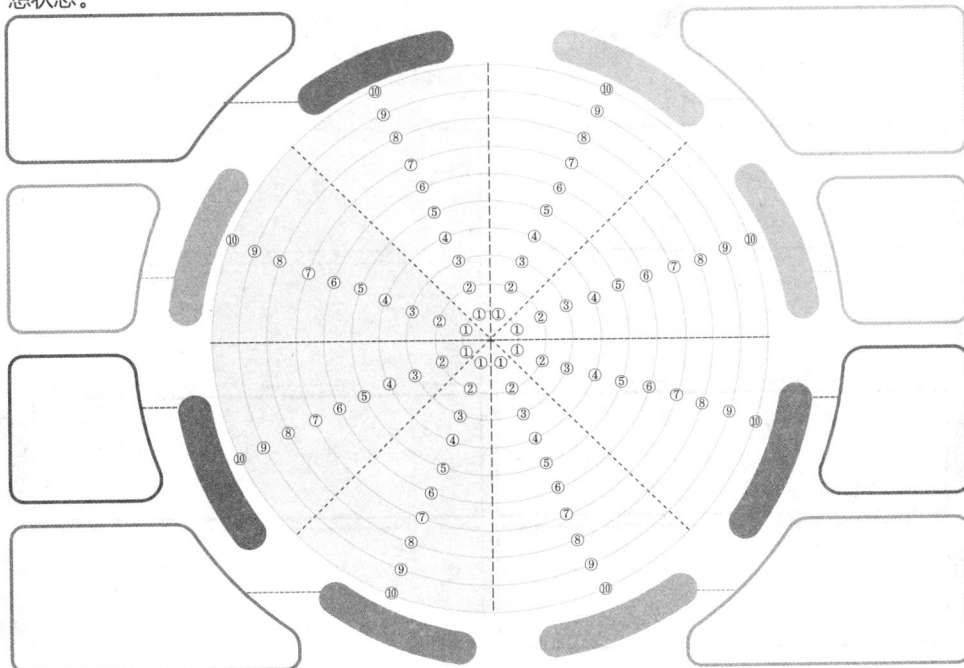

生命之轮模型

生命之轮行动手册 ②

3 反思你的现实之轮

对标自己的理想状态，你给自己目前在各个领域上的满意度打几分？说说这样打分的理由。

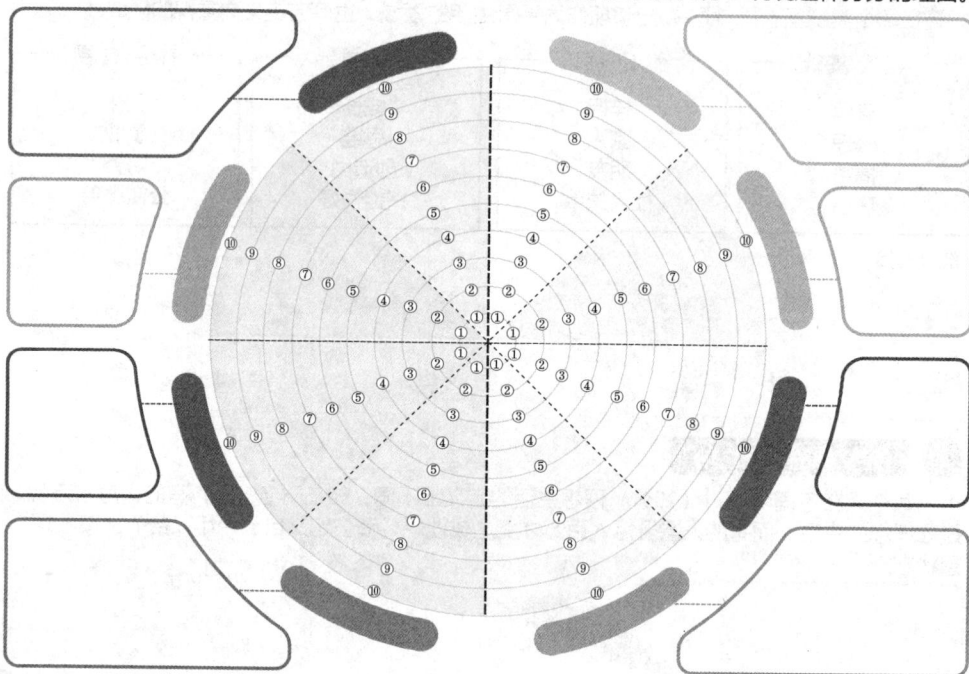

财务			成长
事业			兴趣
朋友			身体
家人			情绪

生命之轮模型

生命之轮行动手册 ③

4　找到你的目标之轮

思考差距，从中设定各个领域的年目标、核心指标与具体计划。

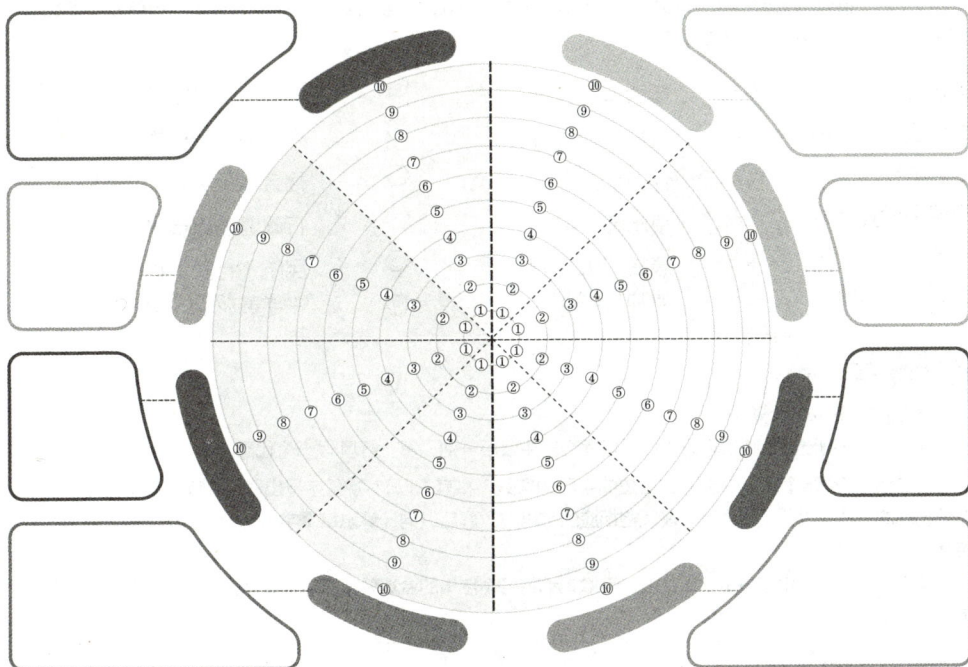

财务	年目标： 核心指标： 具体计划：
事业	年目标： 核心指标： 具体计划：
朋友	年目标： 核心指标： 具体计划：
家人	年目标： 核心指标： 具体计划：

成长	年目标： 核心指标： 具体计划：
兴趣	年目标： 核心指标： 具体计划：
身体	年目标： 核心指标： 具体计划：
情绪	年目标： 核心指标： 具体计划：

测试你的职业兴趣代码行动手册

下面是一种简易测试职业兴趣代码的方法，可帮助你初步了解自己。

第❶步

以下职业假定你都有机会去从事，请从中选出6个你喜欢的职业，并画"✔"。如果没有你特别喜欢的职业，也请你尽量从中选出你比较喜欢的职业。

厨师（RAC）⬡	实验室工作者（CRE）⬡	秘书（CES）⬡
外科医生（IRA）⬡	机械技师（RIE）⬡	建筑设计师（AIC）⬡
节目主持人（AES）⬡	物理学研究者（IAR）⬡	社会学研究者（ISA）⬡
心理咨询师（SIA）⬡	摄影师（ARS）⬡	行政管理人员（ECS）⬡
船长（ERC）⬡	康复护士（SRC）⬡	民航飞行员（RIC）⬡
会计师（CIE）⬡	律师（EAS）⬡	中学教师（SIE）⬡

第❷步

请按照以下方式计算分值：

第一步，将所选中的6个职业的代码填写在表中最后一列，每一行填写一个代码。

第二步，查看6个代码中出现在首位的字母的次数，将其乘以3；次位字母出现的次数，将其乘以2；末位字母出现的次数乘以1，结果填写在表格相应的空格内。最后纵向计算出每个字母的合计分值，并填写在相应空格内。

第三步，已经给出了每个字母的校正系数，请将各个字母的合计分值乘以校正系数，即得到最终的校正分值。

项目	R	I	A	S	E	C	所选职业的代码
首位字母次数×3							
次位字母次数×2							
末位字母次数×1							
各字母合计分数							
各字母校正系数x	0.9	0.85	1	1.12	1.05	1.12	
校正分值=分数×x							

第❸步　按照校正分值由高到低排列，前3个字母即你的霍兰德职业代码。

得分第1的字母：　　　　得分第2的字母：　　　　得分第3的字母：　　　　你的霍兰德职业代码：

「探索性格」行动手册

下面是常用来形容人格特质的一些词语，想想看，自己具备了哪些特质？请将形容自己性格的词语画出来。

顺从	重视物质	温和	坦白	自然	害羞	勤奋
诚实	有恒心	稳定	谦虚	实际	分析	独立
喜欢解决问题	理性	内向	好奇	重视方法	沉着冷静	批判
具有科学的精神	追根究底	深谋远虑	亲和力	人缘佳	喜欢与人接触	乐于助人
为他人着想	随和	宽宏大量	体谅他人	温暖	合作	循规蹈矩
喜欢规律	缺乏弹性	节俭	缺乏想象力	传统保守	谨慎	有条理
按部就班	负责任	复杂善变	喜欢变化	缺乏条理	想象力丰富	崇尚理想
情绪化	直觉的	不切实际	不喜欢从众	有独创性	较冲动	感性
富有冒险性	精力充沛	善于表达	慷慨大方	自信	有领导能力	活泼热情

我画出来，别人也画出来的特质是：

我画出来，别人没有画出来的特质是：

别人画出来，我没有画出来的特质是：

我的发现：

原来我是一个 ＿＿＿＿＿＿＿＿＿＿＿＿＿＿＿＿＿＿＿ 的人。

我希望继续保持的特质是：

我希望改变的特质是：

寻找优势行动手册 ①

1　发现

为了弄清楚自身的优势，请密切留意哪些事情让你有特别的感觉。你的感觉会告知你都具有哪些优势。花一周的时间，只要发现自己有以下某种感觉，就把事情记录下来。

在做一件 我擅长的事情时		在做一件 我很不拿手的事情时
"我恨不得能马上开始！" "太有趣了！" "我愿意这么一直做下去。" "这是我的拿手好戏。" "这非常适合我。" "你记得来阻止我，否则我停不下来。"	◀ 我在想 ▶	"我讨厌死这件事情了。" "这到底有完没完？" "这件事情看来得一直做下去了。" "谢天谢地，这件事情快要完成了。" "这件事情我可以不参与吗？"
强大，充满激情。 快乐、热情。 自然、真实。 很顺畅、信心十足。	◀ 我想要 ▶	挫败，萎靡不振。 杂乱不已，笨手笨脚。 疲惫、沮丧。 无聊透顶，心不在焉。
想办法多做一点类似的事情。 多学一些这方面的知识。 找到行为模范或我可以学习的榜样。 寻找那些很擅长做这件事情的人。	◀ 我感到 ▶	能躲就躲。 找其他人做这件事情。 把它推到一边，置之不理。 其他任何事情都可以，就是不要让我做这件事情。

我喜欢做这件事情	我痛恨做这件事情
当＿＿＿＿，我感到自己很强大	当＿＿＿＿，我感到自己很弱势（吃力、无趣）
当＿＿＿＿，我感到自己很强大	当＿＿＿＿，我感到自己很弱势（吃力、无趣）

SIGN优势模型

寻找优势行动手册 ②

我喜欢做这件事情	我痛恨做这件事情
当_____，我感到自己很强大	当_____，我感到自己很弱势（吃力、无趣）
当_____，我感到自己很强大	当_____，我感到自己很弱势（吃力、无趣）
当_____，我感到自己很强大	当_____，我感到自己很弱势（吃力、无趣）
当_____，我感到自己很强大	当_____，我感到自己很弱势（吃力、无趣）
当_____，我感到自己很强大	当_____，我感到自己很弱势（吃力、无趣）
当_____，我感到自己很强大	当_____，我感到自己很弱势（吃力、无趣）
当_____，我感到自己很强大	当_____，我感到自己很弱势（吃力、无趣）

　　第一次写下优势陈述并阅读后，如果你一点感觉都没有，那就要全部扔掉再重试一遍，因为你还没有写到位。完成后，它们会向你揭示点什么：这是你一直都知道的，也是非常特别、非常真实，但已被成人世界的各种需求和喧扰所淹没的事情。这种感情可能是你重新发现自我的快乐，可能是想充分发挥自身优势的激情，也可能是这么多年来一直忽视自身优势的遗憾和后悔，但无论如何，这种感情必须很强烈。

SIGN优势模型

寻找优势行动手册 ③

2 阐明

写下能表明你优势的事情后，需要准确辨别这件事情的哪个方面是关键的一环，才能保证这件事情在未来几周内也能像本周一样，产生同样积极向上的情感。问自己以下4个问题来帮助你阐明自己的优势。

优势陈述

问题①："为什么做这件事情"重要吗？

问题②："我和谁、对谁、为谁做这件事情"重要吗？

问题③："何时做这件事情"重要吗？

问题④："这件事情与什么有关"重要吗？

总结：阐明你的优势。

寻找优势行动手册 ④

3 确认

给你得出的优势做个测试，这项测试要求你对一些关键领域进行情感打分，这些分数会让你确认或让你质疑：每条"优势陈述"是否真的是你的优势。

优势测试

寻找优势的4大标志。
1~5为五个程度，1表示非常不赞同，5表示非常赞同

S 成功Success

1.在这类事情上我已经取得了极大的成功。 ① ② ③ ④ ⑤

2.其他人经常对我说，我在这一类事情上很有天分。 ① ② ③ ④ ⑤

3.我曾因为做这一类事情而得过奖或得到过认可。 ① ② ③ ④ ⑤

I 直觉Instinct

4.我每天都做这一类事情。 ① ② ③ ④ ⑤

5.我经常会主动做这一类事情。 ① ② ③ ④ ⑤

6.这一类事情总让我很兴奋。 ① ② ③ ④ ⑤

G 成长Growth

7.对于这一类事情我上手很快。 ① ② ③ ④ ⑤

8.我发现自己每天都在思考这一类事情。 ① ② ③ ④ ⑤

9.我迫不及待想学习新技能，把这一类事情做得更好。 ① ② ③ ④ ⑤

N 需求Need

10.我总是期待着做这一类事情。 ① ② ③ ④ ⑤

11.回想之前做这一类事情的经历总是很有趣。 ① ② ③ ④ ⑤

12.这一类事是让我最有成就感的事情之一。 ① ② ③ ④ ⑤

寻找优势行动手册 ⑤

你的得分：

分析：

如果分数能达到53分或以上：

它肯定是你的优势，这是你的竞争优势的来源之一，这也应成为你接下来几周或几个月的重心所在。无论是什么事情，只要得分在53分以上，那么它不仅在你体内燃烧着激情，你更是非常专注地在学习、运用这件事情，并使他人意识到了你的成功。

如果分数在45到52分：

如果是S的分数低，而IGN的分数高，说明这是你的优势，但是到现在你还没有有效地运用它。你需要找到必要的技能和知识不断练习。

如果是IGN的分数高，很可能这不是你的优势，它缺乏一种急迫性的、积极的反应。

如果分数低于46分：

它很可能不是你的优势，或许上一周不具备代表性，看看在下一周里，卡片上是否出现了不同的事情，重新阐述确认这些事情。

如果上两周都属于代表性的工作周，而且你发现这些分数都没有超过46分，那么你的问题可能更严重，你可能停留在一个错误的职位上。

能力三核模型

• 提升「能力」行动手册

你想给自己打造什么样的优势？可以通过能力三核的哪些方面加以提升？通过下图为自己梳理能力清单。

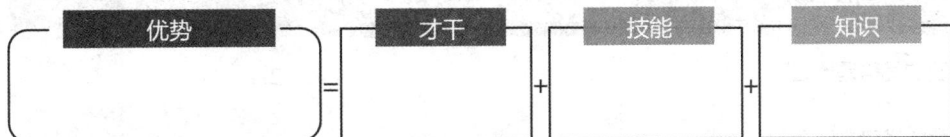

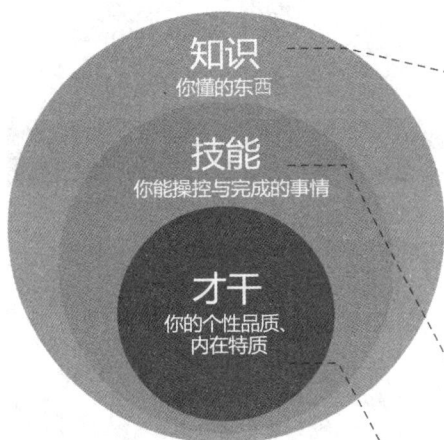

优势		才干		技能		知识
	=		+		+	

知识
你懂的东西

技能
你能操控与完成的事情

才干
你的个性品质、
内在特质

你拥有什么样的专业或履历？
你需要什么认证？
你想要读完什么课程或书籍？

你有什么样的成就证明你的才干？
你有什么样的个人故事？

你拥有什么样的硬技能？
你有什么样的软技能？
你想要拥有什么样的可迁移技能？

自我差距理论

「能力提升」行动手册
缩小「真实我」与「理想我」的差距

「真实我」是什么样的?

我的优势是什么?	1.	2.
我的劣势是什么?	1.	2.
常收到的他人的反馈是什么?	1.	2.
还有哪些我能注意到的表现?	1.	2.

「理想我」是什么样的?

我渴望什么样的状态?	1.	2.
	3.	4.
为什么我想要达到这样的状态?	1.	2.
	3.	4.

如何缩小差距?

我必须学习什么、经历什么才能达到理想的状态?

有可能帮助我学习、经历、改善的资源是什么?

设置时间线

1.

2.

3.

自我效能理论

「自我效能」改善行动手册①
方式一：评估

根据班杜拉的说法，自我效能是对一个人要做某件事情所需的能力的信心程度的评估。你是否达到了你为自己设定的标准也会影响自我效能。

Q 给最能描述你当前自我效能水平的星号涂上颜色。

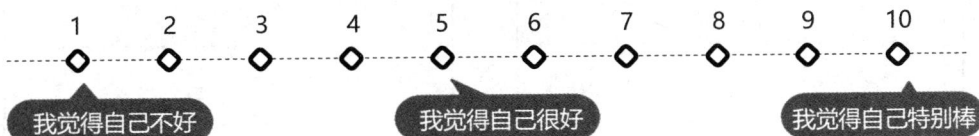

1　2　3　4　5　6　7　8　9　10

我觉得自己不好　　　我觉得自己很好　　　我觉得自己特别棒

Q 现在有哪些因素在影响你的自我效能？

Q 对你过去一周的自我效能进行评价。

星期一　1 2 3 4 5 6 7 8 9 10

星期二　1 2 3 4 5 6 7 8 9 10

星期三　1 2 3 4 5 6 7 8 9 10

星期四　1 2 3 4 5 6 7 8 9 10

星期五　1 2 3 4 5 6 7 8 9 10

星期六　1 2 3 4 5 6 7 8 9 10

星期日　1 2 3 4 5 6 7 8 9 10

「自我效能」改善行动手册②

方式二：回忆

写出你对自己的了解和认识

3个你喜欢自己的身体部位：
1.
2.
3.

3个你喜欢自己的特质：
1.
2.
3.

3件你自豪的事情：
1.
2.
3.

3件你擅长的事情：
1.
2.
3.

3件你感激的事情：
1.
2.
3.

3个你感激的人：
1.
2.
3.

3个你克服过的困难：
1.
2.
3.

3件其他人夸我的事情：
1.
2.
3.

「自我效能」改善行动手册③
方式三：行动

你的自我效能可以通过开始新习惯、获得新经验，或者做出积极的生活改变来提高。回答以下问题，重新评估你的自我提升水平。

1 你想改变生活中的哪些事情？

2 如果你在其中一个或多个领域取得进步，你认为你的生活会发生怎样的变化？

3 在接下来的几周里，设定一个目标，在你的生活中至少做一个建设性的改变。

我的目标是：

为实现此目标，我需要采取的步骤是：

截止日期：＿＿＿＿＿＿＿＿＿＿＿＿＿＿＿＿＿＿＿＿

「职业探索」行动手册

1.分析岗位是否满足你的要求。

工作状态		
因素	信息	分析
工作内容		
工作常态		
工作强度		

「职业探索」行动手册

未来发展		
因素	信息	分析
是否核心		
收入结构		
收入水平		
晋升速度		
发展瓶颈		
发展出路		

职业探索

「职业探索」行动手册

2.分析你是否满足岗位的要求。

硬性门槛		
因素	信息	分析
学校要求		
学历要求		
专业要求		
其他硬性门槛		

职业探索

「职业探索」行动手册

软性偏好		
因素	信息	分析
在校表现偏好		
财经证书偏好		
实习经历偏好		
校园经历偏好		
技能偏好		
能力素质偏好		

生涯三叶草模型

生涯三叶草行动手册

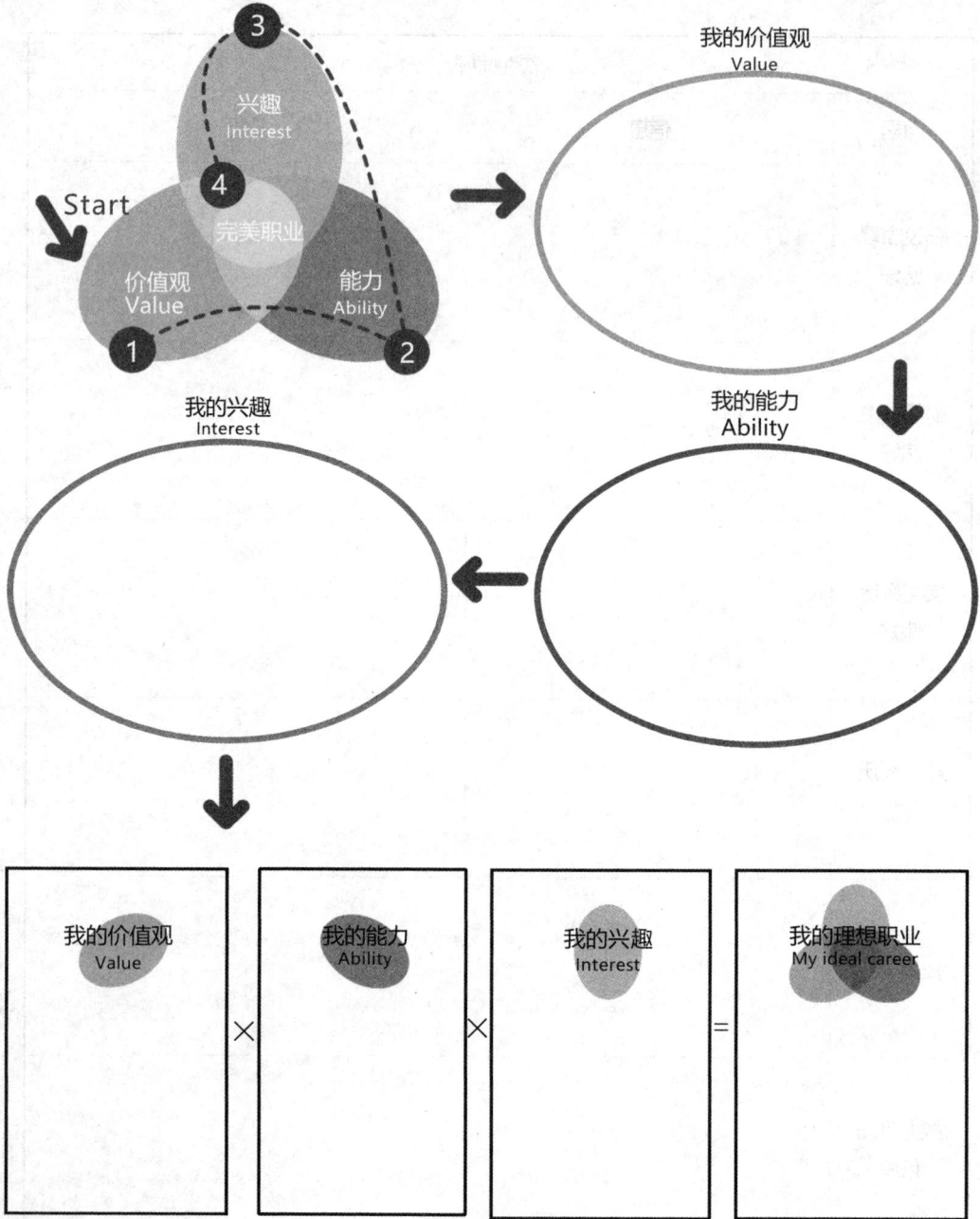

3 兴趣
Interest

Start

4 完美职业

价值观
Value

能力
Ability

1

2

我的价值观
Value

我的兴趣
Interest

我的能力
Ability

我的价值观
Value

×

我的能力
Ability

×

我的兴趣
Interest

=

我的理想职业
My ideal career

个人构建理论

· 关于"我最想做的工作"的建构练习手册 ·

下面是一种简易建构练习，可帮助你了解自己看重的工作特质并进行排序。

第1步 元素整理

产生建构的要件必须至少是三种。请列出三种"你喜欢的工作"名称、三种"你不喜欢的工作"名称。

写一写

喜欢 | 不喜欢

第2步 建构抽取

1.从上述元素中任意选出三种。

2.想想看，在这三种工作中，是否有两种工作在某一方面是相似的，而且这个特性刚好与第三种工作不同。

3.把想到的特性进行组合（例如，压力大—压力少），不喜欢的特性写在左边，喜欢的特性写在右边。这些特性越多越好，直到想不出新的为止。

4.随意再抽取三种，然后重复上述步骤。

5.透过不同的工作名称产生建构，到最后，建构会一再地重复出现，表示出现的建构是自己内心常常出现的想法。

不喜欢的特性					喜欢的特性

第❸步 评分

当不再有新的想法出现时，可以开始进行评定分数。

针对这些工作想法（喜欢或不喜欢的特性），以5点量表的分数给它们打分，5表示最喜欢，1表示最不喜欢。

不喜欢的特性							喜欢的特性

第❹步 加权计分

一个人在做任何一项判断时，所考虑的因素轻重不同，因此，必须加入加权值的计分，最看重的因素建构给予5分，其次4分，依次类推。无所谓轻重的因素建构，可以给0分，表示这个因素建构不会影响选择。从加权值的排序，也可以看出这个人进行选择时，脑海的建构中内在需求或价值的比重或排序如何。最后这个加权值乘以原有的数值，就是每种特性的得分，各个特性得分相加即每种工作的最后得分。

特性排序	不喜欢的特性						喜欢的特性
	总分						

ikigai模型

ikigai 行动手册

世界需要的 What the world needs	你擅长的 What you're good at

你热爱的 What you love	别人会付钱的 What you can be paid for

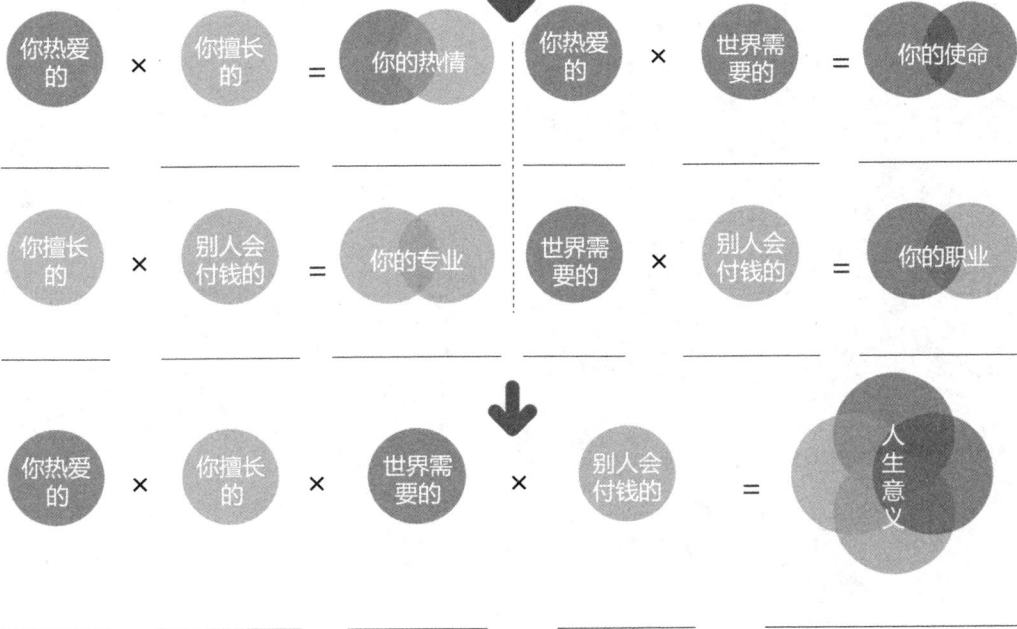

参考文献

[1] 赵小云，郭成.国外生涯适应力研究述评[J].心理科学进展，2010，18（09）：1503-1510.

[2] 刘慧.中学生职业成熟度发展特点研究[D].重庆：西南师范大学，2004.

[3] 熊红星.中国大学生职业成熟度问卷编制及其特点研究[D].南昌：江西师范大学，2006.

[4] 郑海燕.大学生职业成熟度的结构及其发展特点[D].重庆：西南大学，2006.

[5] 龙立荣，方俐洛，凌文辁.职业成熟度研究进展[J].心理科学，2000（05）：595-598.

[6] 邵志伟，田彩虹. 性格决定职业[M]. 北京：中华工商联合出版社，2005.

[7] ［美］雷蒙德·诺伊. 雇员培训与开发[M].8版.徐芳，邵晨，译.北京：中国人民大学出版社，2022.